教师教育课程标准配套教材
教师资格证书考试通用教材

教育学基础

第2版

唐德海　李枭鹰 /主编
蒋士会　陈庆文　梁　庆 /副主编

JIAOYUXUE
JICHU

北京师范大学出版集团
BEIJING NORMAL UNIVERSITY PUBLISHING GROUP
北京师范大学出版社

图书在版编目(CIP)数据

教育学基础 / 唐德海，李枭鹰主编. — 2 版. —
北京 ：北京师范大学出版社，2025.4. —（教师教育课程
标准配套教材）（教师资格证书考试通用教材）.
ISBN 978-7-303-30213-0

Ⅰ. G40

中国国家版本馆 CIP 数据核字第 20245XQ808 号

出版发行：北京师范大学出版社 https://www.bnupg.com
　　　　　北京市西城区新街口外大街 12-3 号
　　　　　邮政编码：100088
印　　刷：北京虎彩文化传播有限公司
经　　销：全国新华书店
开　　本：787 mm×1092 mm　1/16
印　　张：17.5
字　　数：383 千字
版　　次：2025 年 4 月第 1 版
印　　次：2025 年 4 月第 1 次印刷
定　　价：59.00 元

策划编辑：何　琳　　　　　　　　责任编辑：钟　慧
美术编辑：焦　丽　　　　　　　　装帧设计：焦　丽
责任校对：陈　民　　　　　　　　责任印制：马　洁

前　言

　　当前，中国正坚定不移地朝着教育强国的目标大步迈进，全力推动中国式教育现代化建设的进程。党的二十大着重强调教育、科技、人才是全面建设社会主义现代化国家的基础性、战略性支撑。这就要求我们全方位贯彻党的教育方针，将立德树人作为教育的根本任务，秉持以人民为中心的教育发展理念，统筹各类教育资源，促进协同创新，深入推进教育领域的综合改革，强化教师队伍建设，大力推进教育数字化转型。这些重要的战略部署与发展要求，正是我们此次修订《教育学基础》的重要指引，为我们的工作提供了清晰而明确的方向。

　　20世纪初，我国早期的教育学先贤如王国维、缪文功、张继煦、金祝华、季新益、侯鸿鉴、秦敏均、蒋维乔、吴馨、周维城、林壬、张敏聪、张子和、刘以钟、彭清鹏、宋嘉钊、张沂等编写出版的《教育学》，其目标明确，主要解决的是我国当年由旧时私塾的个别教学转变为班级上课，塾师多未知如何应对的问题；其面向的对象单一，主要是师范学堂的学生；其内容主要是赫尔巴特的教育思想和教学方法。1919年，杜威先生应北京大学、江苏省教育会等五单位之邀访华，开展了长达两年又两个多月之久、足迹遍布13个省市的教学。实验主义教育学大行其道，但并没有完全取代赫尔巴特教育学而形成一家独大的格局，加上我国在推行班级授课制的实践过程中已积累了一定的经验，因而，这一时期编写出版的教育学教材，在内容选择和架构上有了更多的取向和考量。中华人民共和国成立后，教育界迅速掀起学习苏联凯洛夫教育学的高潮，在学习借鉴的基础上，为教育学研究和教育学教材编写提出了新的目标，就是马克思列宁主义教育学与我国教育实践相结合。由于这一目标要求甚高，当时除人民教育出版社公开出版的中师教育学教材有较大影响外，其余教育学教材要么公开出版但影响力有限，要么有一定的影响但没有公开出版发行。

对教育学教材在我国发展的上述梳理，十分明显地折射出教育学教材编写的难度随两个维度递进：一是时间推移，二是空间扩展。时间推移到21世纪，空间扩展到终身学习的每一个人，在此背景下教育学教材编写的难度有多高无法言表。就我们主编的这本《教育学基础(第 2 版)》教材来讲，它在编写之前就有明确的"出生证"：教师教育课程标准配套教材，全国教师资格考试通用教材。尽管教材编写的指向明确，但教材编写依然难度极高、问题颇多。本教材编写着力解决以下四个问题。

第一，解决教师参加全国教师资格考试的问题。全国教师资格考试分幼儿园部分、小学部分和中学部分。此前，北京师范大学出版社已经分别出版了《保教知识与能力(幼儿园部分)》《教育教学知识与能力(小学部分)》《教育知识与能力(中学部分)》和《学科知识与教学能力(中学部分)》，均有超过 500 千字的篇幅。本教材编写必须解决三个难题：一是篇幅不得超过 400 千字，降低使用者的心理压力；二是中学、小学部分合一，统一表达对于中小学教师在教育学知识和能力方面的要求，成为中小学教师参加全国教师资格考试教育学科目考试的通用教材；三是严格遵照国家教师资格考试大纲的要求，确保中小学教师具备通过本科目考试所需的知识面和能力。

第二，解决教师教育的课程设置的问题。就课程设置本身而言，它包括课程目标的厘定、课程内容的选择、课程的组织与实施、课程方案的评价四个方面。教师教育的指向多元，既有职前的教师教育，也有职后的转岗学习和在职教师培训，不同教育对象的诉求不同。事实上，要把各种不同的诉求表达到课程设置的方方面面，并形成一本教师教育课程标准配套教材，显然不是一件容易的事。我们所要做的和能够做的，就是在教材编写过程中，脑海中绷紧一根弦，时刻牢记各种诉求，尽力而为。

第三，解决本教材适用面的问题。面向中小学教师，关于本教材作为全国教师资格考试通用教材的问题，前面已经有足够、充分的表达，在此不做赘述；面向师范专业，作为本科学生教育学课程的教材，我们重点强调教材内容选择的学术性，通过"推荐阅读"增加学生的阅读量，并设置"思考与应用"，培养学生的问题意识，为他们的进一步求学深造或从事教育科学研究奠定基础；面向一般读者，为帮助其实现从初步了解或理解教育学的逻辑架构到系统掌握教育学的知识与技能的提升，我们试图将教育学的学科知识逻辑与读者的学习心理发展规律科学地联系起来，在每一章的正文前，均设计了"学习目标""本章导读"和"本章知识结构图"三个栏目，尤其是"本章知识结构图"，它是读者了解本章内容的"窗口"，也是帮助其了解和掌握本章知识的重要学习工具。

　　第四，解决辅助教师落实课程思政的问题。课程思政是近年来教育界的一个热点。当前，学术界对课程思政的概念认识不一，主要有"课程类型说""教育理念说""思政方法说""教学体系说""实践活动说""多重属性说"等观点。我们认为，课程思政的本质和内核是立德树人，其要义在于育人和育才的辩证统一。思想政治理论课程和非思政课程都需要落实课程思政，以形成育人和育才的协同效应。二者既各自独立，又彼此依存。本教材作为非思政课程教材，在编写过程中深入贯彻课程思政的理念，切实将知识教学与教材受众的素质提升、人格养成，以及体现教师群体特殊性的师德师风建设贯通起来。

唐德海

2025 年 1 月

目录

第一章

教 育

学习目标

1. 准确理解教育的概念与属性。
2. 了解教育的各个构成要素。
3. 掌握教育的发展历史。

本章导读

本章主要探讨的是教育的基本概念。教育是与人类社会共存的一种社会活动,它随着人类的产生而产生,并随着社会的发展而发展。本章揭示了教育的概念与属性、教育的构成要素和教育的发展历史。

本章知识结构图

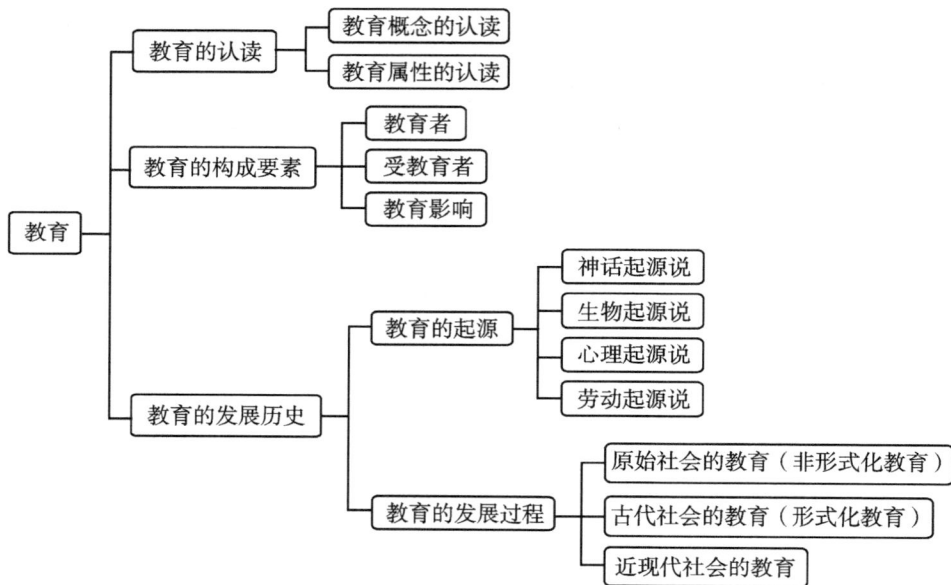

```
                  ┌─ 教育的认读 ─┬─ 教育概念的认读
                  │              └─ 教育属性的认读
                  │                        ┌─ 教育者
                  ├─ 教育的构成要素 ────────┼─ 受教育者
                  │                        └─ 教育影响
        教育 ─────┤                        ┌─ 神话起源说
                  │              ┌─ 教育的起源 ─┼─ 生物起源说
                  │              │              ├─ 心理起源说
                  │              │              └─ 劳动起源说
                  └─ 教育的发展历史─┤              ┌─ 原始社会的教育(非形式化教育)
                                 └─ 教育的发展过程 ─┼─ 古代社会的教育(形式化教育)
                                                  └─ 近现代社会的教育
```

核心议题

1. 教育的概念语境

教育是什么?这是教育理论界和实践领域普遍关注和必须究明的终极问题。过去,我们热衷于从应然的角度将教育理解为一种培养人的社会实践活动。事实上,教育的概念语境是多维度的,不仅存在应然的教育,还存在实然的教育、或然的教育,有必要从应然、实然、或然的多元语境去全面、鲜活和立体地解读教育。

2. 教育的构成要素

教育要素是教育活动的组成部分,是决定教育发展的不可或缺的内在条件。长期以来，学界就教育的构成要素问题出现过"三要素说""四要素说""五要素说""六要素说"乃至"七要素说"等多种观点。分析教育的构成要素，应牢牢把握基本的要求，对各种要素加以整合和概括。从该意义上看，教育者、受教育者和教育中介系统是教育的基本构成要素。

3. 教育的发展历史

教育的构成要素从空间的角度来分析教育，教育的发展历史则从时间的角度来梳理教育。教育是历史的产物，要理解教育，必须揭秘教育的"前世今生"。教育自产生之日起，经历了非形式化教育、形式化教育、制度化教育等不同阶段，对应着不同的历史时期。各个阶段或历史时期的教育既彰显出共相，也呈现出不同经济、政治、文化条件下的殊相。以史为鉴可以明得失，了解教育的过去对把握教育的现在与未来具有启迪意义。

4. 教育的明日展望

教育是历史的产物，并且永远在历史洪流的裹挟中不断向前发展。在数字化、信息化、智能化赋能教育发展的今天，教育会走向何方？如何看待和处理未来教育中个人、社会、技术之间的关系？这些是需要我们思考和回答的问题。

第一节　教育的认读

自有人类，就有教育。教育是与人类社会共存的一种社会活动，它随着人类的产生而产生，并随着社会的发展而发展。教育学作为一门研究教育这个社会活动的学科，虽然出现得比教育晚得多，但也有数百年的发展历史。教育与教育学均已走过漫长的发展历程。我们学习教育学，了解教育和教育学的发展历程，就是为了更好地认识教育、理解教育和规范教育，使其充分发挥作用，达到服务于人、服务于社会的最终目的。

教育是什么？这是教育理论中一个最普遍、最基本的问题，也是在学习和研究教育学的过程中不能回避的本体性问题。从一定意义上可以说，正确认识、理解和把握教育概念，是每一个教育学学习者的开山之斧或入门之途。

在现代社会中，受过不同程度教育和以不同方式接受过教育的人越来越多，教育这个词成了生活中的常用词。一提起教育，人们总是胸有成竹，似乎凭经验就能知其然，甚至知其所以然。但是，如何从理论上阐发教育、给出一个确切的教育概念是古今中外众多教育理论工作者和教育实践者穷其毕生精力仍难以回答的问题。

一、教育概念的认读

概念是反映对象特有属性或固有的本质属性的思维形式。人类在认识过程中，将感性认识上升为理性认识，把所感知到的事物的共同本质特点抽象出来，加以概括和提炼而使其成为概念。概念反映对象的本质属性，揭示对象的特有内涵。界定教育的过程是一个概括、提炼教育的本质属性的过程，也就是揭示教育的特有内涵的过程。

教育是一个历史的范畴，在曲折悠远的历史长河中，它随社会的发展而发展，随社会的变化而变化。教育还是一个发展的概念，它随人们认识事物的手段和方法的改进而不断精进。因此，教育概念是阶段性的、递进的，不是亘古不变的。

在我国，"教"和"育"这两个字最早出现在甲骨文中。"教"在甲骨文中为"🅰"，像有人在旁执鞭演卜，下面是孩子学习的形象。"育"在甲骨文中为"🅱"，像妇女养育孩子之形。在古籍中，"教"和"育"很少连用，大都只用一个"教"字来论述教育的事情。最早将"教""育"二字连用的是孟子，他说，得天下英才而教育之，三乐也。荀子则说，以善先人者谓之教。《学记》中有记载：教也者，长善而救其失者也。[1] 东汉许慎在其所著的《说文解字》中说：教，上所施，下所效也；育，养子使作善也。[2] 由此可见，古籍中并未有现代意义上的教育一词，即使孟子提出了得天下英才而教育之的断语，这里的教育也只是"教"与"育"的连用，而不是一个独立使用的通用词。在西方，教育一词，英文为 education，法文为 éducation，德文为 Erziehung，都是由拉丁文 educare 而来的。educare 又是由动词 educere 演变成的，ex 在拉丁文中有"出"的意思，ducere 有"引"的意思。因而，教育一词亦有"引出"之义。

教育是一个见仁见智的概念。即使是著名教育家或教育思想家，对教育的认识和看法也是有差异的。夸美纽斯说，教育旨在发展健全个人。杜威认为教育就是经验的不断改造，教育即生长。斯宾塞坚信，教育就是自我发展，教育是完美生活之预备。桑代克提出，教育是人类需要的满足。赫尔巴特断言，教育的全部问题可以用一个功能——道德来概括。时代在发展，社会在进步，人们对世界的认识越来越全面、深刻，对教育的认识也越来越科学、精到。

20 世纪以来，关于教育的观点和看法，可谓雨后春笋，层出不穷，呈现出百花齐放、百家争鸣之态势。《中国教育辞典》对教育的解释是：教育之定义，有广狭二种。从广义言，凡足以影响人类身心之种种活动，俱可称为教育；就狭义而言，则唯用一定方法以实现一定之改善目的者，始可称为教育。《教育大辞书》对教育的界定是：广而言之，凡足感化身心之影响，俱得云教育。只称其结果，不计其方法。狭而

---

① 教育大辞典编纂委员会：《教育大辞典》第 9 卷，153 页，上海，上海教育出版社，1992。

② 刘道玉：《教育问题探津》，239 页，北京，北京出版社，2019。

言之，则唯具有目的，出以一定方案者，始云教育。此中亦分两类。①对象及期限有定，其功效又可以明确表出者；②反之，前者指学校教育，后者指社会教育。《中国大百科全书·教育》则指出：从广义上说，凡是增进人们的知识和技能、影响人们的思想品德的活动，都是教育。狭义的教育主要指学校教育，其含义是教育者根据一定社会（或阶级）的要求，有目的、有计划、有组织地对受教育者的身心施加影响的，把他们培养成为一定社会（阶级）所需要的人的活动。教育这个词有时还作为思想品德教育的同义语使用。

历史上，教育家对教育的看法各有不同。辞书里，对教育的解析也有差异。不过，公开出版发行的教育学教材关于教育的认识倒是共识多、歧见少。通常的表述是：教育是人类社会特有的现象，它是培养人的一种活动。就其定义来说，有广义和狭义之分。

广义的教育泛指增进人们的知识与技能、发展人的智力与体力、影响人的思想观念的活动。它包括家庭教育、社会教育和学校教育。广义的教育是伴随着人类社会的产生而产生的，它既可以是自发的、无组织的和零散的，也可以是自觉的、有组织的和系统的。

狭义的教育主要指学校教育，是教育者依据一定的社会要求，有目的、有计划、有组织地对受教育者施加影响，把他们培养成一定社会所需要的人的活动。学校教育是社会发展到一定阶段的产物，其产生的基本条件是生产力的发展和文字的产生。

二、教育属性的认读

教育的本质属性是有目的地培养人的社会活动。对于教育的本质属性，可以从以下三个方面来理解。

第一，教育是把自然人转化为社会人的过程。这表明教育是人类所独有的社会现象。

第二，教育是有意识、有目的、自觉地对人进行培养的。这表明教育与其他社会现象之间有本质区别。其他社会现象也对人的发展有影响，如社会生产对人的发展有很大的影响，但不是自觉、有目的地影响人的发展的。

第三，在教育这种培养人的社会活动中，存在教育者、受教育者以及教育内容（反映和体现社会要求）三种要素之间的矛盾运动。

此外，教育还具有永恒性、继承性、长期性、生产性、民族性以及相对独立性等社会属性。

需要指出的是，学校教育除了拥有一般的教育属性外，还有其独具的本质特征，主要有以下六个方面：其一，学校教育是依据一定社会的要求进行的，培养一定社会所需要的人，因而有显著的社会制约性；其二，学校教育是有目的、有计划、自觉地对受教育者的身心施加影响的，这是其区别于家庭教育、社会教育等最重要的标志；其三，学校教育是一种高效率(或高效益)的社会活动，不能促进学生发展的活动不能被称为学校教育活动；其四，学校教育是一种积极的、健康向上的社会活动，一切消极的、不纯洁的和低级趣味的言行都不能纳入学校教育的范畴；其五，学校教育有其独特的规定性和规律性，学校教育的实施者既要考虑社会发展的普遍需要，也要考虑受教育者个体身心发展的特殊需要；其六，学校教育是在特定场域进行的一种社会活动，包括实体场域(学校)、文化场域(学校文化)和作为场域(学校魅力)，如果学校教育不能维持和坚守其特定场域，那么其质量就会受到影响。

第二节　教育的构成要素

教育是一个复杂的社会现象，它既包括目的、内容、制度、方法等方面的内容，又包括学前教育、初等教育、中等教育、高等教育等不同的层次，是一个内容丰富、层次复杂的开放系统。构成教育活动的三个基本要素是教育者、受教育者和教育影响。

一、教育者

教育者是从事学校教育活动的人，包括学校教师、教育管理人员及参加教育活动的其他人员。其中，教师是学校教育的主体，是直接的教育者。教师的主要任务是按照社会的要求，传授与受教育者身心发展水平相适应的知识，发展受教育者各方面的能力，完善受教育者的人格和品性。在教育活动中，教师处于领导地位，发挥着主导作用。主要原因在于以下几方面。第一，教师承担着传承人类文明和促进社会发展的重任。传承人类文明和促进社会发展是相辅相成的，传承人类文明是促进社会发展的前提和基础，促进社会发展是传承人类文明的主要目的和指向。有史以来，人类文明的传承最主要、最有效的方式和手段就是教育。教师以教育为职业，担当着传承人类文明的重任，在社会发展中的地位和作用不可或缺。第二，教师受过专门的职业训练。教师是一个职业，更是一门专业，如果没有经过专门的职业训练，就不能胜任教师这个职业，更谈不上实现教师的专业发展。世界各国都设有教师准入的条件，只有满足条件的人才能从事教师这个职业，这充分说明，教师是一个经过专门培养、严格考核、国家认证的特殊职业，不是只要想从事就能够从事的职业。正因如此，在教育教学活动过程中，在做什么和怎样做方面，教师是内行、能手、专家。第三，青少年正处于身心迅速发展的时期。青少年是教育的对象，是学习任务的承担者，从某种意义上说，他们应该是主动学习者和自我教育者，但从总体上看，他们是受教育者。换句话说：一方面，受教育者是青少年的基本角色定位；另一方面，虽然一些青少年可以不接受学校教育，自己做主、自我发展、自学成才，但是实践表明，这条路上的成功者寡，失败者众，而且走上这条路的人需要经历一个艰苦的、漫长的渐进过程。学校教育则不然，它能够让众多的青少年实现快速发展，甚至通过二十年左右的学习时间，接近某一学科领域或某一专业的前沿。因此，接受学校教育是一种明智的选择，而放弃学校教育的代价和损失对青少年个体而言是难以估算的，对国家而言是无法承受的。从学校教育来看，教育者主要指具有一定资格的专职教师和相对固定的兼职教师。

二、受教育者

受教育者是接受教育的人，即各级各类学校的学生。受教育者是教育的对象，是学习的主体，也是教育活动的基本要素。如果没有受教育者的积极参与，教育活动就不会获得很好的效果。作为教育的对象，他们既要接受教育者的改造和塑造，也要自我改造和塑造。在学校教育中，学生作为受教育者，其主要任务是学习，发展是学生学习的出发点和归宿。学生的受教育过程或学习过程是一个从幼稚到成熟，从被动接受到主动获取，知识由少到多，能力由弱到强的过程。学生的存在是学校存在的条件，没有学生，学校就失去了存在的合法性。学生的信任和喜爱是学校发展最根本的动因和动力，如果不能取信于学生、赢得学生的喜爱，那么高大的楼房、宽广的场地、美丽的校园以及现代化的设备与设施，就如同中看不中用的"皮囊"，难以发挥其应有的教育影响和作用。学生的发展是学校工作的全部意义和价值所在。如果学校工作的重心没有放在学生的发展上，那就可以判定学校的路走偏了、走错了。如果学校教育不能促进学生的快速发展，那就可以认定该学校是低水平、低质量的学校，甚至是"短命"的学校。

三、教育影响

教育影响是教育内容、教育方法和教育手段及其联系的总和。它是教育实践活动的工具，是教育者和受教育者相互作用的中介。从教育者的角度看，教育的过程是教育者选择教育影响并向受教育者施加教育影响的过程；从受教育者的角度看，教育的过程是受教育者根据自己的身心发展水平和主观意愿选择教育影响，并将教育影响内化的过程。教育影响是一个较为宽泛的概念，它包括作用于受教育者的影响物及运用这种影响物的活动方式和方法，具体包括教育媒体、教育内容、教育手段、教育活动方式方法和教育环境五个部分。其中的每一部分都能影响整个教育的效果，故有学者把这五种影响因素分开来考虑，将其同教育者、受教育者并为教育的基本要素，即所谓"七要素说"。

　　教育者、受教育者、教育影响这三个基本要素既相互独立，又相互联系。没有教育者，教育活动就不可能展开，学习者也不可能得到有效的指导；没有受教育者，教育活动就失去了对象，无的放矢；没有教育影响，教育活动就成了无源之水、无本之木，再好的教育意图、再好的发展目标都无法实现。教育者是教育影响和受教育者之间发生关联的媒介，受教育者是教育者选择和施加教育影响的对象，教育影响是教育者作用于受教育者的内容、工具和手段。

　　在教育的三个基本要素中，教育者与受教育者属于教育过程中"人"的要素，教育影响属于教育过程中"物"的要素。从理论上讲，教育的三个基本要素是相互联系、相互作用的，任何教育活动的开展都离不开三要素的直接或间接参与。在学校教育中，教育活动的开展是多种多样的。多数教育活动的开展必须由三要素直接参与、共同作用，我们可以将这种教育过程称为真教育过程。但有一些教育活动，可能有其中两个因素直接参与，而另外一个因素只是间接参与，我们可以将这种教育过程称为准教育过程。比如，学生的自习课程是按照教师的布置进行的，教师可能不在现场，但教育活动依然在正常开展。又如，教师针对学生开展教研活动，学生虽然没有直接参与，但教师对教育影响的思考是按照学生在场的情形展开的，因而这也是学校教育活动必不可少的组成部分。随着科学技术的迅猛发展，教育影响的方法和手段日趋精进和多样，尤其是慕课(MOOC)的流行和普及，真教育活动逐渐减少而准教育活动不断增加可能成为一种趋势。

第三节　教育的发展历史

　　教育作为培养人的一种社会活动，伴随着人类发展走过了漫长的历史道路。研读教育发展的历史进程，有利于探索教育发展与社会发展的客观规律，总结出富有启迪意义的经验和教训。

一、教育的起源

　　如果说，关于教育概念的界定人们的共识多于分歧的话，那么对于教育的起源问题，人们的分歧可能会多于共识。从目前的研究结论看，具有代表性的观点主要有四种，即神话起源说、生物起源说、心理起源说和劳动起源说。

(一)神话起源说

　　神话起源说是关于教育起源最古老的观点。它认为，教育与其他万事万物一样，都是由人格化的神(上帝或天)创造的，教育的目的就是体现神或天的意志，使人自觉自愿地皈依于神或顺从于天。很多的宗教持这种观点。在神话起源说备受推崇的时期，由于在人类起源问题上认识水平的局限，人们不能正确提出和认识教育的起源问题。

(二)生物起源说

19世纪末，法国哲学家、社会学家利托尔诺提出，在人出现之前动物界已经存在教育：老猫教小猫捕鼠，老鸭子教小鸭子游水。除法国的利托尔诺外，生物起源说的代表人物还有美国的桑代克、英国的沛西·能等。生物起源说认为，人类教育起源于动物界中各类动物的生存本能活动，动物界就有教育活动。这种观点强调和突出的是教育的过程性及其结果，混淆了动物的生存本能活动与人类的教育活动之间的界限。

(三)心理起源说

美国教育学家孟禄提出儿童对成人的模仿是教育的基础，教育起源于日常生活中儿童对成人的无意识模仿。这种观点从受教育者的本能和需要上阐发教育的本质，有一定的合理性。但是，其错误主要在于没有区分人类本能与动物本能之间的区别，没有看到人的意识性和社会性，把全部教育归于无意识状态下的模仿行为，把有意识的和在意识支配下产生的目的性行为排除于教育之外，否定了教育的目的性。

(四)劳动起源说

劳动起源说也被称为教育的社会起源说，它是在评判生物起源说和心理起源说的基础上，在马克思历史唯物主义理论的指导下形成的。

教育劳动起源说的主要内容如下：生产劳动是人类最基本的实践活动，教育起源于生产劳动过程中经验的传递，生产劳动过程中的口耳相传和简单模仿是最原始和最基本的教育形式，生产劳动的变革是人类社会教育变革的动力。教育的劳动起源说为理解教育起源和教育性质提供了一把"金钥匙"。这种观点自20世纪50年代由苏联传入我国以来曾被普遍认同并广泛传播。

后来，我国又有学者质疑劳动起源说，并在反思的基础上提出了教育形态交往起源说。教育形态交往起源说认为，教育作为一种活动，显然与生产劳动及其他社会活动相关，但不是生产劳动本身，而是人类非物质的交往活动。只要这类交往发生，就必然有交往的双方和交往的内容，交往活动的一方转化为教育者，另一方则转化为受教育者。在这种特殊的交往逐渐形成较为固定的教育内容和教学关系时，教育活动就产生了。① 教育形态交往起源说比较好地回答了为什么人类社会不同时期的教育活动具有共同的要素和持续一致的表现形式，在我国教育理论界和实践界赢得了较多的认可。

---

① 叶澜：《教育概论》，41～42页，北京，人民教育出版社，2006。

二、教育的发展过程

教育自产生之日起，就随着人类社会的发展变化而发展变化。在不同的社会历史阶段，由于生产力发展的水平不同，生产关系和政治制度不同，教育具有不同的性质和特点，形成各种历史形态。

(一)原始社会的教育(非形式化教育)

原始社会的教育即原始状态的教育，是起始阶段教育，是处于低水平的无阶级性的教育，教育形式、内容、方法、手段等都非常简单和原始。

在原始社会，由于生产力水平很低，教育还没有从社会生活中分化为专门的事业，既没有专门的教育机构，也没有专职的教育人员。教育通常是在生产劳动过程和人们日常生活中完成的，亦即说教育是与生产劳动紧密结合在一起的。当时的教育内容和教育形式均非常简单，主要是成年人在带领年轻人从事狩猎、捕鱼、采集野果、制造工具等生产劳动的过程中，向他们传授这些方面的经验与技术，培养他们勇敢、机智、团结、互助等品质。随着生产力的发展，出现了畜牧业和农业生产的分工，教育的内容随之增多，老年人向年轻人传授饲养牲畜、种植庄稼、制造陶器、建筑房舍等生产经验与技术，并向他们进行礼节仪式教育，向年轻人传授角斗、射箭、骑马等方面的经验和技术。[①] 值得一提的是，人们一般认为学校教育是在奴隶社会时期产生的，但据考证，在原始社会，确切地说是在母系氏族社会时期，曾出现一种公共教育机构——青年之家，这是原始社会在音乐、舞蹈、风俗、习惯、宗教等方面开展教育的机构。在青年之家中，受教育者接受着生产劳动训练，学习内容如前所述。青年之家被认为是学校的萌芽。在原始社会，由于没有阶级，教育是没有阶级性的，所有的儿童和青年都有受教育的权利。

总体来看，原始社会的教育具有以下几方面的显著特点。

第一，教育具有非独立性，教育和社会生活、生产劳动紧密相连。教育没有从社会生活和生产劳动中分化出来，是在生产劳动和社会生活中进行的。

第二，教育具有自发性、全民性、广泛性、无等级性和无阶级性。这体现了原始状态下的教育机会均等。

第三，教育具有原始性，教育内容简单，教育方法单一。由于没有文字和书籍，教育方法和手段只限于动作示范与观察模仿、口耳相传与耳濡目染。

(二)古代社会的教育(形式化教育)

人们通常把奴隶社会的教育和封建社会的教育统称为古代教育。虽然这两种社会的教育在目的、内容、制度和组织规模等方面有所不同，但它们在许多方面仍存在相

---

① 雷萍：《教育学》，6页，昆明，云南人民出版社，2012。

同或相似之处。

1. 奴隶社会的教育

随着生产力的发展和剩余产品的出现，社会上出现了脑力劳动与体力劳动的分工。这种分工，一方面推动了生产，文字产生了，科学、艺术的萌芽出现了；另一方面，也促进了奴隶制的形成。剩余产品的出现为专门从事教育的工作人员和专门教育机构提供了物质基础和前提条件，因而奴隶社会出现了专门从事教育工作的教师，学校教育产生了，教育从直接生产活动中分化出来，成为独立的社会生活形态，与原始形态的教育（与其他社会生活共生的教育）并行发展。奴隶社会使用手工工具进行生产，这种生产在当时主要凭借直接的生产经验和技艺，不依靠科学知识，这就决定了生产劳动者的培养主要是通过家庭教育和师傅带徒弟的方式来实现的。奴隶社会的学校教育基本上没有培养生产工作者的任务，学校教育的基本特征之一是与生产劳动相脱离。

在奴隶社会中，所有的学校都是把奴隶主阶级的子弟培养成统治人才的场所。学校教育被奴隶主阶级垄断，奴隶阶级的子弟只能在繁重的体力劳动中学习生产技能，无权进入学校学习。从那时起，教育便具有了阶级性，成为统治阶级统治人民的工具。

（1）我国奴隶社会的教育

我国是历史上最早出现学校教育的国家。据《礼记》等书记载，在我国的夏朝已有名为庠、序、校的施教机构。到了殷商和西周，瞽宗、辟雍、泮宫等学校设立。西周已经建立起比较完善的教育制度，形成了政教合一的官学体系，并有了国学与乡学之分，但学在官府的格局没有发生实质性变化，政府的官吏及其豢养的学者垄断了文化和教育的大权，奴隶阶级的子弟对此是无权问津的。我国古代学校教育内容在奴隶社会可以概括为六艺，即礼、乐、射、御、书、数六种科目。礼与乐为政治伦理和艺术教育；射与御为军事体育教育（射指射箭技术的训练，御指驾驭马拉战车技术的训练）；书与数为基础文化知识教育，书为文字，数为算法。设置这些教育内容的主要目的是使奴隶主阶级的子弟学习一套管理国家、镇压奴隶与作战的本领，以及礼仪等治人之术。这一时期的教育鄙视体力劳动，轻视稼穑百工之艺，因而与生产劳动基本上是相互脱离的。

（2）其他奴隶社会的教育

古代印度宗教权威至高无上，教育被控制在婆罗门教、佛教手中。婆罗门教把人分成婆罗门（祭祀僧侣）、刹帝利（军事贵族）、吠舍和首陀罗四大种姓。在欧洲奴隶社会中，出现了斯巴达和雅典两种教育体系。其中，斯巴达教育具有浓厚的军事色彩，其教育目的是把奴隶主贵族子弟培养成体格强壮、受过严酷军事体育锻炼的武士。斯巴达把教育看成国家的事情，教育全都由国家组织、管理和控制。儿童属国家所有，7岁前由父母代替国家抚养，7~18岁在国家的教育机构接受严酷的军事训练和道德灌输，形成健康的体魄、顽强的意志，以及勇敢、顺从、爱国等品质。教育的主要内容为赛跑、跳跃、掷铁饼、投标枪、角力五项竞技，此外还包括肉搏术、骑马、游泳、音乐与舞蹈等。18～20岁的青年在士官团接受专门的军事训练。雅典则是最早形成德育、智育、体育、美育和谐发展教育的欧洲国家。雅典的教育制度既有公共教育，也有私人教育。儿童7岁以前受家庭教育。7岁以后，男孩进入文法学校和弦琴学校，学习读、写、算等知识以及音乐、唱歌和朗诵等。13岁左右的少年在文法学校和弦琴学校继续学习的同时，还进入体操学校接受体育训练，大部分学习2～3年后即告结束。少数显贵者的子弟升入国立体育馆继续学习，他们年满18岁从体育馆毕业后可升入士官团深造，接受正规军事训练，到20岁被授予公民称号，成为国家正式官吏。雅典和斯巴达的教育各以其不同特点影响了欧洲教育的发展。

2. 封建社会的教育

封建社会的生产力比奴隶社会更进了一步，社会的财富和人类的经验日益增多。因而，封建社会的学校教育较奴隶社会的学校教育在规模上逐渐扩大，在类型上逐渐增多，在内容上日益丰富。封建社会的生产仍是手工操作的小生产，生产劳动者的培养不需要通过学校教育来进行，封建社会的学校教育仍然没有培养劳动者的任务，基本上是与生产劳动相脱离的。

(1)我国封建社会的教育

在我国封建社会，学校教育被地主阶级垄断。学校教育按其性质分为官学、私学和书院三种。

春秋战国时期是我国私学发展的鼎盛时期。私学的迅速发展促进了文化的繁荣和发展，形成了百家争鸣的文化盛况，这在我国教育史和文化史上具有里程碑式的重要意义。

两汉时期，西汉武帝采纳了董仲舒提出的"罢黜百家，独尊儒术"的建议，实行思想专制的文化教育政策和选士制度，对后世产生了深远的影响。东汉灵帝时，设立鸿都门学，这是一种研究文学艺术的专门学校。汉代地方官学通常称为郡国学或者郡县学，其发展始于景帝末年、武帝初年的"文翁兴学"。

魏晋南北朝时期，在学校设置上推出新的举措，即国子学与太学并列，建立郡国学校制度，设置专门学校，实行"九品中正制"选士制度，在一定程度上促进了学校教育的发展。

隋唐时期，采用重振儒术和三教(儒教、道教、佛教)并重的文教政策，从中央到地方形成了相当完备的官学教育体系，六学(国子学、太学、四门学、律学、书学、算学)二馆(崇文馆、弘文馆)构成了中央官学的主干。同时，采取科举选士制度，极大地激发了读书人的求学热情，逐步形成"读书做官"的思潮，影响我国教育一千多年。

宋、元、明、清时期，基本沿用了科举选士制度。这一时期的学校教育的基本教材和科举考试的重要依据是四书（《大学》《中庸》《论语》《孟子》）、五经（《诗经》《尚书》《礼记》《周易》《春秋》）。明代以后，八股文成为科举考试的固定格式，直到1905年，科举考试被废除。

从上可以看出，我国古代官学是由官府举办并管辖的学校，具有鲜明的等级性。以学校制度较为完备的唐朝学制为例，唐朝由中央直接设立的学校有六学二馆，六学中的国子学收文武三品以上官员的子孙入学，太学收文武五品以上官员的子孙入学，四门学收文武七品以上官员的子孙入学，律学、书学和算学收八品及八品以下官员的子孙入学，只有通律学或书学、算学的庶族地主子弟才能进律学、书学和算学三类学校就读。东宫的崇文馆和门下省的弘文馆，入学条件更是苛刻，专收皇帝、皇后的近亲及宰相大臣子弟就读。在地方设立的学校有府学、州学、县学，这些学校的入学条件虽无严格的等级限制，但由于名额的限制（大县县学的学生名额才40人），只有地方官吏和富豪地主子弟才有入学的机会，农民和手工业者子弟是没有条件进入的。私学，顾名思义，指私人办的学校。历代的私学，表面上虽人人可以入学，但由于学费（束脩）的限制，贫困的农民和手工业者子弟是很难进去学习的。他们基本上还是通过家传父教、师傅带徒弟等形式在生产劳动中学习生产知识和技能，接受家长和师傅的思想影响。自汉以后的整个封建时代，由于朝代更替，社会动荡，官学往往兴废无常，而私学则始终存在，成为我国古代人才培养的重要渠道。

除了官学和私学外，书院在文化教育中的地位和作用也不容小觑。书院始于唐朝，盛于宋朝，是封建社会后期最重要的教育机构之一。书院分为两种，一种是由中央政府设立的主要用于收藏、校勘和整理图书的机构，另一种是由民间设立的主要供个人读书治学的地方。现有资料表明，从事授徒讲学活动的书院萌芽于唐末，作为一种教育制度正式形成则是在宋朝。宋朝出现了一批著名书院，如北宋的白鹿洞书院、岳麓书院、应天府书院、嵩阳书院、石鼓书院、茅山书院等，南宋的丽泽书院、象山书院等。宋朝时期，政府开始加强对书院的控制，书院逐渐被纳入官学体系，有的甚至直接变成地方官学，成为准备科举考试的场所。元、明、清的书院，在数量上得到进一步发展，在官学化倾向越来越严重的同时，一些颇有特色且对封建社会政治、文化、学术人才培养等产生重要影响的书院涌现出来。书院作为与古代官学、私学并行的一种教育机构，对我国封建社会后期学术文化发展以及人才培养起到了巨大的推动作用。

在我国漫长的封建社会时期，儒家思想成为两千多年来封建社会的统治思想，儒家的封建伦理道德是维系封建社会的精神支柱，儒家"学而优则仕"的主张则成了我国封建社会的教育目的。封建统治者利用教育，把自己的子弟培养成统治劳动人民的官吏和士君子。儒家的经典著作"四书""五经"是我国封建社会教育的主要内容。除"四书""五经"外，也传授一些算学、天文、医学等自然科学方面的知识。教育方法是崇尚书本,要求学生死记硬背,对学生实行棍棒纪律教育。教学组织形式是个别教学。

我国封建社会教育的主要特点,就是通过选士制度来控制学校教育、培养统治阶级所需要的治学人才,尤以科举制为最。科举制在我国古代实施时间漫长(历时大约1300 年之久),影响最大。科举制的基本方法是由国家设立科目,通过逐级统一考试,按照成绩选录人才,分别授予相应的官职。科举制的出现是我国教育史上的一个进步:一方面,它具有一定的平等性,不讲出身,看重成绩,为平民百姓进入统治阶层开辟了一条可行的路径,可在一定程度上化解民愤和民怨;另一方面,它可以为封建统治者选择一些懂得诗书、时务的人才,在维护封建统治方面有一定的作用。但是,科举考试的内容多为儒家经典,科举考试的方法又多要求死记硬背,由此束缚了学生的头脑,影响了文化尤其是科学技术的发展。[1]

(2)中世纪欧洲的教育

在欧洲封建社会里,宗教成了封建制度的精神支柱和统治人民的工具,僧侣垄断了文化和学校教育,科学成了宗教的奴仆。在封建统治阶级内部形成了僧侣封建主和世俗封建主(贵族)两个阶层,因而出现了两种类型的教育:教会学校教育和骑士教育。

这个时期的教会学校大体上可以分为修道院学校(旧译僧院学校)、座堂学校(旧译主教学校或大主教学校)、堂区学校(旧译教区学校)。修道院学校设在修道院内,分内学和外学。内学专门培养僧侣,外学的教育对象则为俗人。早期的修道院学校主要强调宗教内容的学习,辅之以简单的读、写、算,后来有些学校还教授"三艺",即文法、修辞学、辩证法。少数能开设完整的"七艺",即在"三艺"之外增加算术、几何、天文学和音乐理论,这四门课程又被称为"四艺"。修道院学校多由神职人员担任教师,教学方法为教师口授,学生记录、背诵,教学组织形式为个别教学,纪律严格,体罚盛行,棍棒和鞭子是学校必备教具。座堂学校设在主教的大教堂所在地,一般设备较好,学科内容较完备。堂区学校设立在教堂所在的城区和村落,规模小,设备简陋,是教会面向世俗群众开设的普通学校,教师多为神甫。到中世纪晚期,堂区学校发展较快,成为当时最普遍的学校教育形式。

相对于教会学校而言,这个时期的世俗教育显得相当薄弱。这个时期世俗封建主的主要教育形式是骑士教育。这是一种特殊形式的家庭教育。骑士教育的目的在于培养身强力壮、彪悍勇猛、武艺精湛、虔敬上帝、忠于封建主的职业军人,主要教育内容是忠主思想与军事技能,俗称"骑士七艺",即骑马、游泳、投矛、击剑、打猎、弈棋和吟诗。骑士教育过于倚重军事教育、宗教教育和封建道德教育,轻视文化知识的学习,以致许多骑士目不识丁,甚至不会签名。

---

[1]　邹群、王琦:《教育学原理》,23~24 页,大连,辽宁师范大学出版社,2010。

值得指出的是，近现代意义的大学是在中世纪诞生的，这无疑是教育发展史上的一个重要里程碑。意大利的博洛尼亚大学在 1150 年获得大学身份，成为世界上最早的大学。法国的巴黎大学和英国的牛津大学分别在 1200 年、1220 年也拥有了大学的身份。到 13 世纪晚期和 14 世纪初，设立一所大学必须获得法律的认可。但是，博洛尼亚大学、蒙彼利埃大学、帕多瓦大学、奥尔良大学、牛津大学和剑桥大学在获得正式的认可之前就已经是合法的大学了。

综上所述，我们可以看出，古代学校教育呈现以下特点：第一，学校教育基本上与生产劳动相脱离，成为一种相对独立的社会活动；第二，学校教育为奴隶主阶级和地主阶级所垄断，具有鲜明的阶级性以及壁垒森严的等级性；第三，学校教育的内容主要是古典人文学科和治世之术，有明显的保守性；第四，教育的组织形式主要是个别教学，教学方法主要是灌输，同时比较注重在实践中学；第五，教育的象征性功能占主导地位，学校与社会生活相脱离，学生的思想和生活囿于狭小的天地里，也就是说古代学校教育是一种封闭式的教育；第六，出现了专科教育和职业技术教育的萌芽，但尚未形成自己的体系；第七，近现代意义上的大学产生，这是教育发展史上的一个重要里程碑。

(三)近现代社会的教育

1640 年，英国爆发资产阶级革命，西方进入资本主义社会。新的社会形态和新的生产方式推动了社会的发展。特别是 18 世纪蒸汽机的发明，带来了人类历史上第一次工业革命，引起了社会制度、思想观念和生活方式的巨大变革，也使教育发生了巨大变化，现代学校教育产生了。近代和现代虽然是时间相随、传承相继的，但近代社会教育和现代社会教育依然有显著的差别，呈现出不同的特点。分述如下。

1. 近代社会的教育

新大陆的发现和第一次工业革命给世界带来了巨大的变化，也使教育发生了巨大的变化。教育世俗化、教育国家化、初等教育义务化、教育法治化是这一时期教育的主要特点。具体地说，近代学校教育与古代学校教育的主要区别有以下几个方面。

①教育日渐贴近生活，与生产劳动的联系日益密切。大机器生产的一个重要特点就是把科学技术融入生产过程。它不仅要求增加劳动者的数量，而且要求提高劳动者的质量。劳动者只有具备一定的知识、技能，才能与大机器生产相适应。这就决定了自然科学、技术知识成为学校教学的重要内容，从而推动了实科教育的发展。同时，生产力和科学技术迅速发展，教学内容的更新速度随之加快。此外，大机器生产要求教育必须与生产劳动相结合并为这种结合创造了有利条件。因此，在学校教育中，无论是培养目标，还是教学内容和教学手段等方面，都体现出教育与生产劳动日益密切的结合。

②国家开始重视并干预教育，公立教育崛起。19 世纪以前，欧洲各国学校教育

的权力为教会或行会所垄断。19 世纪以后，各国政府逐渐认识到教育的重要性，采取措施干预教育，并逐渐建立了公共教育系统。国家干预教育最初发生在工业革命的策源地英国。法国在 19 世纪初颁布了一系列法令，以加强对教育的控制，建立起中央集权的教育管理体制。

③初等义务教育普遍实施。学校教育不再为少数剥削阶级所垄断，而是逐渐大众化，具有民主性，初等教育逐渐普及。机械化工业革命的基本完成和电气化工业革命的兴起既提出了普及教育的要求，也为普及教育提供了物质条件。19 世纪以后，西方各国普遍实施初等义务教育，并不断延长义务教育的年限。比如，19 世纪 80 年代，英国全国学龄儿童入学率达到 90%，实行初等义务教育的年限不断延长，1880 年为 5～10 岁，1893 年提高到 11 岁，1899 年又提高到 12 岁。在美国，马萨诸塞州于 1852 年成为第一个颁布义务教育法的州，密西西比州于 1918 年最后一个颁布义务教育法，义务教育普遍实施。

④重视教育立法，依法治教。西方教育发展的一个明显特点就是有法律的明确规定，教育的每次重要进展及重大变革，都以法律的形式加以规定和提供保障。例如，19 世纪下半叶，随着英国工业革命的完成，社会普遍关注普及义务教育问题。1870 年，英国政府颁布了《初等教育法》(又称《福斯特法案》)，规定了义务教育一系列重大问题，保证了义务教育的实施，同时标志着英国国民教育制度的正式形成。又如，法国在 19 世纪初颁布了许多重要的教育法令，如《关于公共教育的基本法》(1802 年)、《关于创办帝国大学的法令》(1806 年)、《关于帝国大学条例的政令》(1808 年)等，通过这些法令以贯彻实施拿破仑的教育改革思想。①

2. 现代社会的教育

现代社会的教育指 18 世纪英国产业革命、机器大工业生产代替了原来的工场手工业生产以后的教育，起始时间大致是 19 世纪末 20 世纪初。现代社会前期，教育分资本主义教育和社会主义教育，各有不同特征。

①资本主义教育的特征。第一，初等义务教育普遍实施，教育对象不断扩大。第二，学校教育日益与生产劳动相结合。在教育目的上，依据社会的客观要求培养生产技术工作人员；在教育内容上，自然科学逐渐成为学校的必修学科；在教育方法上，实验法、演示法、实习法进入课堂。第三，建立了现代学校制度。学校脱离教会的控制，学校制度由国家制定；各级各类学校之间的联系逐渐紧密，成为一个相互联系的体系；出现了单轨制、双轨制、分支制多种不同的学制形式。第四，教育没有实现真正平等。在学制上，一些国家的教育双轨并行；在内容上，宣扬资产阶级思想和宗教思想；种族歧视、民族沙文主义和军国主义在一些国家不同程度地存在。第五，政府开始重视和干预教育，并逐步建立起比较完备的国家教育系统。

---

① 赵玉英、张典兵：《教育学新论》，51～52 页，济南，山东人民出版社，2012。

②社会主义教育的特征。第一，教育与生产劳动相结合；第二，以马克思关于人的全面发展理论为指导，实行促进人的全面发展的教育；第三，教育逐步实现了从法律到事实的平等；第四，加强国家对教育的统一领导，学校同宗教分离，对学生进行马克思辩证唯物主义教育；第五，历史唯物主义和唯物辩证法为教育科学研究提供了科学的方法论基础。

3. 现代世界教育改革与发展的趋势

第二次世界大战之后，科学技术飞速发展，整个世界日新月异。人们在享受科学技术发展带来的丰硕成果的过程中，逐步认识到教育的重要作用。教育被看成增强国力的基础，在规模上迅速膨胀，尤其是高等教育。教育进入现代社会之后，改革与发展相辅相成，呈现出日新月异的发展态势。概括地说，现代世界教育改革与发展的总体趋势如下。

①教育终身化。终身教育指人们在一生中都应当且需要受到各种教育和培养。今天的世界日新月异，新的知识和信息层出不穷。人们只有学习，不断接受教育，才能跟得上时代发展的脚步。走出校园就结束自己的学习生涯的时代已一去不复返了。终身教育在时间上贯穿人的一生，在空间上打通了学校与家庭、社会的分隔。"活到老，学到老"，终身教育已成为世界教育发展趋势中不可逆转的潮流。

②教育全民化(社会化)。所谓全民教育，就是教育对象的全民化，亦即全体国民都有接受教育的基本权利并必须接受一定程度的教育，国家应通过各种方式满足其基本的学习需求。为了应对全民教育的挑战，保证人人都有接受教育的权利，满足全民的基本学习需要，许多国家根据本国的实际采取了有较强针对性的教育措施，如提高入学率、扩大基础教育的范围、普及初等教育、开通青年和成人学习必需的多种传授体系、有效地利用信息通信等手段和渠道传播知识等。

③教育生产化。一方面，教育与生产劳动结合得较为密切，如产学合作，教育生产、科学一体化；另一方面，教育本身具有产业属性，即教育本身的生产化，如民办教育、私立学校的兴起。

④教育民主化。教育民主化指全体社会成员享有越来越多的教育机会，受到越来越充分的民主教育。教育民主化的中心内容之一是实现教育平等。教育机会平等是教育平等的基础。教育机会平等的关键在于每个人都有机会享受最基本的教育，每个人都有机会接受符合其能力发展的教育。实现教育民主化，一方面要做到教育的普及化，另一方面要实现教育质量和效果的平等。其中，教育思想普及化是教育民主化的基本保证，也是教育全民化的核心内容。

⑤教育国际化。主要表现为教育领域的国际比较研究增加、国际教育合作与交流密切化以及国际教育援助有所发展。

⑥教育现代化。教育现代化是社会政治结构、经济结构的变革在教育上的反映，

是教育的整体性变革。这种变革不仅体现在教育手段、教育方法等方面，还体现在教育制度、教育组织行为、教育思想观念、教育内容等方面。其中，教育观念的现代化尤为重要。

⑦教育多元化。教育多元化是社会生活多元化和人的个性多元化要求在教育上的反映。教育现代化的成果突出地表现为教育发展水平显著提高，科学技术在教育中的运用得到普及和深化，教育内容的科学化程度越来越高，教育方法、手段信息化程度越来越高，教师的专业化水平和学历水平不断提高，教育制度越来越灵活，教育结构越来越合理。教育现代化是一个全球性的不断变革发展的过程。在教育现代化的过程中，教育多元化现象不可避免。教育多元化包括教育思想的多元化，以及教育目标、办学模式、教学形式、评价标准等的多元化。在教育界，人们通常把教育多元化理解成教育现代化过程中的必然产物。

思考与应用

1. 为什么说教育的本质属性是有目的地培养人的社会活动？
2. 教育的构成要素有哪些？它们之间有什么样的联系？
3. 近代学校教育与古代学校教育有什么区别？
4. 用自己的话谈谈你对教育的理解。
5. 结合日常学习生活实际，谈谈就个人而言该如何践行教育终身化。

推荐阅读

1. 王有升、李福华：《"教育者"的本质诉求及其基本要义》，载《课程·教材·教法》，2008(1)。
2. 黎琼锋：《教育是什么：源自教育隐喻的理解》，载《教育研究与实验》，2006(3)。
3. 张楚廷：《教育就是教育》，载《高等教育研究》，2009(11)。
4. 鲁洁：《教育本质试探》，载《教育研究与实验》，1984(3)。
5. 吴康宁：《学生仅仅是"受教育者"吗？——兼谈师生关系观的转换》，载《教育研究》，2003(4)。
6. 吴松：《教育者与受教育者》，载《高等教育研究》，2000(2)。
7. 杜成宪：《20世纪关于中国教育史分期问题的探索》，载《华东师范大学学报(教育科学版)》，2000(3)。
8. 孙绵涛：《关于教育观的思考》，载《教育理论与实践》，1999(4)。
9. 方展画：《发展性、动态性、多样性——对教育的重新理解》，载《教育研究》，2002(10)。
10. 郝文武：《教育：主体间的指导学习——学习化社会的教育本质新概念》，载《教育研究》，2002(3)。

11. 陈时见、王春华：《美国教师教育者的专业发展取向及启示》，载《比较教育研究》，2012(11)。

12. 杨彬、扈中平、黄欣祥：《关于教育本质讨论的综述》，载《教育研究与实验》，1984(3)。

13. 杨小微：《转型时代教育者的生存智慧》，载《教育理论与实践》，2007(1)。

14. 戚万学：《20世纪西方道德教育的历史发展及启示》，载《教育研究与实验》，1994(3)。

15. 涂艳国：《教育的历史发展新论》，载《教育研究与实验》，2007(5)。

16. 吴康宁：《教育究竟是什么——教育与社会的关系再审思》，载《教育研究》，2016(8)。

17. 袁振国：《当代教育学》5版，北京，教育科学出版社，2020。

第二章

教育学

学习目标

1. 了解影响教育学产生的各方面因素。
2. 掌握教育学历史发展的各个阶段。

本章导读

本章主要探讨的是教育学的产生和发展。教育是培养人的一种社会活动，它广泛地存在于人类社会生活之中。为了有效地进行教育工作，无数的教育工作者毕生致力于教育研究工作。他们研究教育实践、总结教育经验、探索教育规律。教育学是研究教育现象和教育问题、揭示教育规律的一门科学。本章揭示了教育学的产生与以教育为职业的教师队伍、教育职业的特殊要求、教育经验的积累和提升之间的关系，介绍了教育学发展的萌芽期、雏形期、发展期和深化期。

本章知识结构图

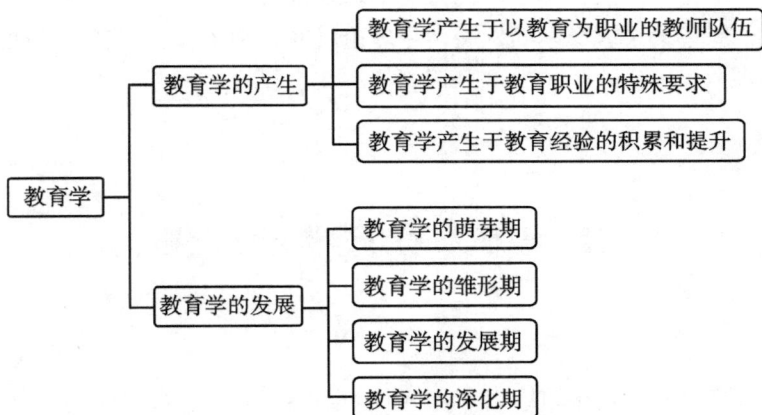

```
                    ┌─ 教育学产生于以教育为职业的教师队伍
          教育学的产生 ─┼─ 教育学产生于教育职业的特殊要求
          │           └─ 教育学产生于教育经验的积累和提升
教育学 ─────┤
          │           ┌─ 教育学的萌芽期
          教育学的发展 ─┼─ 教育学的雏形期
                      ├─ 教育学的发展期
                      └─ 教育学的深化期
```

核心议题

1. 中国式教育现代化理论与实践

中国式教育现代化是发展中国特色社会主义教育事业的思想航标。需要解答的关键问题有：如何坚持党对教育事业的全面领导？如何坚持把立德树人作为根本任务？如何坚持优先发展教育事业？如何坚持社会主义办学方向？如何坚持扎根我国大地办教育？如何坚持以人民为中心发展教育？如何坚持深化教育改革创新？如何坚持把服务中华民族伟大复兴作为教育的重要使命？如何坚持把教师队伍建设作为基础工作？这是中国式教育现代化必须解答的"时代之问"，也是当前教育学必须回应的"实践之问"。

2. 中国教育学自主知识体系建构

中国教育学自主知识体系建构反映了学术界的学术自觉、学术自信与学术担当。需要解答的关键问题有：我国需要建构什么样的中国教育学自主知识体？它与西方教育学知识体系究竟是平行关系、相交关系、相离关系，还是其他关系？如何建构中国教育学自主知识体系？是按照理论性知识—政策性知识—实践性知识的三位一体建构方案，还是遵循事实性知识—经验性知识—理论性知识—程序性知识—元认知知识的五位一体建构方案，抑或其他方案？这既是摆在学术界面前的迫切议题，也是当前教育界必须讨论的核心议题。

3. 未来教育与未来教育学的发展

我们要把时间维度，特别是未来拉进教育学。我们不能一味守持过去的教育学来指导今天的教育实践。需要解答的关键问题有：未来需要培养什么样的人？怎样培养人？机器人会不会成为未来教育的对象？未来学校将是何种面貌，要求今天的学校做出哪些改变？未来教育学亟待探索，教育本质、教育规律、教育目的、教师与学生、课程、教学、德育、班级管理等传统教育学议题极有可能发生天翻地覆的变化。以未来教育之变，思考未来教育学的发展，是理论研究者和实践工作者不可回避的责任与使命。

第一节　教育学的产生

教育学从哪里来？直接地给出令人信服的回答实属不易，但我们可以以学科的要求和条件进行反推。作为一门学科，或者说一门学问，关于它的产生以及被认可，核心问题有四个：第一，是否有稳定的、独特的研究对象；第二，是否形成独有的研究方法；第三，是否凝聚了一支专门的、职业化的研究队伍；第四，是否形成了一系列概括化的理论体系、话语体系及对话平台。基于以上问题，本节从以下三方面论述教育学的产生。

一、教育学产生于以教育为职业的教师队伍

自从奴隶社会出现了学校教育这一独立的教育形态后，就有了一批与直接社会生产相脱离、专门从事学校教育工作的教师。早期的学校教育大致分为两个层次：一是初等教育。从事初等教育的教师，以未成年的儿童为教育对象，主要任务是照看儿童、传授文字识记和计算的知识与技能。当时的教师社会地位低下，这可以通过古希腊文中

"教师"一词的演变得到佐证。在古希腊文中，"教师"一词由"教仆"演变而来，即奴隶中一部分专门侍候贵族、奴隶主子女上学的人。在罗马帝国时代，初等学校的教师大多是为谋生而从教的被释放的奴隶，罗马的自由民不屑担任这种工作。在我国封建社会，除少数宫廷教师之外，社会上的私塾教师大多是不甚得志的文人。[①] 二是高等教育。与当时从事初等教育的教师有极大的不同，从事高等教育的教师通常是著名的哲学家、神学家、政治家和思想家，他们多以成人为教育对象，传授自己的学术思想，如春秋战国时期的孔子、孟子、墨子、荀子等，古希腊的苏格拉底、柏拉图、亚里士多德等。总而言之，无论是从事初等教育的教师还是从事高等教育的教师，他们都是以促进青少年或成年人的发展为目的、以教育为专事职业的人。有了这样一支有知识、有能力、有素养且稳定的教师队伍，就有了教育学产生的人才基础和条件。

二、教育学产生于教育职业的特殊要求

教育职业的特殊要求主要有三个方面。第一，教师必须有知识、有能力、有素养。与其他职业相比较，教师职业的最基本要求是能够"传道、受业、解惑"。"传道"需要有较高的道德修养，通过言传身教影响学生；"受业"需要有一定的知识经验积累，即"术业有专攻"；"解惑"需要有方法和技巧，这决定了教师职业的能力要求，通俗地说，教育是一个含金量极高的技术活，教师不是任何人都能胜任的。第二，教育工作的对象是具有能动性的人，教师必须精通人与人的交往之道。教师是人，教育的对象也是人。要想将自身的知识经验传授给学生、用自身的道德修炼影响学生并将其转化为学生素养的提升，教师就需要研究自己、琢磨学生，找出与学生交往和沟通的最佳途径和最有效方法。第三，教育对象的整体发展变化趋势与个体差异性决定了教师必须研究学生。教育工作过于复杂，这种复杂主要源于教育对象的复杂。从整体上看，学生的发展变化是有规律可循的，掌握这一变化规律需要教师去体验、去概括、去提炼、去提升。从个体上看，只有类似的个体，不存在完全相同的个体，这表明教师仅仅认识和把握学生发展的一般规律是不够的，还必须研究每一个学生发展的特殊规律。孔子主张"听其言而观其行"，这其实就是一种研究学生个体差异、掌握特殊规律的好方法。此外，教育对象的个体成长决定了教师的研究具有恒久性和职业一贯性特征。

三、教育学产生于教育经验的积累和提升

有了一支有知识、有能力、有素养的教师队伍，有必须不断研究、时刻琢磨的教育对象，这样的教育实践活动必然涉及经验以及经验的积累，甚或有独到见地的教育思想。尽管早期的教育经验和思想缺乏系统性与专门性，但它们都是教育学产生的重

---

① 叶澜：《教育学原理》，4 页，北京，人民教育出版社，2007。

要来源，包括《论语》所记载的孔子的言行，还包括苏格拉底、柏拉图、亚里士多德等学者的教育思想。需要指出的是，古代的教育家尤其是从事高等教育的学者，大多是政治家、哲学家、神学家或社会活动家，他们的教育思想是与其他思想诸如政治思想、哲学思想、神学思想、社会学思想等混杂在一起的，既没有形成专门的教育著作，也没有形成系统的教育思想。在很长一段时期内，教育知识包括被高度凝练的教育思想都不是一个独立的知识门类。直到1605年，教育学知识出现在英国学者弗朗西斯·培根的学术知识分类中，才第一次登入学术的殿堂。

第二节　教育学的发展

教育学自产生到发展，大致经历了萌芽期、雏形期、发展期、深化期四个时期，分述如下。

一、教育学的萌芽期

在奴隶社会和封建社会，教育学处于萌芽期，尚未形成一门独立的学科。然而，随着人们教育经验的积累，一些教育思想应运而生。苏格拉底提出"美德是否可教"，并且明确地提出"什么是教育"的问题，这反映出苏格拉底已经在思考教育中的一些问题。古希腊哲学家柏拉图则在《理想国》一书中，阐述了他从培养教育未来统治者入手建立理想王国的教育思想。西方出现得最早的教育著作是古罗马昆体良的《论演说家的教育》，这本书被认为是把教育作为一种独立形态的对象加以考察的一本论著。

在我国，最早的专门论述教育问题的著作是战国末期的《学记》，它比西方昆体良的《论演说家的教育》还早很多年，对我国古代教育经验和儒家教育思想做了高度概括。《论语》一书汇集了我国古代伟大教育家孔子关于哲学、政治、伦理方面的言论，其中教育学说占有重要的位置。孔子的教育见解、教育学说，如"学而不思则罔，思而不学则殆""因材施教""不愤不启，不悱不发"等观点，对后世教育工作和教育工作者的影响十分深远。

这一时期关于教育的论述是与社会政治、伦理道德、人性善恶、人生态度和治学方法等结合在一起的，包含在一个庞大的哲学体系之中，缺乏独立的命题和范畴。教育方面的著作停留在经验描述的层面上，缺乏科学的理论分析。所以说，这一时期的教育学还没能形成独立的、完整的体系，处于萌芽期。

二、教育学的雏形期

教育学进入雏形期的标志是它从哲学体系中分离出来，成为独立的专门学科。一些思想家(如夸美纽斯、洛克、卢梭等)以自然主义哲学理念为指导，对教育思想、教学内容、教学方法等做了较为丰富的论述，促使教育学逐渐成为一门独立的学科。

17世纪到18世纪是社会急剧变革、经济快速发展、科学技术异军突起、哲学繁荣和文化振兴的时期。在这一时期，以文化、思想的启蒙为先导，教育中出现了重视自然、遵循自然的科学精神。夸美纽斯的《大教学论》、洛克的《教育漫话》和卢梭的《爱弥儿》都在一定程度上反映出了这种时代精神。他们都强调教育活动必须注重感性、直观，必须遵循儿童的自然本性，强调用广博而有用的知识教育儿童，注重自然环境及社会环境对儿童发展的影响，提倡根据儿童的个性特点及其发展规律实施教育。

值得关注的是捷克教育家夸美纽斯所著的《大教学论》。在这本书中，夸美纽斯提出要普及教育，主张建立适应学生年龄特征的学校教育制度，论证了班级授课制度，规定了广泛的教学内容，提出了教学的便利性、彻底性、简明性与迅捷性原则，高度评价了教师职业，强调了教师的作用。这些主张在反对封建教育、建立新的教育科学方面起到了积极的作用，尤其是书中对近代学年制和班级授课制轮廓的确立，对后来的教育实践产生了重大的影响。从一定意义上可以说，夸美纽斯的《大教学论》闪耀着追求科学的火花，为近代独立形态教育学的发轫奠定了基础。

三、教育学的发展期

教育学的发展有三个显著的、具有里程碑意义的举措：一是将哲学、心理学和伦理学作为学科基础；二是按照教育发展的特殊性建构起初步的理论体系；三是将教育学作为一门独立讲授的课程带入大学的课堂，以事实争得合法的学科名分。这一时期，康德、赫尔巴特、斯宾塞、杜威等人的贡献无与伦比。他们对教育的一些基本原理进行了系统阐述，为教育学中的核心内容——课程理论和教学理论奠定了基础。

1776年，德国著名哲学家康德在哥尼斯堡大学讲授教育学，这是教育学作为一门独立课程在大学传授的肇始。后来，赫尔巴特继承了康德的教育学讲座，并于1806年出版了《普通教育学》。这是一本自成体系的教育学著作，它在教育学的发展历史上占据着具有里程碑意义的重要位置，标志着教育学已开始成为一门独立的学科。在这部著作中，赫尔巴特以独到的视角构建教育学并使教育学科学化。教育学要成为一门独立的学科，必须形成教育的基本概念，进而形成独立的教育思想。他指出，要形成独立的教育概念与教育思想，就必须把教育学建立在相关的基础学科之上。教育学是以实践哲学和心理学为基础的。前者说明教育的目的，后者说明教育的途径、手段与障碍。① 基于此，他在伦理学的基础上建立起了教育目的论，在心理学的基础上建立起了教学方法论，并根据受教育者的心理活动规律确立了教育过程和阶段、手段和方法，揭示了教学工作和教育工作的客观联系，并依此提出了教学的阶段理论和教育性原则。

英国社会学家斯宾塞在其所著的《教育论》中以"什么知识最有价值"为主题，认为对学生而言，只有那些"最有价值"的内容才能成为学校的课程，"有价值"是学校课程选择的必要条件。他反对思辨，认为科学就是对经验事实的描写和记录。他坚称，教育的任务就是教导人们怎样生活，教育内容的选择要贴近社会生活，能为学生未来的幸福生活做准备。

20世纪初，欧美的教育学者利用实验、统计和比较的方法研究教育问题，实验教育学出现了。实验教育学这个名称是德国教育学家梅伊曼于1901年提出来的。他认为过去的教育学是概念化的，往往与实际相抵触，为了防止仅仅根据理论和偶然下结论，必须采用实验的方法研究儿童的生活和学习。另一位德国教育学家拉伊出版了《实验教育学》，系统地论述了实验教育学的理论体系。

杜威出版了《民主主义与教育》，创立了实用主义教育学说。他反对以学科教材为中心和脱离实际生活的传统教育，主张让学生在实际生活中学习，提出"教育即生活""教育即生长""学校即社会"和"做中学"。他的这种学说以经验为基础，以行动为中心，带有狭隘经验主义的色彩。杜威的教育学说于20世纪初期在世界各国广为流传，被一些资产阶级学者标榜为新教育、现代教育。从此，西方教育学出现了以赫尔巴特为代表的传统教育学派和以杜威为代表的现代教育学派对立的局面。

苏联出版了凯洛夫主编的《教育学》，这是一本试图以马克思主义的观点和方法阐明社会主义教育规律的教育学论著。该论著重视系统知识的教育，强调课堂教学和教师的主导作用，对苏联和我国产生过很大的影响。它的偏颇之处在于对学生的学习主体地位和学生智力的发展重视不够。

我国学者一方面翻译介绍国外的教育学，另一方面也在创编自己的教育学，出版了一些比较好的教育学著作，如孟宪承的《教育概论》、吴俊升的《教育哲学大纲》、钱亦石的《现代教育原理》以及杨贤江的《新教育大纲》等，从体系到内容都比较完整、系统、充实。

四、教育学的深化期

教育学的深化期可以说是教育学走向成熟与多样的时期。首先是教育学的学科基础多样化，社会学、人类学等社会科学甚至一些自然科学如数学、生物学等学科成为阐述教育理论的依据与前提；其次是教育学的研究方法趋于多样，除定性研究和定量

---

① 赫尔巴特：《普通教育学·教育学讲授纲要》，李其龙译，北京，人民教育出版社，1989。

研究外，质性研究、系统研究和多学科研究得到广泛应用；再次是教育学分支学科发展呈现出多样性特征，教育基本理论（或称教育学原理）、高等教育学、比较教育学、课程与教学论、特殊教育学、成人教育学、学前教育学、教育技术学、教育史学、职业教育学、民族教育学、教育管理学等二级学科得到了稳定发展；最后是教育学的有关理论在得到进一步的逻辑推证和说明的同时，呈现出百家争鸣的繁荣景象，各种学派异彩纷呈。不同的理论和学派在发展着，教育学逐步走向深化。下面是几本较为著名的教育学著作。

美国心理学家布卢姆的《教育目标的分类学》把教育目标分为认知目标、情感目标、动作技能目标三大类，每类目标又分为不同的层次，排列成由低到高的阶梯。

美国的教育心理学家布鲁纳在其《教育过程》一书中强调，要让学生掌握所学学科的基本结构，重视对学生的能力培养，提倡发现学习。

苏联心理学家、教育家赞可夫出版了《教学与发展》。这本书是他对教学改革实验的总结。书中全面阐述了他的实验教学论的体系，系统地叙述了学生的发展进程，介绍了研究学生学习过程的情况。

教育学的深化期是我国教育学发展史上蔚为壮观的一个时期，所取得的成果颇为骄人。我国的广大教育工作者以极大的热情和执着的精神对教育学进行了不懈的探索、研究。他们研究我国教育改革与发展中的重大理论问题和实践问题、总结我国的教育实践经验、继承我国宝贵的教育遗产，同时研究和借鉴国外的有益教育经验，加强教育学的理论建设，提高教育学的科学水平，努力编写具有中国特色的社会主义教育学。具有代表性成果的有南京师范大学教育系编写的《教育学》，王道俊、王汉澜主编的《教育学》以及潘懋元主编的《高等教育学》等。

教育学发展至今，已成为拥有数十门学科的大家族，这些学科大体可分为两大类：一类以教育理论和教育研究活动为研究对象，如元教育学；另一类以教育活动为研究对象，如教育哲学、教育人类学、教育心理学、比较教育学、教育技术学、课程与教学论等。在一定意义上可以说，20世纪是教育学的分化时代。

思考与应用 ❓

1. 教育学是如何产生的？
2. 教育学的发展经历了哪些时期？不同时期对教育学的发展产生了怎样的作用？
3. 在古代，从事初等教育的教师与从事高等教育的教师有何不同？
4. 结合个人的教育经历，谈谈你对教师的理解。

推荐阅读

1. 瞿葆奎、范国睿：《当代西方教育学的探索与发展》，载《教育研究》，1998(4)。

2. 瞿葆奎：《中国教育学百年（上）》，载《教育研究》，1998(12)。

3. 瞿葆奎：《中国教育学百年（中）》，载《教育研究》，1999(1)。

4. 瞿葆奎：《中国教育学百年（下）》，载《教育研究》，1999(2)。

5. 叶澜：《中国教育学发展世纪问题的审视》，载《教育研究》，2004(7)。

6. 潘懋元：《黄炎培职业教育思想对当前高等职业教育的启示》，载《教育研究》，2007(1)。

7. 田正平：《蔡元培与民初教育改革》，载《高等教育研究》，2011(7)。

8. 梁柱：《论蔡元培的职业教育思想》，载《教育研究》，2006(7)。

9. 瞿葆奎：《拉伊和他的〈实验教育学〉》，载《华东师范大学学报（教育科学版）》，1999(4)。

10. 顾明远：《苏霍姆林斯基教育思想在中国的传播及其现实意义》，载《比较教育研究》，2007(4)。

11. 余文森：《布鲁纳结构主义教学理论评析》，载《外国教育研究》，1992(3)。

12. 李春玲：《相互倚赖和相互联系的统一的观念——杜威教育哲学方法论的核心》，载《华东师范大学学报（教育科学版）》，2001(2)。

13. 项贤明：《作为科目、学科和科学的教育学》，载《教育研究》，2019(9)。

第三章
教育基本规律

学习目标

1. 准确理解教育与社会生产力、教育与社会政治经济制度、教育与文化、教育与人口的关系。

2. 了解人的发展的含义，准确理解人的发展的一般规律。

3. 掌握影响人的身心发展的因素，并准确理解这些因素如何影响人的身心发展。

本章导读

本章主要探讨的是教育基本规律。教育基本规律是教育学的一个基本理论问题，它主要回答教育与社会、教育与人的关系问题。本章揭示了教育与社会生产力、教育与社会政治经济制度、教育与文化、教育与人口之间相互制约、相互影响的关系，界定了人的发展的含义，阐明了人的发展的一般规律，探讨了影响人的身心发展的因素及其作用。

本章知识结构图

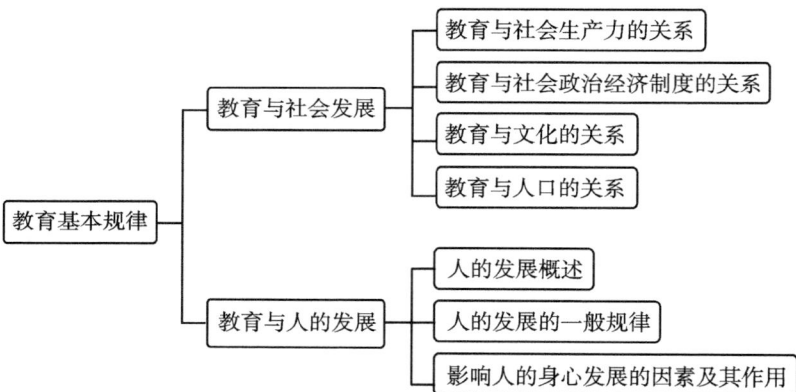

```
                              ┌─ 教育与社会生产力的关系
                              │
              ┌─ 教育与社会发展 ─┼─ 教育与社会政治经济制度的关系
              │               │
              │               ├─ 教育与文化的关系
              │               │
              │               └─ 教育与人口的关系
教育基本规律 ─┤
              │               ┌─ 人的发展概述
              │               │
              └─ 教育与人的发展 ─┼─ 人的发展的一般规律
                              │
                              └─ 影响人的身心发展的因素及其作用
```

核心议题

1. 教育规律的性质与定位

一直以来，人们基于对自然规律的认识，将客观性、普遍性、必然性和可重复性视为所有规律都不容置疑和不可或缺的属性。在这种自然规律观的影响和支配下，我们一方面将教育规律过度神圣化了，另一方面给教育规律套上了一层厚厚的保护膜。教育规律因此而成了一个令人望而生畏的研究领域，也成了一个似乎难以进入的研究领域。显然，这不利于我们探究教育规律、建立教育规律体系。为此，我们有必要探明教育规律的属性，为研究教育规律和建立教育规律体系扫清一些认识上的障碍。从复杂性哲学的视角看，教育规律兼具关系性、统计性、非线性和选择性。关系性是教育规律的本质属性，统计性、非线性和选择性是教育规律的特殊属性。

2. 教育规律的分类

教育规律的分类是教育理论研究关注的重要问题。对此，学界形成了见仁见智的教育规律分类观。有学者将这些分类概括为非逻辑分类和逻辑分类。其中，非逻辑分类集中表征为直接提出几条教育规律，逻辑分类集中表征为对具体教育规律进行二元逻辑分类。① 如果说世界万事万物是总体性、一般性和特殊性的辩证统一体，这是否意味着万事万物的孕育、诞生、存在、运动、变化和发展要受到总体规律、一般规律和特殊规律的统摄、规约和支配？据此而言，教育规律可以划分为教育总体规律、教育一般规律和教育特殊规律。

3. 关于教育内外部关系规律的交流对话

自教育内外部关系规律提出以来，学界围绕其进行过三次较大的交流对话，核心议题依次为：教育规律用内部和外部来表述是否合理？教育及其过程是否存在规律？教育内外部关系规律是否为一种适应论？不难发现，以往的交流对话基本上是从内部、外部、规律、适应等概念出发的。从逻辑上讲，既然是关系规律，那么为什么不聚焦于关系进行交流对话呢？我们认为，要摸清教育内外部关系规律，必须先走进教育关系；而走进教育关系，又根基于对教育关系的本体论、价值论、认识论、方法论、目的论和实践论意蕴的全面考察和系统把握。

第一节 教育与社会发展

作为社会的一个重要子系统，教育与社会发展之间的关系十分密切。第一，教育离不开社会发展。教育是随着人类社会的发展而发展的，社会发展既对教育提出要求，也给教育提供发展的支撑与保障。第二，社会发展依赖于教育。教育是社会发展和进步的基础和动力，在现代社会发展中具有基础性、全局性和先导性的地位和作用。没有教育的发展，社会发展就会举步维艰。但诚如我们所知，社会是一个复杂的系统，它由政治、经济、文化等众多子系统构成。因此，探讨教育与社会发展之间的关系，我们需从教育与社会生产力、教育与政治经济制度、教育与文化等方面入手，多角度地分析和阐述二者之间的关系。

---

① 张秀梅：《教育规律研究十七年》，载《上海高教研究》，1995(6)。

一、教育与社会生产力的关系

教育的发展变化，归根结底受制于社会生产力的发展变化。教育目的、教育内容等看似是由一定社会政治经济制度直接决定的，但从根本上说它们均受到社会生产力的影响和制约。同时，教育通过各种社会活动所培养的人才会促进社会生产力的发展。可见，教育与社会生产力的发展是相互关联、密不可分的。

(一)社会生产力对教育的决定作用

社会生产力水平是教育发展的物质基础，同时对教育提出了与其相适应的要求。生产力的发展是引起社会生活一切方面发展变化的最基本、最内在的因素，因而也是教育发展的决定性因素。社会生产力对教育的决定作用表现在以下几方面。

1. 社会生产力水平决定教育的规模和速度

办教育必须投入一定的人力、物力、财力，必须以现实社会生产力发展水平所能提供的物质条件为前提。社会能够给教育提供什么水平的投入，与社会生产力的发展水平直接相关。总体来说，社会生产力的发展水平与教育发展的规模和速度大致是成正比的。生产力发展水平越高，对教育发展的需求就越旺盛，同时满足这种需求的可能性就越大。

总体上，任何社会教育发展的规模和速度都取决于以下两个条件：①社会生产力发展水平对教育提出需要，包括所需要的劳动力总量和各种劳动力的比例，它们分别决定教育发展的规模、速度和教育的体系、结构；②物质资料生产能力给教育的发展提供物质基础，表现为个体有多少可以用来学习的富余时间，以及国家用于教育活动的经费的多少。

2. 社会生产力水平制约着人才规格和教育结构

教育是培养人的过程，至于培养什么样的人，这是由政治经济水平决定的。一定的政治经济水平往往建立在一定社会生产力发展之上。因此，人才培养规格和教育结构的确定必然受到社会生产力发展水平的影响。这具体表现为：①社会生产力的发展决定劳动力的规格，进而决定教育所培养的人才规格，尤其是知识、技能、能力的规格；②生产力的发展不断引起产业结构、技术结构等的变革，进而推动教育结构的变革。

3. 社会生产力水平制约着教育的内容、方法、手段和组织形式

现代社会，随着社会生产力水平的提高，教育的内容发生着变化。自然科学日益发展，教育的方法、手段不断现代化，电视教学、计算机辅助教学等现代教育手段越来越广泛地得到运用。同时，教育的组织形式不再只是班级授课制，网络函授课、网络公开课、慕课(MOOC)等不断涌现。总体上，社会生产力水平对教育的内容、方法、手段和组织形式的制约作用主要体现在：①社会生产力发展促进知识的增长，对

教育内容的调整和更新提出新要求并为其提供了可能性；②教育方法、教育手段都是社会生产力发展水平的反映，社会生产力的发展必然推动教育方法、教育手段的变革；③教育组织形式深受社会生产力发展水平的制约，它的每一次发展都是在物质财富增长和科学技术进步的基础上进行的。

4. 教育相对独立于社会生产力的发展水平

尽管社会生产力对教育有制约作用，但从历史上看，教育与社会生产力的发展并非完全同步的。在一定时期内，教育受不同因素的影响，其发展水平可能落后或超越社会生产力的发展水平，如封建社会产生了资本主义教育的萌芽。但教育只相对独立于社会生产力的发展水平，归根结底还要受社会生产力发展水平以及社会政治经济制度的制约。

(二)教育的经济功能

社会生产力对教育具有制约作用，教育对社会生产力具有促进作用。这大致表现为教育通过培养高素质、创造型人才和生产、再生产科学知识和技术，提高劳动生产率、知识生产率和科技贡献率，推动生产力水平的提高。同时，教育可以通过对社会政治、文化、道德以及人口等因素的积极影响，改进和完善社会生产力发展的客观条件，确保社会生产力的良性发展。具体说来，教育对社会生产力的促进作用主要体现在以下几方面。

1. 教育再生产劳动力

劳动力是人进行劳动的能力，是人所具有的能运用于劳动过程的体力和脑力的总和。劳动力的质量和数量是社会生产力发展的重要条件，教育承担着再生产劳动力的重任。教育再生产劳动力主要体现在：①教育使潜在的生产力转化为现实生产力；②教育可以提高劳动力的素质和质量，使之获得一定的劳动技能和技巧，成为发达的和专门的劳动力；③教育可以改变劳动力的形态，将简单劳动力转化为复杂劳动力，将体力劳动者转化为脑力劳动者；④教育可以使劳动力得到全面发展，摆脱现代分工给每个人造成的片面性。

2. 教育再生产科学知识

科学知识是第一生产力，但是科学知识在未用于生产前只是一种意识形态的或潜在的生产力，只有通过教育才能把前人积累的科学知识传递给年青一代，把潜在的生产力转化为现实的生产力。教育是实现科学知识再生产的重要手段。第一，教育对科学知识的再生产是一种扩大的再生产。教育可以使少数人掌握的科学知识为更多人所掌握，培养人的创造力，进而创造出新的科学知识。第二，教育对科学知识的再生产是一种高效率的再生产。教育可以使原来为少数人所掌握的科学知识在较短的时间内为更多人所掌握，使先进生产经验得到推广，从而提高劳动生产效率，促进社会生产力的发展。

3. 教育再生产新的科学技术

教育作为科学知识再生产的手段，把前人积累、创造的科学知识加以总结和系统化，传授给新一代，使他们又有发明、创新，生产出新的科学成果。教育不仅可以通过培养劳动者实现科学技术的再生产，而且可以通过科学技术的创新直接推动科学技术的发展，为经济发展提供科技成果。

二、教育与社会政治经济制度的关系

尽管社会生产力对教育有根本性的影响和制约作用，但教育的发展变化与社会生产力的发展变化并不一定是同时、同步或亦步亦趋的。导致这一状况的根本原因是社会生产力对教育的影响和制约并不是直接的、自动的，而是需要通过社会关系才能发生作用的。社会关系的基础是生产关系，一定的生产关系的总和构成社会的经济制度，以及由经济制度决定并为它服务的政治制度。两者合一，简称社会政治经济制度。

(一)社会政治经济制度对教育的制约作用

社会政治经济制度决定教育的性质。社会政治经济制度对教育的制约作用主要体现在以下几方面。

1. 社会政治经济制度决定教育的领导权

在人类社会中，谁掌握了生产资料的所有权、国家政权，谁就能够控制精神产品的生产、学校教育的领导权，并且通过教育方针、政策的颁布，以及教育目的的制定、教育经费的分配、教育内容(特别是意识形态教育内容)的规定、教师和教育行政人员的任命或聘用等，实现对教育的领导权的控制。教育的领导权直接关系到教育为谁服务和怎样服务的问题，在某种意义上是教育的首要问题，决定教育的社会性质、价值方向等一系列大政方针，进而直接或间接制约教育的方方面面。有什么样的政治经济性质的教育领导权，就有什么样的社会性质和价值取向的教育。教育的领导权由谁来掌握是由一定的社会经济制度决定的。在阶级社会中，统治阶级掌握着教育权，这主要表现在：①统治阶级通过国家权力机构对教育实现控制或管理，通过颁布教育方针、制定教育目的、决定人员聘用等方面，从组织上保证对教育的领导权；②统治阶级以思想和意识形态来影响和控制教育，通过规定教育内容、传播统治思想、发行各种出版物等从思想内容上保证对教育的领导权；③统治阶级通过经济力量来控制教育的领导权，如教育经费的分配。

2. 社会政治经济制度决定受教育者的权利分布

一个国家建立怎样的教育制度、什么人接受什么样的教育、进入不同教育系列的标准怎样确定，基本上是由社会政治经济制度决定的。社会政治经济制度直接决定教育资源在不同社会阶层、集团之间的分布，决定了特定社会中的教育机会与教育权利的分布。教育机会与教育权利是否平等以及平等的程度如何与国家的政治制度与教育开明程度具有直接的联系。从教育发展的历史中可以看出,在不同社会,不同的人享有不同的受教育权。在原始社会,以生产资料原始公有制为基础,没有国家,氏族成员处于平等的地位,因而受教育权是平等的,所有儿童平等接受教育。进入阶级社会,统治阶级和被统治阶级在政治、经济上处于不平等的地位,受教育的权利也不可能是平等的。在奴隶社会和封建社会,只有统治阶级子弟才享有接受学校教育的权利,被统治阶级无缘接受教育。到了资本主义社会,虽然在法律上废除了受教育者在阶级、社会等级地位上的限制,受教育权利在形式上似乎是平等的,但实际上,由于在经济和其他条件上的不平等,受教育权仍是不平等的。

3. 社会政治经济制度决定教育目的

社会政治经济制度不同,教育目的就不同。政治经济制度特别是政治制度是直接决定教育目的的因素。教育目的反映着一定社会所需要的人的素质、政治观点和政治态度。培养具有什么思想观念的人,是由一定的社会政治经济制度决定的。原始社会没有剥削、没有阶级,教育的目的是培养未来的氏族成员,使他们能从事劳动,能遵守社会生活规范、合作,能为保卫氏族的生存而英勇战斗。进入阶级社会后,统治阶级总是力图使教育按照他们的要求培养和塑造青年一代,教育以巩固和发展统治阶级自身利益为根本宗旨。社会主义教育的目的与历史上任何阶级社会的教育目的都不同,是培养德智体美劳全面发展的社会主义建设者和接班人。一个国家的政治理念、意识形态、社会的伦理道德观,直接受到国家政治经济制度的制约,学校教育培养人才的政治、道德标准同样反映了国家政治经济制度的要求。国家的这种要求通过确定教育目的、规定政治思想教育的内容以及采取相应的考试评价手段来实现。

4. 社会政治经济制度决定教育内容

社会政治经济制度决定教育的性质,进而决定教育内容的选择,特别是思想品德教育内容的选择。这主要是通过学校中的思想品德教育来实现的。

5. 教育相对独立于社会政治经济制度

教育受一定的社会政治经济制度的制约,但作为一种培养人的社会活动,又具有相对独立性。教育的相对独立性主要体现在:教育具有继承性,教育要受其他社会意识形态的影响,教育与社会政治经济发展不平衡。教育具有自身的规律,有相对独立性,这就意味着学校要遵循自身的办学规律,抓好主要任务,而不是直接为社会政治经济制度服务。

(二)教育的政治功能

教育的政治功能主要表现在以下几方面。

1. 教育推动青年一代的政治社会化

青年一代形成某种政治意识形态的过程就是其政治社会化的过程。社会成员的政治社会化的水准关系到社会的稳定，关系到社会的变革、发展和进步，甚至关系到社会的存亡。影响社会成员政治社会化的因素很多，如家庭、学校、集体、工作单位和大众传媒等。教育尤其是学校教育在社会成员的政治社会化过程中具有特殊的作用，是最强有力的影响因素。教育通过政治课教学、榜样的影响等，传播一定社会的意识形态，使受教育者成为具有一定政治意识的人，完成政治社会化的过程。

2. 教育为政治培养专门的人才

学校教育能培养一些专门政治人才，通过对这部分人的培养直接地作用于一定的政治制度。我国古代的学校实际上是官吏的培养场所。例如，东汉时期的最高学府太学作为一种强大的政治势力，在进退百官、议论朝政等方面享有很大的权力。唐代中央政权所办的各类学校在校学生中有 2000 余人毕业后直接充实政权机构，充当国家和地方官吏。英国的公学和牛津大学、剑桥大学在培养政治人才上亦发挥着很大的作用。据英国学者的分析，1964 年的内阁成员中，43％的成员曾就读于公学，61％的成员毕业于牛津大学或剑桥大学。1970 年时，74.9％的保守党下院议员曾就读于公学，21.6％的工党下院议员曾就读于公学。文官是通过考试录用的，1944—1952 年录用的文官，56％的人在公学上过学，有 17％的人在直接拨款的中学上过学，1960—1964 年的情况基本上没有变化。①

简言之，教育作用于社会政治经济制度的主要途径是通过培养人才实现对政治经济制度的影响。教育通过帮助个人实现政治化来为一定的政治经济制度服务：培养大批的专门人才，使他们直接为政治经济制度服务。

3. 教育是一种影响政治经济的舆论力量

教育不仅通过学校向学生宣传一定的政治思想意识，而且通过教师和学生的言论及其行为、所用的教材，制造社会舆论、宣传某种思想，借以影响群众，服务于一定的社会政治经济制度。作为思想活跃的青年人聚集的地方，学校历来是思想的前沿阵地，受到广泛的关注和重视。此外，教育是社会政治思想的重要策源地，会对国家政权的各种政治决策产生影响。大学在很多国家都被看成重要的咨询机构，学校在学术或专业上的见解成为各国制定政策时不可缺少的参考。

4. 教育促进民主化进程

一个国家的民主化程度直接取决于这个国家的政体，间接取决于这个国家人民的文化程度、教育事业的发展程度。普及教育的程度越高，人民的知识越丰富，其权利意识就越强，也就越容易认识到民主的价值，推动政治改革的进步。从历史上看，教育与政治关系的演进实质上就是政治民主化与教育民主化演进和发展的过程。封建社会的教育是特权阶级利益与专制统治的产物。等级性、专制性、道统性及刻板的方法

① 瞿葆奎：《教育学文集》第 3 卷，399～400 页，北京，人民教育出版社，1989。

等都是反民主的。封建教育的反民主性是与封建社会政治的专制和独裁相对应的。新兴资产阶级为了顺应商品经济发展的需要及其资本主义生产关系的要求，必须让劳动者摆脱人身依附关系、提供可以自由出卖的劳动力，以及参与平等的自由竞争。自由、平等、人权等便成了资产阶级民主政治的口号。可以说，近代资产阶级教育民主化运动是伴随着资产阶级政治民主化运动而孕育、发展的。出现了社会主义制度后，教育与政治关系具有了进入一个新阶段的可能。要不断推进我国的民主化进程，就要加速我国教育事业的发展，不断提高全民族的文化水平。

总之，教育对社会政治制度起着巨大的影响作用，但它不能起决定作用。教育不能决定社会政治经济发展的方向，更不能成为政治经济发展的直接动力。任何"超政治"的教育都是不存在的。否则，将过度夸大教育的作用，导致出现教育万能论的错误认识。

三、教育与文化的关系

教育与文化有密切的联系，二者相伴而生、互为前提。教育是传递文化的工具，文化是教育的内容。教育给文化以生存依据和生机活力，文化给教育以社会价值和存在意义。

(一)教育与文化的关系

1. 教育的文化功能

(1)教育具有传递、保存文化的作用

文化是教育的内容，教育是传递文化的工具，文化借助于教育而延续、发展。教育通过培养人来传承人类积累的文化、推动个体的社会化，这就决定了必须按照社会的要求、人的身心发展规律及特点来选择教育内容并将其"刻画"在年青一代身上，实现文化的传递和保存。

教育对文化的传递经历了三大阶段：在第一阶段，早期的人类面对面地进行口耳相传、实物示范和行为模仿；在第二阶段，使用文字进行学校教育，这是教育传递文化的一种高级方式，使文化发展跨越了时空界限，摆脱了个体生命局限；在第三阶段，信息技术在教育上广泛应用，使教育实现了全方位、超时空、超机体的立体传递。

教育的文化保存和延续功能有两种：一是纵向的文化传承，表现为文化在时间上的延续；二是横向的文化传播，表现为文化在空间上的流动。正是由于教育具有保存和延续文化的功能，人类积累的文化才得以代代相传。

(2)教育具有传播、交流文化的作用

文化的传播指文化从一个社会文化共同体传输到另一个文化共同体，是文化在空间维度上的扩展，是文化保存和发展的基础之一。在传播中，不同国家的文化相互交流、交融，不同国家不断优化各自的文化、促进文化的发展。

教育在文化传播过程中的作用主要表现为：第一，教育能够促进文化的共享，为文化传播创造良好的条件；第二，教育在传播深层次文化方面具有不可替代的作用。从总体上看，文化可以分为浅层次文化和深层次文化两部分，教育能够实现深层次的文化传播。这种传播准确性、系统性强，对不同文化之间的吸收具有较好的效果。

（3）教育具有选择、发展文化的作用

文化选择指在一定的历史时期，人们根据社会发展的需要对文化内容的取舍。通过对现存文化状况进行分析，做出某种价值判断，引导社会文化向健康的方向发展，从而促进文化发展。

教育对文化的选择、发展作用主要体现在：第一，根据培养人的客观规律进行文化选择；第二，通过多种途径进行文化选择；第三，在发展中进行文化选择。

（4）教育具有创造、更新文化的作用

文化的创造和更新与教育密切相关，人类为了自身的生存和发展，必须不断地创造和更新文化。如果没有文化的创造和更新就没有文化的真正发展。教育不仅为社会文化的不断更新提供大量具有创造性的人才，而且与创造和更新文化紧密结合，本身就是促进文化变革的一个重要方面。概言之，教育为社会培养高素质的人才，推动文化的发展并选择文化作为教育内容，使文化具有生命力。教育带来的文化交流使文化在交融和优化中产生创新的生机和动力。

2. 文化对教育发展的制约作用

文化对教育发展的影响和制约是全方位、多层次、多角度的，教育的任何一个方面、教育发展的任何阶段都受文化的制约和影响。

（1）文化影响教育的价值取向

价值观是文化的核心，它决定人们的价值取向与行为取向，进而影响教育的价值取向。社会文化对教育的价值取向的制约作用非常明显，它影响着教育目的、内容、方法及师生关系等。

（2）文化影响教育目的的确立

教育目的的确立深受社会文化的影响。任何时期、任何国家的教育目的都受到特定文化传统的影响和制约。社会文化类型和文化传统不同，教育目的也有所不同。不同历史时期（或同一历史时期）、不同国家的教育目的有明显的区别。例如：我国古代社会主流文化是以儒学为核心的伦理型文化，强调教育目的"在明明德，在亲民，在止于至善"；古希腊崇尚知识、理性，强调教育目的是培养全面发展的公民。

（3）文化影响教育内容的选择

不同的国家和民族创造了不同的文化传统，也便形成了不同的教育内容。不同时期、不同国家与民族的文化影响着教育内容的选择。第一，文化的发展影响着教育内容的选择范围。文化发展水平越高、发展速度越快时，教育内容的选择广度和深度、更新的频率随之增加；第二，一个民族的文化传统反映着民族文化特定的内涵，不同国家与民族的文化使教育内容呈现一定的倾向性和特色。

（4）文化影响教育方法的使用

不同的文化影响着人们对知识及其来源的认识，也影响着人们对人与人之间关系的认识，在教育上影响着人们对师生关系的认识，也影响了教师对教育教学方法的选择。

3. 教育与文化关系的特殊性

①文化本身是一种教育力量。特定时空中的文化构成了特定的文化环境、文化氛围，对生存其中的人产生着潜移默化的影响，发挥着强大的教育作用。同时，一定的社会文化以不同的方式影响着学校文化、班级文化和课堂文化，对教育活动发挥着无形而强大的影响。

②教育本身是一种特殊的文化现象。教育具有双重文化属性，是一种特殊的文化现象。一方面，文化通过教育活动得以传递和深化；另一方面，文化通过教育发展得以丰富。

（二）学校文化与学生文化

1. 学校文化

教育与文化的特殊关系，决定了学校必须注重学校文化建设。

（1）学校文化的概念及组成

美国学者华勒最早提出学校文化这一概念。学校文化是一所学校在长期教育实践过程中积淀、演化和创造出来的为其成员所认同和遵守的价值观念体系、行为规范准则和物化环境风貌的一种整合和结晶。[1] 学校文化的核心是学校各群体所具有的思想观念和行为方式，其中最具决定作用的是思想观念，特别是价值观念。

学校文化是由观念文化、规范文化和物质文化三部分构成的。①观念文化：观念文化也叫精神文化，包括办学指导思想、教育观、道德观、价值观等。观念文化包含四种成分，即认知、情感、价值、理想。观念文化是学校文化的内核与灵魂，是学校组织发展的精神动力。②规范文化：规范文化也叫制度文化，是一种确立组织机构、明确成员角色与职责、规范成员行为的文化。它主要有三种表达方式，即保证学校正常运行的组织形态、规章制度、角色规范。规范文化是学校发挥育人职能的制度保障。③物质文化：物质文化是学校文化的空间物态形式，是学校精神文化的物质载体，它包括学校环境文化和学校设施文化。学校环境文化，包括学校总体结构和布局、校园绿化和美化等。设施文化，包括教学仪器、图书、办公设备等。物质文化是

---

① 阎德明：《现代学校管理学》，181 页，北京，人民教育出版社，1999。

学校教育教学及其管理活动的物质基础。

（2）学校文化的功能

①导向功能。

学校文化可以体现办学理念和学校精神、人生目标和社会理想、教育责任和价值取向，起到约束、规范思想和行为的作用，引导学校的办学方向和学生的发展方向，推动学校和人的发展。学校的办学目标和办学理想能促使教育工作者和学生形成共同的价值观念，向着既定的目标努力。

②凝聚功能。

学校文化能增强师生对学校的认同感、归属感、荣誉感，团结师生、凝聚师生，使其更好地工作、学习、发展；还可以把学校、家庭、社会凝聚为一体，形成办学的合力。学校是协调一所学校所有成员行为的纽带，能使学校管理生发出巨大的整体效应。

③规范功能。

学校文化中蕴含着道德因素，能调节人际关系，使学生和谐有序。

④选择功能。

从总体上说，人类文化来自一个由少到多、由浅入深、由简到繁的相似的积累过程，每一种文化都有其独特性。为保持自身文化的纯洁性，每个文化圈子都有一个"过滤网"，对自身既有文化进行净化，对外来文化进行筛选和同化。没有哪一种文化愿意毫无保留地接受异质文化。从另一个角度来说，个人认识的有限性与人类文化发展的无限性之间存在一定的矛盾。为此，有必要在文化传递过程中进行整理和选择。

⑤融合与传播功能。

学校文化汇聚了人类文化的宝贵财富，它取长补短、吐故纳新。世界上没有哪一种文化是孤立存在的，各种文化相互联系、相互渗透、相互借鉴。与此同时，各种文化在交流和碰撞的过程中适应新的生存环境、形成新的地域文化。比如，深圳由于受多元文化的影响，在相互碰撞和相互融合的过程中，形成了具有鲜明时代特征和地域特色的特区文化。学校文化作为社会文化的亚文化，要传播民族优秀传统文化、现代社会主流文化，要有选择地传播大众文化、世界其他国家民族的文化，促进文化的了解、交流、融合和发展。

2.学生文化

（1）学生文化的成因及特征

①学生文化形成的影响因素。

学生文化的形成是多因素综合作用的结果，具体如下。

第一，学生个人的身心特征。不同年龄阶段的学生，由于其特定的身心发展需求，其思想观念和行为规范也不同。同时，某些学生由于身心方面的显著特征，在其生活经历中会形成不同于其他学生的文化特征。

第二，同伴群体的影响。学生多处于青少年时期，有自己交往的同年龄的群体。在这种群体中，会形成一些共同的价值规范等，构成一种与成人文化不同的文化形态。

第三，师生交互作用。不同的师生互动模式可以产生不同的气氛和行为方式。例如，在以教师为主的教学情境中，学生处于被动接受的境地。他们会形成一些与此相应的心理特征和行为方式。

第四，家庭的社会经济背景。学生所处家庭的社会经济背景是制约学生文化特征的又一重要因素。不同社会经济背景一般都会带来一些特定的思想观念、价值规范等。学生生活在家庭中，其思想、行为难免受家庭的影响。

第五，社区的影响。学生生活的社区会对其文化的形成产生一定的影响。社区作为聚集在一定地域范围内的社会群体和社会组织，一般会形成与社会共同体相应的规范与制度。生活在其中的学生在有意无意之中习得了社区的文化特征并把它带到学校中。

②学生文化的特征。

第一，过渡性。学生文化是介于儿童世界与成人世界之间的一种文化现象，是儿童阶段迈向成人阶段的一种过渡性文化。一方面，学生文化表现出与成人相异的一些价值观念和行为方式，反映出学生自主、独立的需求；另一方面，由于学生受教师的引导及家长的影响，在一定程度上认同成人的价值观念。

第二，非正式性。学生文化往往都是学生在日常的相互交往中，由于有共同的价值观念和行为方式，结为一个群体而表现出来的。同时，它对学生产生的影响是非正式的，学生文化中蕴含着学生群体的价值和规范，这些文化特征构成一种"环境"，影响着处于其中的每一个学生，使其在不知不觉中就习得了这种文化。

第三，多样性。学生文化的类型是多种多样的。学生可能会因共同的民族等特征而结成一个相对独立的文化群体，也可能会因共同的社会经济背景而形成独特的社会阶层文化；可能会因性别间的差异在学校中表现出不同的性别文化特征，也可能会因年龄的不同在不同的年龄阶段显现出不同的社会文化需求。

第四，互补性。从整个学校文化来讲，学生文化作为一种独特的文化类型，与学校文化之间是互补的。人的生活是多侧面、多色彩的，人的主观能动性在不断地发挥着作用。从学生文化的不同类型和样式来讲，年龄文化、性别文化、同伴文化等是在发挥各自作用的同时交织在一起互为补充的。

第五，调适性。主要指通过心理调节和无益情绪的化解，达到身心康乐的目的。学生不仅有求知的需求，还有交往、归属、爱、美的需要，以及自我发展、完善、实现的需要。学生文化能在一定程度上满足这些需要，使之达到心理平衡，保持心理健康。再者，种种挫折导致的焦虑、忧愁等可能使学生的心理产生障碍，而学生文化为排解学生的心理障碍提供了一种良好途径。

四、教育与人口的关系

人口指生活在一定社会、一定地区的具有一定数量、质量与结构的人的总体。人口是社会生存发展的基础,可以通过人口数量、人口质量和人口结构来描绘。

(一)人口对教育的制约和影响

1. 人口数量影响教育的规模

一定数量的人口是教育事业和教育活动的基础和前提,特别是学龄人口,它直接制约着教育发展的规模。儿童出生率越高、增长数量越大,人口对教育的需求就越大,教育的规模就要相应地扩大。人口数量决定教育需求的大小,因此也决定教育事业的可能规模。人口数量越多,教育规模应该越大。

2. 人口质量影响教育的质量

人口质量指人口的身体素质、文化修养和道德水平。身体素质包括遗传素质和健康状况两个方面,是人口质量中的物质要素;文化修养包括人们的知识水平、智力发展程度和劳动技术水平;道德水平包括人们的思想觉悟、道德修养和符合社会规范的社会品质等。文化修养和道德水平是人口质量中的精神要素。人口质量是一个表明人口各方面素质综合发展水平的概念。

人口质量对教育质量的影响表现在两个方面:一是入学者已有的水平对教育的影响,二是年长一代的人口质量对新生一代的人口质量的影响。应该说,一个国家教育事业的发展状况和质量在很大程度上取决于教育者的质量,教育者的素质和质量对教育的影响是非常直接和重要的。[①]

3. 人口结构影响教育的结构

人口结构指人口在年龄、性别、文化、技术、职业、阶级、地域、民族等方面的构成状况。人口结构任何一个方面的变化都直接或间接地影响教育,如人口分布过密或过稀都会制约教育的发展。人口结构一般分为人口的自然结构(主要包括人口的年龄结构、性别结构)、社会结构(主要包括人口的文化教育结构和职业结构)和人口的地域结构。

人口的自然结构对教育结构的影响主要表现为人口年龄构成的变化直接影响教育的结构和功能。此外,性别结构对教育的结构也产生一定的影响,如我国部分地区出现了专门的女子学校。

人口的社会结构对教育结构的影响主要包括人口的文化教育结构和职业结构对教育的影响。党的十八大以来,我国教育面貌正在发生格局性变化。2021 年,劳动年龄人口平均受教育年限达 10.9 年,比 2012 年增加 1.0 年。其中,受过高等教育的比

---

① 叶澜:《教育概论》2 版,112 页,北京,人民教育出版社,1999。

例24.9%，比2012年提高10.3个百分点。全国拥有大学文化程度的人口超过2.18亿，国民素质不断提升，为经济高质量发展提供了强大智力支撑，为民族复兴注入了强劲动力。

人口的地域结构指人口在一定区域分布和增长的状况。人口的空间分布规模制约着教育的空间分布。人口分布较为密集的地域，教育的空间分布就相对比较集中。

(二)教育对人口的作用

1. 控制人口数量

教育可以改变人们的生育观念和生育选择，是控制人口增长的重要手段之一。这主要是由于：①国家教育事业的发展必然与国家对劳动力文化要求的提高密切相关，这便刺激了家庭的教育需求，进而引起了抚养孩子的费用的增加，这在一定程度上会降低生育率。发达国家人口增长率转化的过程已证明了这一点。②教育程度的提高能改变人们传统的"多子多福""人丁兴旺"的生育观和家庭观。③教育程度的提高增加了妇女就业的机会，提高了妇女养育孩子的能力。人口的平均文化程度和人口出生率呈反比例关系。

2. 提高人口素质

教育对提高人口素质的作用表现在两个方面：一方面，教育可以使人优生和优育。教育能够提高父母的文化素质和理性水平，使他们优生和优育，保证新生儿在生理、心理两方面都有较好的先天素质，为其终身发展奠定良好的基础。另一方面，教育是促进人的全面发展的活动，通过知识的传授和能力的培养，可以显著提高人的身体素质、文化素质和道德水平。

3. 优化人口结构

教育可以改变人口的年龄结构、文化结构，使其适应社会发展的需要。此外，教育可以促进人口地域分布趋于合理。以此，推动人口结构进一步优化、人口的整体水平不断提高。

总之，教育受社会发展的制约，同时对社会发展具有反作用，但不起决定作用。

第二节 教育与人的发展

教育是一种培养人的社会活动，教育与人的发展之间存在密切的联系。教育必须按照人的身心发展的客观规律进行。同时，教育在人的发展中发挥着主导作用并培养出社会所需要的人才。教育要适应并促进人的发展，这是教育的基本规律之一。

一、人的发展概述

一般来说，人的发展包含人类总体发展和个体发展两个密切相关的不同层次。个体发展即个体从出生到生命终止的全过程，包括婴儿期、幼年、童年、少年、青年、成年和老年等不同的年龄阶段。其中，青少年阶段是个体生长发育较迅速、变化较快、可塑性较大的时期，也是接受教育的有效时期。

(一)人的发展的概念

人的发展指个体随着时间和年龄的递增在身心方面发生的积极变化，包括生理与心理两方面的发展。

1. 生理的发展

生理的发展包括肌体的发育和体质的增强两部分。肌体的发育指有机体的骨骼、肌肉、神经系统、呼吸系统等肌体的生长和身高、体重的增加；体质的增强指肌体生理功能的增强，如力量、灵敏性、耐力、韧性等的增强。

2. 心理的发展

心理的发展包括认知和意向两方面的发展。认知的发展指感知、记忆、思维、想象等方面的发展，意向的发展指需要、兴趣、情感、意志等方面的发展。

人的发展的两个方面是相辅相成的。生理的发展是心理的发展的物质基础，心理的发展寓于生理的发展之中。认识、情感、意志和性格等总是影响着生理的正常发展。

(二)青春期生理变化

青春期指由儿童逐渐发育为成年人的过渡时期，是人的一生中最关键的发展阶段，也是继婴儿期后的人生第二个生长发育的高峰期。青春期学生的生理变化主要表现在以下四个方面。

1. 身体外形显著变化

青春期学生身体外形发育表现为身高、体重、胸围等指标随着年龄的增长而增长。

(1)身高

进入青春期后，学生身高开始突增。身高年增长值发生了明显变化，先迅速增加，迅速达到最高峰，然后急剧下降，逐渐趋于0。正常情况下，女性进入青春期的时间较男性早。

(2)体重

进入青春期后，学生身体的骨骼增粗，肌肉逐渐发达，内脏器官增大，体重迅速增加。男女之间10岁以前体重相仿，10～15岁女孩体重迅速增加，到了15岁以后，女孩体重缓慢增加，而男孩 14～15 岁以后体重才迅速增加。

（3）胸围

进入青春期后，学生胸围等形态发育指标都有各自的突增阶段，并存在明显的性别差异。

2. 体内机能稳步增强

青春期体内机能发育表现为心脏、肺、肌肉等的发育。

（1）心脏的发育

青春期学生的心脏重量已是出生时的 12～14 倍，达到成年水平，心脏血容量是出生时的 12 倍左右，脉搏频率的均数随年龄增长而下降，血压均数随年龄增长而增加，肺活量均数随年龄增长而增大，至 18 岁趋于稳定。

（2）肺的发育

青春期，肺和呼吸肌的发育极为迅速，肺的呼吸能力增强。肺活量的增长是肺发育的重要标志，如肺活量在 10 岁时只有 1400 毫升，而 14～15 岁时就增为 2000～2500 毫升。

（3）肌肉的发育

青春期，肌肉发育特别快，肌肉中水分减少，肌肉增长并增粗，弹性增大，肌肉变得坚实有力。青春期，男生的肌肉力量发展水平要高于女生。13～17 岁，这种差别迅速增大。

3. 大脑发育趋于成熟

青春期，脑的内部结构和机能不断分化，迅速发展，并趋于成熟，兴奋与抑制过程逐步平衡。大脑的功能从第一信号系统占优势转变为第二信号系统占主导地位，这为抽象逻辑思维的发展奠定了基础。

4. 性的发育和成熟

青春期开始后，人的生殖系统迅速发育，包括性腺和性器官的迅速发育以及第二性特征的出现，人逐步获得生殖能力。与此同时，身体的形态和功能发生了显著的变化，最终达到了男女两性的完全分化。

男性和女性性发育在形态和生理上包括生殖器官的形态发育、功能发育和第二性特征发育。比如，男性第二性征发育的突出指标是长出胡须，喉结突出，声音低沉，肌肉骨骼发育坚实。

二、人的发展的一般规律

学生既是教育客体，又是教育主体。教育者必须研究和认识学生身心发展的规律。教育只有适应学生身心发展的规律，才能得到应有的效果。

人的身心发展的一般规律指不同个体在身心发展过程中所表现出来的共同的、本质的特征。了解人的身心发展的主要特点有利于教育工作的顺利进行。人的身心发展的一般规律主要包括人的发展的顺序性、阶段性、不平衡性、互补性、差异性。

(一)人的发展的顺序性

人的发展的顺序性体现为人的身心发展是一个由低级到高级、由简单到复杂、由量变到质变的连续不断的发展过程。例如,身体发展遵循从上到下、从中间到四肢的发展顺序,心理发展遵循从具体思维到抽象思维、从一般情感到复杂情感的发展顺序。瑞士心理学家皮亚杰的发生认识论的研究比较科学地揭示了个体发展的一般顺序,即个体发展是按照感知运算水平—前运算水平—具体运算水平—形式运算水平的顺序而进行的。美国心理学家柯尔伯格的道德认识发展论(前习俗水平—习俗水平—后习俗水平)证明了这一规律。

人的发展的顺序性规律是客观的,教育工作者要遵循顺序性,循序渐进地促进人的发展,"揠苗助长""陵节而施"等做法都是错误的。

(二)人的发展的阶段性

人的发展的阶段性体现为个体在不同年龄阶段表现出身心发展不同的总体特征及主要矛盾,面临着不同的发展任务。在一定的年龄阶段,人的生理与心理两方面会出现某些典型的、本质的特征。个体身心发展的阶段性表现为前后相邻的阶段是有规律地更替的。在一段时期内,发展主要表现为数量的变化。经过一段时间,发展由量变到质变,发展水平从而达到一个新的阶段。例如:童年时期的思维具有较强的具体性和形象性;到了少年时期,抽象思维有了很大的发展,但仍需要感性经验的支持;到了青年时期,抽象思维居于主导地位,思维具有一定的独立性、批判性、创造性。

人的发展的阶段性规律要求教育工作必须从学生的实际出发,针对不同年龄阶段的学生提出不同的具体任务、采用不同的教育内容和方法,教育工作中的"一刀切""一锅煮"等方法都是错误的。

(三)人的发展的不平衡性

人的发展的不平衡性体现为个体身心发展不是一个匀速前进的过程,它表现在两个方面:①个体同一方面的发展速度在不同的年龄阶段是不平衡的,有的阶段发展快,有的阶段发展慢。比如,身高、体重在幼儿阶段与在青春期的发展速度有很大差别。②个体不同方面发展的不平衡性。有的方面在较早的年龄阶段就已达到较高的水平,有的则要到较晚的年龄阶段才能达到成熟的水平。比如,在心理方面,感知成熟在先,思维成熟在后。

人的发展的不平衡性规律要求教育工作者要适应人的发展的不平衡性,在受教育者身心发展的关键期施加相应的教育,以求在最短的时间内取得最佳的效果。一旦错过了发展的关键期,就会延误受教育者的身心发展,甚至造成无法弥补的损失。发展的关键期是心理学家根据人的不同方面有不同的敏感期的现象提出的,又叫最佳期,指个体发展过程中获得某种经验、知识、技能或行为模式最为敏感迅速的时期。当代许多的心理学家和教育家十分重视研究不同阶段的儿童智力发展的速度，探明智力发展的关键期。他们认为，在智力发展的关键期，环境和教育一年内给智力发展带来的积极效果超过其他时期8～9年的效果①，这方面的研究为教育怎样较好地促进人的发展提供了值得重视的资料。

（四）人的发展的互补性

人的发展的互补性反映了个体身心发展各组成部分的相互关系，主要体现在两个方面：①肌体某一方面的机能受损甚至缺失后，可能通过其他方面的超常发展得到补偿。肌体各部分存在互补的可能，人在自身某方面缺失的情况下依然能与环境协调，从而为继续生存与发展提供条件，如一些失明者的嗅觉、听觉、触觉等方面得到了超常发展。②互补性存在于心理机能与生理机能之间，人的精神力量、意志、情绪状态对整体机能起着调节作用，甚至能帮助人战胜疾病和残缺，使其身心得到发展。

人的发展的互补性告诉我们，发展的可能性有些是直接可见的，有些是隐性的，培养自信和努力的品质是教育工作的重要内容。这要求教育工作者要遵循人的发展的互补性规律：①树立信心，相信每一个学生，长善救失，特别是发展暂时落后或某些方面有缺陷的学生；②掌握科学的教育方法，发现学生的优势，扬长避短，发掘学生自我发展的信心和自觉，鼓励学生通过发挥自己的精神力量的能动作用来达到身心的协调。

（五）人的发展的差异性

人的发展的差异性指个体之间的身心发展以及个体身心发展的不同方面之间存在程度和速度的不同，它表现在以下几个方面：①不同的个体在同一方面的发展速度和水平不同，如有些人"少年得志"，有些人则"大器晚成"；②不同的个体在不同方面的发展存在差异，如有的个体的第二信号系统较第一信号系统占优势；③不同的个体具有不同的个性心理倾向，如同龄个体具有不同的爱好、性格等；④不同的群体存在差异，如男女性别的差异。

人的发展的差异性要求教育适应人的发展的差异性，因材施教，充分发挥每个学生的潜能和积极因素，有的放矢地选择适宜、有效的教育途径和方法手段，使每个学生都能得到最大限度的发展。

三、影响人的身心发展的因素及其作用

影响人的发展的因素是多种多样的，这些因素错综复杂地交织在一起。历来学者们对各种因素在人的身心发展过程中的作用持有各种不同的见解。

---

① 林崇德：《中国独生子女教育百科》，79页，杭州，浙江人民出版社，1999。

(一)人的身心发展的动因

学者们关于人的身心发展动因的观点,归纳起来有内发论、外铄论、内外因交互作用论三种。

1. 内发论(遗传决定论)

内发论强调人的身心发展的力量主要源于人自身的内在需要,身心发展的顺序是由身心成熟的机制决定的。它强调内在因素,如需要、成熟。从历史上看,性善论、遗传决定论、成熟论、人本主义心理学等都强调身心发展的内在因素,都属于内发论。

内发论的代表人物有孟子、弗洛伊德、威尔逊、格塞尔、高尔顿、霍尔等。孟子认为,人的本性是善的,本性中有恻隐、羞怒、辞让、是非四端,是仁、义、礼、智四种基本品性的根源,提高自身修养,这四种品性就能得到发展。奥地利精神分析学派的创始人弗洛伊德认为,人的性本能是最基本的自然本能,是人身心发展的潜在的、无意识的、最根本的动因。美国当代生物社会学家威尔逊认为,"基因复制"是决定人的一切行为的本质力量。美国心理学家格塞尔强调成熟机制对人的发展的决定作用,认为人的身体机能、道德以及其他所有的发展顺序都受生长规律的制约。英国优生专家高尔顿认为,人的发展是由人的本能决定的,后天的环境只起加速或延缓作用。美国心理学家霍尔认为,人的心理发展过程被视为复演物种进化的过程,心理发展是按遗传程序进行的。

内发论重视人的内在需要以及人的内在的发展机制,忽视外部因素对人的影响,这就产生了以生理发展曲解心理发展的误区,是庸俗进化论观点在心理发展问题上的一种表现。

2. 外铄论(环境决定论)

外铄论认为人的发展主要依靠外在力量,诸如环境的刺激和要求、他人的影响和学校教育等,它强调外在力量对人发展的作用。从历史上看,性恶论、环境决定论、教育万能论、行为主义心理学都持外铄论的观点。

外铄论的代表人物有荀子、华生、洛克等。荀子(我国古代性恶论的代表人物)强调教育的力量是从人的外部施加的,认为:教育的主要意义是对人性恶的矫正、改造和控制,以使人形成对社会秩序有益的习惯,通过教育养成的习惯可以成为人的第二天性,使人高于动物,使社会保持秩序;人性有恶,必须以道德教育去感化。华生(美国行为主义心理学家)认为人的发展是后天环境决定的,其典型言论是:给我一打健康的婴儿,不管他们的祖先状况如何,我可以把他们培养成政治家、军人、律师,抑或是乞丐、盗贼。洛克(英国哲学家)在其著作《教育漫话》中提出"教育万能"的观点,其著名言论是"白板说",即人的心灵如同白板,观念和知识都来自后天,人类之所以千差万别,便是教育之故。

外铄论强调外部力量的作用，重视教育的价值，忽视了个体的内在发展机制，它把心理发展完全看作外界环境影响的结果，是一种机械主义的发展观。

3. 内外因交互作用论(多因素相互作用论)

辩证唯物主义认为，人的发展是个体的内在因素(先天遗传的素质、机体成熟的机制等)与外部环境(外在刺激的强度、社会的发展水平、个体的文化背景等)在个体活动中相互作用的结果。

内外因交互作用论认为：①内部因素与外部因素对人的身心发展的影响和作用并不是等同的，在不同时期和不同的情势下，他们的作用有强弱之分；②影响人身心发展的内外因素是不断变化的，几乎不存在固定的内因或外因；③在个体的整个发展过程中，人的实践活动是使内外因交互作用的桥梁；④同一外因对不同内因起不同的作用，这就是内因的选择性；⑤环境中对人的身心发展起主导作用的是个体的生活条件，即个体直接生活于其中的群体环境，其他环境都需要通过这个环境起作用。

多因素相互作用论强调主客体的相互作用，没有个体的积极参与，不发挥个体的主观能动性，个体的发展不可能实现。在主客观条件大致相同的情况下，个体的主观能动性的发挥程度，对人的发展有决定性意义。因此，在教学活动中，要正确处理好主客体之间的关系、教师和学生之间的关系，重视学生主动性的发挥。

(二)影响人的身心发展的因素

个体身心发展受到多种因素影响，主要受到遗传、环境和个体实践活动的影响。学校教育作为一种特殊的环境，对个体的发展有特殊的意义。

1. 遗传素质在人的发展中的作用

遗传素质，也叫遗传，是从上代继承下来的生理解剖的特点，如机体的结构、形态、器官和神经系统等的特点。遗传素质为人的身心发展提供物质基础和可能性。概言之，遗传素质的作用主要表现在以下几方面。

①遗传素质是人的身心发展的前提，为人的身心发展提供了可能性。人的发展总要以遗传获得生理组织、一定的生命力为前提，如果没有这个前提，个体的发展便无法实现。比如，一个先天失聪的人很难成为一个优秀的音乐家。但是遗传素质只是人的发展在生理方面的可能性，它不是现成的知识、才能、品德等，通常情况下不能决定人的发展。如果离开了后天的社会生活和教育，遗传因素带给人的发展的可能性就不能变为现实。

②遗传素质的成熟程度制约着人的身心发展水平及阶段，人的机体的成熟程度制约着身心发展的程度和特点，它为一定年龄阶段身心特点的出现提供了可能和限制。美国心理学家格塞尔提出成熟势力说，强调成熟机制对人的身心发展的决定性作用，并通过双生子爬梯试验来证明他的观点。

③遗传素质的差异性带来了人的身心发展的个体差异。遗传素质存在个体差异，

表现在高级神经活动的类型、感觉器官的结构和功能等方面。这些差异是人的个体差异产生的生理基础。一个先天禀赋优异的儿童，接受良好的教育后比较容易成才。

④遗传素质不能决定人的最终发展。遗传素质在人的发展中具有很大的作用，但遗传只为人的发展提供了物质的前提，不能决定人的最终发展，把遗传看成决定人的发展唯一因素的遗传决定论是片面的。此外，遗传素质在人的发展的过程中的作用呈减弱趋势，原因在于两个方面：第一，发展是一个从"潜在"状态转变为"现实"状态的过程。随着时间的推移，某些"潜在"因素可能成功转化为"现实"，而另一些则可能因错过了转变为"现实"的时机，其作用逐渐减弱。第二，随着个体的发展，影响因素逐渐增多，人的心理发展也趋向高级和复杂。

2. 环境在人的发展中的作用

环境泛指个体生活中影响个体身心发展的一切外部因素，它包括自然环境（如日光、空气、水、土等，这些是人与动物共同存在的基础）和社会环境（包括经过人改造的自然环境、家庭邻里、亲戚朋友、各种场所、风俗习惯、各种社会意识形态和全部的社会关系）两大部分。自然环境是一切生物赖以生存的客观条件，社会环境则是人生存发展的根本条件，离开社会环境人就不能成为人，一切生物的生存和发展都离不开社会环境，人的身心发展也不例外。

教育学中所说的环境通常指社会环境，指由人与人之间的各种社会关系构成的环境，包括政治制度、经济制度、文化传统、社会治安、邻里关系等，对人的发展有很大的影响。

环境是人的发展不可或缺的一部分，其作用主要包括：①环境为人的发展提供了条件。社会环境是人的发展的外部现实条件，对人的发展起着很大的制约作用。"蓬生麻中，不扶自直""近朱者赤，近墨者黑"等都说明了社会环境对人的发展的影响。②环境扩大人的发展的差异。遗传因素只是为人的发展提供了可能的条件，而不是必然的条件，大多数个体之间遗传素质的差异并不明显，相对遗传素质来说，后天环境对人的发展更具有决定性意义。③环境制约人的发展水平及方向。在不同的社会条件下，人的发展方向、水平、速度均不相同，这是因为人一生下来，就必须与周围的人发生各种关系，周围人的生活方式和思想、习惯、作风必然对他产生各种影响。④环境对人的发展不起决定作用。环境对人的发展具有很大的作用，但是环境不能决定一切。人与动物最大的不同，就在于人是具有能动性的主体，人能根据已有的知识、经验、兴趣、需要等对环境作出反应，个人对环境的态度不一样，其发展结果就不同。因此，片面夸大环境作用的环境决定论是错误的。

3. 个体主观能动性在人的发展中的作用

人的主观能动性是人类特有的意识，它是人的主观意识对客观世界的反映和能动作用。主观能动性是人发展的直接动力，是人发展的内因，而环境与教育是人的发展的外因。人的主观能动性的作用如下：①个体主观能动性是人的身心发展的动力，个体与环境之间相互作用中表现出来的个体主观能动性，是人的身心发展的内在动力，也是促进个体发展从潜在的可能状态转向现实状态的决定性因素；②人的主观能动性是通过人的活动表现出来的，个体的实践活动是个体发展的决定因素，离开人的活动，遗传素质、环境和教育所赋予的一切发展条件都不可能成为推动人的发展的现实因素；③主观能动性在人的发展中起着最终的决定作用，个体主观能动性是人的身心发展的内在因素，环境、教育等外在因素必须通过内在因素才能起作用，促进人的发展。

4. 学校教育在人的发展中的作用

学校教育在一定意义上说是一种特殊的环境，学校把改造过的自然、人与人之间的关系、社会意识形态等因素，经过有目的的选择和提炼，按照人的发展特点，以系统化的形式作用于学生，对人的影响巨大而深远。

(1)学校教育在人的发展中起主导作用

学校教育是环境的一个重要组成部分，是一个经过有目的的选择和提炼的特殊环境，同时也是一种特殊的实践活动。与遗传因素和自发的环境影响相比，学校教育在人的身心发展中起主导作用：①学校教育是有目的、有计划、有组织地培养人的活动。学校教育根据社会的需求，按照一定的目标，选择合适的内容，采取有效的方法，利用集中的时间，有计划地、系统地对学生进行各种科学文化知识教育和思想品德教育，对人进行系统的培养。②学校教育由专门从事教育的教师来负责。教师受社会的委托来教育学生，他们有明确的教育目的与任务，熟悉教育的内容，掌握系统的教学方法与手段，了解学生身心发展的规律和特点，能自觉地促进学生按照一定的方向去发展，可以确保教育工作的效果和效率。③学校教育能有效地控制影响学生发展的各种因素。影响学生发展的因素有很多，学校教育能够控制和排除一些不利因素的影响，协调各种有利因素，让学生处于最佳的发展环境中。

(2)学校教育对个体发展的特殊功能

学校教育是承担教育责任的教师和接受教育的学生共同参与的活动。学校教育的环境具有极大的人为性，具有明确的目的，有指定的教育内容与活动计划，有系统的组织和特殊的教育条件，这些构成了学校教育环境的特殊性。这些特殊性使学校教育在个体发展中具有以下特殊功能。

第一，学校教育对个体发展做出社会性的规范。学校教育对人的社会化具有规范化与自觉化的特殊功能。受过学校教育的人与未受过学校教育的人相比，在接受人类积累起来的各种文化上，不仅具有数量、质量和程度上的差异，而且具有态度与能力上的差异。社会对个体的要求或期望涉及体质、思想道德、知识能力等多方面，并提出一系列规范。学校根据这些要求，针对不同年龄、不同专门人才培养的要求而做相应的变化，并有意识地以教育目的和目标的形式去规范学校的其他工作，通过各种教育活动促进学生达到目标。

二是学校教育具有加速个人发展的特殊功能。学校教育目标明确，时间相对集中，有专人指导并进行专门训练，因而能加速人的身心发展，缩短实现发展目标的时间。此外，学校教育使个体处于一定的学习群体中，个体之间发展水平有差异。通过学习群体中的互动，个体相互学习启发，从而实现发展。如果学校教育能正确判断学生的最近发展区，这种加速作用将更加明显、更富有成效。

三是学校教育对个体发展的影响具有即时和延时的价值。学校教育的内容具有普遍性和基础性，即使是专门学校的教育内容，也具有普遍性和基础性的部分，因而对人今后的进一步学习具有长远的价值。学校教育能够帮助个体形成自主能力，使个体的发展进入自发提高的自觉阶段。此外，学校教育提高了人的需求水平、自我意识水平和自我教育能力，这对人的发展来说，具有长远的意义。

四是学校具有开发个体特殊才能和发展个性的功能。学校教育内容的多面性和集体中学生表现出的才能的差异性，有助于个体特殊才能的发展，而专门学校对这些才能的发展、成熟具有重要的作用。此外，学校中富有生气的学生集体为每个学生个性的发展提供了独特的土壤。在个性发展方面，学校教师和领导具有教育学和心理学方面的素养，他们发展学生的个性、独特性，并且尊重和注重学生个性的健康发展。同时，群体生活有助于学生个体从其他人的身上汲取闪光点，丰富自己的个性。

五是学校教育给人的影响比较全面、系统和深刻。学校教育，是根据一定社会的要求，按照一定的目的，选择适当的内容，利用集中的时间，有计划地、系统地对学生进行各种科学文化知识的教育，并进行一定的思想品德教育。环境中其他方面的影响，往往是自发的、偶然的、片段性的，是难以与学校教育相比较的。

思考与应用 ❓

1. 请结合我国当前实际，谈谈教育与生产力、教育与政治经济制度、教育与文化的相互关系。

2. 请论述教育的相对独立性。

3. 请阐述教育如何遵循人的身心发展的规律。

4. 请说明影响人的身心发展的因素，并分析它们是如何影响人的身心发展的。

推荐阅读 🔑

1. 项贤明：《教育与人的发展新论》，载《教育研究》，2005(5)。

2. 刘济良：《教育与人的生命》，载《教育研究》，2004(5)。

3. 陈小娅：《探索教育规律 破解教育难题》，载《教育研究》，2007(12)。

4. 孟建伟：《教育与文化——关于文化教育的哲学思考》，载《教育研究》，2013(3)。

5. 李枭鹰：《走出教育规律的认识困境——兼论潘懋元先生提出的教育内外部关系规律》，载《高等教育研究》，2009(3)。

6. 冯向东：《教育规律何处寻》，载《高等教育研究》，2014(8)。

7. 胡赤弟：《教育规律与经济规律相互关系探析》，载《高等教育研究》，2002(5)。

8. 宋剑、温双艳：《回到教育事件本身——复杂性理论视域中的教育规律研究》，载《教育理论与实践》，2006(5)。

9. 吴全华：《教育规律的理解方式与教育规律的特点》，载《教育理论与实践》，2004(3)。

10. 张华：《教育与人的主体性发展——新主体教育论纲》，载《教育理论与实践》，2002(7)。

11. 唐德海、李枭鹰：《论教育规律与似规律现象》，载《华东师范大学学报（教育科学版）》，2007(2)。

12. 潘懋元：《教育基本规律及其在教育研究中的运用》，载《江苏教育研究》，2009(2)。

13. 陈宝生：《把握时代脉搏和教育规律 促进教育事业科学发展》，载《教育研究》，2017(1)。

第四章
教育目的

学习目标

1. 准确理解教育目的的含义及其与教育方针、教育目标的区别和联系，了解教育目的的功能和层次结构。

2. 理解关于教育目的理论，以及确立教育目的的理论依据。

3. 结合中华人民共和国成立以来我国教育目的的变化，掌握我国实现教育目的的基本要求以及素质教育的内涵、途径与方法。

4. 熟悉全面发展教育的组成部分，并了解"五育"之间的关系。

本章导读

本章是关于人的培养目的及其取向问题的理论探讨。这个问题是一切教育活动得以进行的前提和基础，对理解教育基本规律、确立教育观念具有重要的指导意义。本章揭示了教育目的的概念，探讨了教育目的的功能与层次结构，阐明了有关教育目的的理论，明确了确立教育目的的理论依据，呈现了中华人民共和国成立以来我国教育目的的变化，阐述了我国实现教育目的的基本要求，分析了素质教育的含义、途径与方法，论述了全面发展教育的组成部分。

本章知识结构图

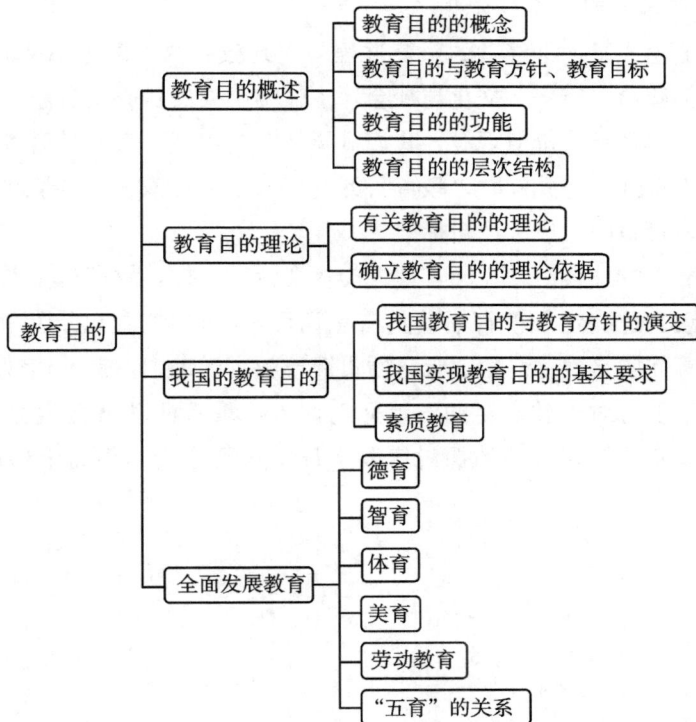

```
                      ┌─ 教育目的的概念
                      │
                      ├─ 教育目的与教育方针、教育目标
           教育目的概述 ┤
                      ├─ 教育目的的功能
                      │
                      └─ 教育目的的层次结构

                      ┌─ 有关教育目的的理论
           教育目的理论 ┤
                      └─ 确立教育目的的理论依据
教育目的
                      ┌─ 我国教育目的与教育方针的演变
                      │
          我国的教育目的┤─ 我国实现教育目的的基本要求
                      │
                      └─ 素质教育

                      ┌─ 德育
                      │
                      ├─ 智育
                      │
                      ├─ 体育
           全面发展教育 ┤
                      ├─ 美育
                      │
                      ├─ 劳动教育
                      │
                      └─ "五育"的关系
```

核心议题

1. 教育目的的内涵与功能

目的是个体对其所希望达成的目标或获得的结果的一种主观上的设定，是人类实践活动的特有性质，人类在进行教育活动之前必须明确教育的目的是什么。教育目的的内涵是多维的，不同主体视域下的教育目的承载着不同的价值取向。教育目的的内涵是流变的，不同时期的教育目的具有不同的内涵特征，显现不同的功能。

2. 有关教育目的的理论与演变

有关教育目的的理论主要包括社会本位论、个人本位论、教育无目的论、社会需要与人的自身发展的辩证统一论等，教育目的的各类形态都离不开理论的引领。教育目的并非固定不变，不同的社会形态与时代环境中存在不同的教育目的。我国教育目的经历了复杂的发展沿革，我国教育目的的理论体系经历了漫长的演化过程。

3. 教育目的的层次系统

教育目的具有显著的层次属性，结构、功能、概念与内容等多个维度构成教育目的的层次系统，不同层次的教育目的呈现出不同的个性特征与要求。国家的教育目的、各级各类学校的培养目标、专业课程目标与教学目标在结构上逐层具化，在逻辑上紧密互构，在根本上应保持教育目的的一致性与连贯性。

4. 教育目的生成的依据与标准

教育目的的生成是一个复杂的系统过程，受到教育内外部多重关系因素的影响。这些因素既包括政治、经济、文化与社会，也包括个人的身心发展需要，还包括教育目的制定者的教育理想与价值观等，我们需要从时空视域下考察教育目的生成的历史性、现实性与未来性。与此同时，教育目的的生成结果应该符合科学性、适应性等基本原则，遵循教育目的生成的逻辑标准。

教育是培养人的社会活动。同其他人类社会活动一样，教育是在人的意识导引下的有目的的活动，这决定了教育活动具有意识性和目的性。可以说，"为谁培养人""培养什么人"等问题自教育诞生那天起便贯穿于教育活动中，是一切教育活动得以展开的前提。如果没有对于教育目的的追问与回答，教育活动就会失去方向，无从展开。自古至今，有关教育目的的探讨纷繁多样，直到今天，仍尚未形成完全一致的认识。

第一节 教育目的概述

一、教育目的的概念

马克思曾说：蜘蛛的活动与织工的活动相似，蜜蜂建筑蜂房的本领使人间的许多建筑师感到惭愧。但是，最蹩脚的建筑师从一开始就比最灵巧的蜜蜂高明的地方，是他在用蜂蜡建筑蜂房以前，已经在自己的头脑中把它建成了。劳动过程结束时得到的结果，在这个过程开始时就已经在劳动者的表象中存在着，即已经观念地存在着。① 正是人类实践活动的一个根本的特征——目的性将人类实践活动与动物本能活动根本性地区别开来。

目的性是教育活动展开的重要前提。教育目的体现了人类实践活动的特性，任何社会对人的培养均是根据其既定的教育目的展开的。总体上，教育目的是把受教育者培养成一定社会所需要的人的总要求，它规定着把受教育者培养成什么样的人，是培养人的质量规格标准，是对受教育者的一个总体要求。

一般而言，教育目的的内涵有广义和狭义之分。广义的教育目的指人们对受教育者的期望，即人们希望受教育者通过教育在身心诸方面发生什么样的变化，或者产生怎样的结果。狭义的教育目的是国家对把受教育者培养成为什么样的人才的总要求，是国家为培养人才而确定的质量规格和标准。它是根据一定社会的政治、经济、生产、科学技术发展的要求和受教育者的身心发展状况确定的。教育目的从根本上回答了教育究竟要"为谁培养人、培养什么人"这个问题。教育目的是整个教育工作的核心，是教育活动的实施依据和评判标准、出发点和归宿。它贯穿于教育活动的全过程，对一切教育活动都具有指导意义。它是确定教育内容、选择教育方法、评价教育效果的根本依据。

二、教育目的与教育方针、教育目标

(一)教育目的与教育方针

教育方针是国家教育工作的基本政策和指导思想，是国家根据政治经济的要求，为实现教育目的所规定的教育工作的总方向。它是教育政策的总概括，内容包括教育

---

① 何萍：《马克思主义哲学史教程(上卷)》，118页，北京，人民出版社，2009。

指导思想、培养人才的总体规格以及实现教育目的的基本途径等。教育方针与教育目的既有联系又有区别。教育方针包含教育目的，它们在对教育社会性质的规定上具有内在的一致性，都含有"为谁（哪个阶级、哪个社会）培养人"的规定性，都是一定社会（国家或地区）各级各类教育在其性质和方向上不得违背的根本指导原则。从二者的区别来看，教育方针主要从政策的角度规定教育目的及其实现，而教育目的则主要从学术层面来表达教育的理想。教育目的主要关注"为谁培养人、培养什么人"这个问题；而教育方针则除此之外，还涉及"怎样培养人"的问题和教育事业发展的基本原则。

(二)教育目的与培养目标

培养目标是教育目的的具体化，是结合教育目的、社会要求和受教育者的特点而制定的各级各类教育或专业的培养要求。它由特定社会领域和社会层次的需求决定，同时会因受教育者所在学校类型的差异而有所不同。

教育目的是一个国家教育的总要求，是向所有受教育者提出的；而培养目标则是各级各类教育的具体要求，它是教育目的的具体化，是根据国家的教育目的和学校的性质及任务，是针对特定对象提出的特定要求。教育目的决定具体的培养目标。同时，教育目的只有具体化为各级各类学校的培养目标，才具有可操作性，才能得到具体落实。各级各类教育是为了满足社会各行各业、各个层次对人才的需求以及不同年龄层次的受教育者的发展需求而设立的。相较于一般意义的教育目的，培养目标具有明确的特指性，它们之间是一般与特殊、共性与个性的关系。

三、教育目的的功能

教育目的层次的多样性令它具有多方面的功能。教育目的是全部教育活动的主题和灵魂。英国教育学家约翰·怀特在谈及教育目的时曾提出，除非教育工作者对教育目的一清二楚，否则他们培养出来的人才质量肯定会受损失。可见，教育目的对于教育活动意义重大。教育目的的功能主要包括以下几方面。

(一)教育目的对教育工作具有导向功能

教育目的对教育者和受教育者具有导向功能。教育目的不仅为受教育者指明了发展方向，而且为教育工作者指明了工作方向和奋斗目标。任何社会的教育活动，都是以教育目的为导向的。这具体体现为：①教育目的对教育的社会性质具有导向功能，明确规定教育"为谁培养人"。②教育目的对人的培养具有导向功能，使教育依规而为，能避免人的盲目发展，使其按正确的方向发展，产生社会所需要的新品质。③教育目的对课程选择及其建设具有导向功能。它对选择什么样的教育内容、选择何种水平的教育内容、对教育内容如何取舍等具有决定性作用。④教育目的对教师的教学方向具有导向功能，除了在培养学生能力和技能方面的教学导向外，还有在培养思想品德方面的价值导向功能，使教师知道自己所要教的最重要的是什么。事实上，为满足自身发展需要，任何社会都是先确定相应的教育目的，引领教育的发展，从而确保教育的社会性质和人才培养的社会倾向性的。

(二)教育目的对贯彻教育方针具有激励功能

目的反映人的需要和动机，是人们在一起共同活动的基础。共同的目的一旦被人们认识和接受，不仅能指导实践活动，还能激励人们为实现共同目标而努力。教育目的实质正是人们的一种价值选择和追求。在教育实践中人们接受了一种教育目的，也就是认同了一种价值选择，这必然会激励人们为了实现自己所追求的价值而乐意付出各种努力，自觉抵制各种违背教育目的的要求的活动，从而调动起人们自觉参与教育活动的积极性。

(三)教育目的对教育效果具有评价功能

教育目的是衡量和评价教育效果的根本依据和标准。评价学校的办学水平、办学效益、教育教学工作的质量等时，都必须以教育目的为根本标准和依据。因为教育活动是以教育目的为出发点和归宿的，所以检验教育活动成功与否应看其是否达到教育目的。在评价教育过程是否有效时，教师工作成绩的高低以及在教育活动中学生成长的状况如何都有非常细致的具体评价标准，所有细化的评价标准的最高价值预设都来源于教育目的。教育目的是整合所有具体教育评价标准的精神内核，也是教育评价的最高准则。在具体评价标准有违于教育目的时，就需要对具体评价标准做出修正。只有注意发挥教育目的对教育活动的评价功能，才能从根本上更好地把握教育活动。

教育目的的上述功能是相互联系、综合体现的，每一种功能都不是单独发挥出来的。导向功能是伴随激励功能、评价功能而发挥的。如果没有激励功能、评价功能，导向功能就难以发挥更大的作用。调控功能的发挥需要以导向功能和评价功能为依据，评价功能的发挥也离不开导向功能。在现实教育中，全面把握并发挥教育目的的这些功能的关键是全面而深刻地理解教育目的。

四、教育目的的层次结构

一个国家的教育目的通常是由三个不同的层次构成的。第一个层次是国家的教育目的，它反映的是社会对教育的总要求，对一个国家各种形式的教育起宏观控制和调节作用；第二个层次是各级各类学校的培养目标，它是以教育目的为指导，根据各级各类学校各专业的特殊性而制定的关于培养人的专门要求，是教育目的的具体化；第三个层次是教育过程中教师的教学目标，它是按学生身心发展的规律制定的检验学校教育教学质量的系列化具体要求，是培养目标的具体化。

(一)国家的教育目的

国家的教育目的居于第一个层次。它是由国家提出的，其决策要经过一定的组织程序，一般体现在国家的教育文本和教育法令中。国家制定的教育目的是教育决策层对教育活动结果的总体规定，即对"培养什么人"的一般性、基准性规定。通常，国家的教育目的的重大变化与调整，都与时代的大变化、国家政权的更替等息息相关。

国家的教育目的是各级各类学校制定其培养目标的主要依据，各级各类学校的培养目标都必须符合国家的教育目的。

(二)各级各类学校的培养目标

各级各类学校的培养目标居于第二个层次。它是根据国家的教育目的制定的某一级或某一类学校、某一专业对人才培养的具体要求，是国家教育目的在不同教育阶段、不同级别的学校、不同专业方向的具体化。

对各级学校而言，其培养目标包括初等教育的培养目标、中等教育的培养目标以及高等教育的培养目标等。对各类学校而言，其培养目标包括普通教育的培养目标、职业教育的培养目标以及特殊教育的培养目标等。各级各类学校在制定培养目标时，要研究学校自身的特殊性、历史、经验、已有成效与发展可能。一个缺乏学校自身研究和自我认识支撑的培养目标，是缺乏活力和前景的，也是难以实现的。

(三)教师的教学目标

教师的教学目标居于第三个层次。教学目标包含多个层面，一般包括课程目标、单元目标、课时目标等。课程目标指某一门课程结束后所要达到的目标；单元目标指某一门课程中的某一单元的教学活动结束后所要达到的目标；课时目标指对每个课时所应达到的教学效果的具体化。教师必须了解、研究自己所教学生的共性和个性，班级特点，自己所承担的学科教学的特点和教学工作的内容、性质和特点，即研究自己教学对象的特殊性和工作的独特性。只有这样才能设置合理的教学目标，从而更好地开展教学实践工作。

上述三个层次构成了一个完整的教育目的体系，它们从宏观到微观、从抽象到具体。在这个体系中，抽象层次越高越具有普遍性，抽象层次越低则越具有操作性。一般来说，前一个层次与后一个层次之间是一般与个别的关系，前一个层次的内容制约着后一个层次的内容，后一个层次是前一个层次的具体化。

第二节　教育目的理论

教育史上存在两种教育目的论，即个人本位论和社会本位。事实上，两种本位论的划分只具有相对的意义，因为纯粹和绝对的个人本位论者和社会本位论者几乎是不存在的。从理论上讲，两种教育目的理论并没有一个孰重孰轻、孰对孰错的问题，二者具有同等的合理性和局限性，到底孰更加合理，需要在特定的、具体的历史条件下去考察，需要看在特定的、具体的历史条件下教育面临的主要矛盾是什么。

一、有关教育目的的理论

(一)个体本位论

个体本位论认为，个人的价值高于社会价值，主张教育的目的应当根据人的本性需要来确定，教育的根本目的在于使人的本性得到最完善的发展；教育必须反对和排除现实社会对于个人发展的干扰，因为有利于个人发展的教育就一定有利于社会发展，有利于社会发展的教育却不一定有利于个人发展；人生来就有健全的本能，儿童是独立自主的个体，是真善美的原型，教育的目的在于使这种本能不受影响，得到自然、率性的发展。持个人本位目的论的教育学家为数甚多，代表人物有孟子、福禄培尔、卢梭和裴斯泰洛齐等。

个体本位论教育目的重视人的自然本性，希望教育按照人的自然本性展开。例如，裴斯泰洛齐认为，为人在世，可贵者在于发展，在于发展个人天赋的内在力量，使人能尽其才，能在社会上达到他应有的地位，这就是教育的最终目的。卢梭则认为，人的天性是善良的，在人的心灵中根本没有什么生来就有的邪恶，出自造物主之手的东西都是好的，而一到人的手里，就全变坏了，一切人的堕落都是由社会的负面影响造成的。卢梭还认为，大自然希望儿童在成人以前就要像儿童的样子，教师要根据学生的年龄去对待他。他认为最好的教育是远离社会的自然教育。个体本位论具有强烈的人道主义色彩和人本主义精神，它的全盛时期是 18—19 世纪。个人本位论关注人的本性需要、强调个人的自由发展，这对于反对宗教神学、反对封建专制及在其影响下的旧式教育具有重要的进步意义。

个体本位论强调人的独立性与能动性，倡导个性解放、尊重人的价值，确立了儿童在学校教育中的主体地位，倡导教育要尊重儿童的发展需要，重视儿童个性的发展。同时，该理论提出的培养"自由的人""自我实现的人""健全人格"的理论体系具有一定合理性，时至今日仍对全世界的教育产生着重要的影响。但需要指出的是，个体本位论也存在很多不足之处，它以人性代替对社会的理性分析，忽视了社会发展对教育的要求，这是不现实和行不通的，而且过于强调人性中的天生倾向对于人发展的作用，忽视个体主观努力和社会影响的作用，这是片面的。

(二)社会本位论

社会本位论认为，个人的一切发展都依赖于社会，主张教育目的应该根据社会的要求来确定，教育的根本目的在于使受教育者掌握社会的知识和规范，实现个体社会化，并为社会服务。社会本位论的代表人物有荀子、柏拉图、赫尔巴特、孔德、纳托尔普、凯兴斯泰纳、白尔格门、涂尔干、巴格莱等。

社会本位论主要反映的是古代社会的特征和要求。我国古代最早的教育论著《学记》就曾提出,"君子欲化民成俗,其必由学乎","古之王者,建国君民,教学为先"。中国古代教育一直以修身为本,修身的最终目的是"治国平天下",因此《论语》在谈学道时提出,"君子学道则爱人;小人学道则易使也"。与此相似的是,古希腊思想家柏拉图亦在其《理想国》中提出,教育应当因人而异,对于平民阶级要培养他们勤劳和节制的美德,对于军人应当培育他们勇敢的精神,而对于最高统治者的教育则应使他们具有把握世界的智慧,具有哲学王的特征。实际上,柏拉图所主张的教育目的就是为维持奴隶社会的社会秩序服务。

在近现代教育史上,社会本位目的论思想依然盛行,其中最具代表性的是教育社会学中的社会功能学派。他们将人类个体发展的社会条件无限夸大,认为个人的发展完全取决于社会。社会学家诺笃尔普认为,在事实上个人是不存在的,人之所以为人,只是因为他生活在人群之中,并且参加社会生活。社会学家涂尔干提出,正如我们的身体凭借外来的事物而获营养那样,我们的心理也从社会中汲取营养,我们本身最重要的部分都是从社会得来的。在此基础上,社会功能学派认为教育目的只能是社会目的。诺笃尔普还认为,在教育目的的决定方面,个人不具有任何价值,个人不过是教育的原料,个人不可能成为教育的目的。涂尔干则认为,教育在于使青年社会化——在我们每一个人之中,造就一个社会的我,这便是教育的目的。教育家凯兴斯泰纳则说,他十分明确地把培养有用的国家公民当作国家国民学校的教育目标,并且是国民教育的根本目标。

可见,社会本位论看到了社会政治、经济、文化对教育目的的制约作用,强调教育的目的应根据社会需求来确定,国家要承担国民教育的主要责任。这对保证教育的地位、发展教育的社会功能、促进社会的发展具有积极的意义。但是,这一学派没有看到:社会是由个体组成的,没有有活力的个体,社会存在就是病态的;离开个体的生活幸福等目的,社会存在就失去了意义。社会是个体存在和发展的基本条件,但社会并不是个体存在的终极目的。教育目的如果只看到教育对象存在的条件而对教育对象自身的需要不做足够的关照,肯定是有失偏颇的。社会本位论否认了教育发展的个体性,因此具有一定的片面性和不科学性。

(三)社会本位论和个体本位论二者之间的关系

尽管我们可以在理论上对教育目的的社会本位论和个体本位论进行清晰的区分,但实际上二者是具体地、历史地相统一的。无论在什么背景下,个体价值与社会价值、个体发展与社会发展之间总是存在一定的矛盾和冲突,教育目的的社会本位论和个体本位论就是不同的教育思想家为解决个体发展与社会发展之间的矛盾以及个体价值与社会价值之间的冲突而给教育开出的不同"处方",他们之间的争论,实际上就是特定社会状态下两类"处方"孰优孰劣、孰更合理和孰更有效的争论。一些教育思想家尝试以个人价值为基点来谋求两种价值的统一，另一些教育思想家则以社会价值为基点来谋求两种价值的统一。然而，无论以何种价值为基点来谋求二者的统一，它们都是各个时期教育思想家在特定历史条件下做出的某种倾向性的选择。这种选择随着社会历史条件的变化而改变，这就形成了教育价值选择上的所谓"钟摆"现象。

个体价值与社会价值并没有孰优孰劣、孰更合理和孰更有效的问题，因而，社会本位理论与个体本位理论也没有谁正确、谁错误的问题。从理论上讲，二者都具有同等的合理性和同等的局限性，要想讨论二者谁更合理，必须把二者放在特定的、具体的历史条件下去考察，才能得出相对恰当的结论。教育中个人价值与社会价值的权衡与选择，受具体社会历史条件的制约，是随着社会历史条件的变化而有所侧重或偏移的。

最后还需要指出，教育目的中的社会本位论和个体本位论的划分，主要是对不同教育思想家在个人价值与社会价值关系问题上的根本性价值取向所做的一种概括。事实上，就教育思想家来说，纯粹和绝对的社会本位论者和个体本位论者是极少见的，大多数人不过是厚此薄彼，绝对或者无条件地反对社会价值或反对个人价值的教育思想家几乎是不存在的。

二、确立教育目的的理论依据

教育作为培养人的社会活动，既能对社会、对人产生多方面影响，又受多方面制约。要使教育更好地为社会服务、促进人的发展，在选择和确立教育目的时，必须清楚地认识和考虑以下问题。

(一)确立教育目的的基本依据

1. 特定的社会政治、经济和文化背景

教育目的是社会需求的集中反映，是教育性质的集中体现。它反映了社会政治和社会生产的需求，体现了教育的历史性、阶级性和生产力的性质。不同国家、不同时代的教育，其教育目的的制定都受当时社会政治、经济、文化等因素的影响。

马克思和恩格斯曾经指出：一个阶级是社会上占统治地位的物质力量，同时也是社会上占统治地位的精神力量。支配着物质生产资料的阶级，同时也支配着精神生产的资料。因此，那些没有精神生产资料的人的思想，一般是受统治阶级支配的。占统治地位的思想不过是统治地位的物质关系在观念上的表现，不过是以思想的形式表现出来的占统治地位的物质关系。在阶级社会，统治阶级一方面会利用其政治、经济和文化上的统治权制定出符合本阶级需要的教育目的，为巩固统治服务，另一方面还会利用自己在政治、经济和文化上的权力维护本阶级在教育资源占有上的特权，并保证教育目的的实现。故，教育目的是在特定社会的政治、经济和文化背景之下制定的。

2. 受教育者的身心发展特点和需要

教育服务的直接对象是受教育者,教育是通过培养人进而服务社会的,因而教育目的必须符合人的身心发展的需要和可能。这具体体现在:教育目的的确立要符合教育对象的身心发展程度,要符合教育对象的身心发展变化,要符合不同类别的教育对象的不同需要。

教育对象的身心发展特点及发展规律虽不对教育目的的社会性质和方向起决定作用,但它对教育目的具有十分重要的制约作用。人的身心发展有顺序性、阶段性、差异性、不平衡性等特点,这是各级各类教育工作者在实现教育目的和培养目标的过程中必须把握的前提。完全不考虑受教育者身心实际及发展规律的教育目的,将难以唤起受教育者在教育活动中的主动性和自觉性,难以很好地培养具有积极主动精神和富有创造性的社会主体,这种教育目的既是错误的,也是无效的。

3. 人的教育理想

教育目的具有主观性质,是一种理想,它同社会的政治理想、社会理想等紧密联系在一起。从不同的哲学观点出发就会有不同的教育目的,如个人本位的教育目的和社会本位的教育目的、传统教育目的和现代教育目的等。有什么样的教育理想,就会有什么样的教育目的,这将直接决定教育实践的结果。既然人是社会的人,社会是由人组成的,社会需要与人的发展需要是辩证统一的,那么,确立教育目的时应注重社会发展需求和个体发展需求的辩证统一。

(二)我国确立教育目的的理论依据

马克思关于人的全面发展学说,是我国确立教育目的的理论依据。它是马克思主义对于教育最重要、最直接的贡献。马克思、恩格斯认为人的全面发展指个人和社会全体成员以体力和智力的充分协调发展为核心的精神、道德、情感等方面的全面和谐发展。具体而言,人的全面发展的基本观点包括以下内容。

1. 人的发展同其所处的社会生活条件是相联系的

马克思、恩格斯指出,人的发展从根本上说决定于人们生活在其中的社会物质生活条件,这就是说人们在社会生产、生活中,在社会关系中所处的地位不同,得到的发展机会不同,发展结果也就不同,没有离开社会关系、社会实践的人的发展。

2. 旧式分工造成了人的片面发展

人的发展是与生产发展相一致的,既和生产什么相一致,又和怎样生产相一致。因而,个人的发展取决于物质生产的条件,取决于社会分工。原始社会的劳动表现为体力劳动与脑力劳动在原始状态下的统一。随着生产力的发展,出现了农业、牧业、手工业和商业的分工,产生了私有制和剥削,脑力劳动和体力劳动开始分离和对立,形成了人的智力和体力的片面的发展。这种分工在资本主义社会初期的工场手工业中实现了很大程度的发展,工人经常重复做同一种有限的单调动作,成了机器的奴隶和附属品。他们的精力和肢体的某一部分极度紧张和疲劳,造成了肉体和精神上的畸形发展。就连资产阶级自身，因片面分工而为自己的资本和利润所奴役，他们的发展也是片面的。

3. 机器大工业生产提供了人的全面发展的基础和可能

机器大工业生产为人的全面发展提供了条件。机器可以大大缩短劳动时间，从而为普通劳动者进行学习和研究、提高自身水平提供了时间；可以减轻劳动强度，使劳动者有精力从事多方面的交往和活动；可以大大提高劳动生产率，创造出更丰富的物质财富，为劳动者的全面发展提供物质条件。此外，机器生产使工场手工业分工的技术基础消失了，工厂的全部运动不再从工人出发而从机器出发，即使不断地更换人员也不会使劳动过程中断，因而不需要一些工人始终从事同一种职能并把这种分工固定下来。总之，机器大工业生产从各方面为人的全面发展提供了物质基础。

4. 社会主义制度是实现人的全面发展的社会制度条件

尽管机器大工业生产为人的全面发展提供了可能性条件，但在资本主义私有制下，其使用方式却阻碍了这种可能性成为现实。在当今资本主义社会，资本家顺应时代潮流，对普通劳动者的教育条件和生活条件做了一些改善，但是资本主义私有制下的根本矛盾依然存在，那些改善措施仅是为了适应生产力的发展、提高资本的竞争力以取得更高利润。而且，资产阶级为了巩固其现有的生产关系和政治制度，必然还要用其腐朽没落的意识形态和生活方式来腐蚀人们的心灵、危害人们的身心健康。因此，只要资本主义剥削制度还存在，人的全面发展就不可能全面地、普遍地实现。社会主义社会消灭了剥削制度和脑力劳动与体力劳动的根本对立，给人的全面发展提供了良好的社会基础。在社会主义社会，劳动生产率极大提高，劳动不再是奴役人的手段和谋生手段，而成为解放人的手段，此时，人的全面发展才能得以完全实现。因此，马克思主义认为，人的全面发展只有在整个共产主义运动的实践过程中才能逐步实现。

5. 教育与生产劳动相结合是培养全面发展的人的唯一途径

马克思主义论述人的全面发展是从大工业生产的需求出发的。大工业生产推动了现代工艺学、综合技术教育的发展，同时给予了劳动者提高其文化水平的物质条件和时间。因此，没有教育与大工业生产的结合，就没有人的全面发展，也消弭不了体力劳动与脑力劳动之间的差别。马克思曾指出，未来教育对所有已满一定年龄的儿童来说，就是生产劳动与智育和体育相结合，这不仅是提高社会生产力的一种方法，而且是造就全面发展的人的唯一方法。列宁认为："没有年轻一代的教育和生产劳动的结合，未来社会的理想是不能想象的；无论是脱离生产劳动的教学和教育，或是没有同时进行教学和教育的生产劳动，都不能达到现代科学技术水平和科学知识现状所要求的高度。"[1]学校教育同生产劳动相结合是历史发展的必然，也是培养全面发展的人的新途径。

---

① 郭洋波、秦玉峰：《教育学》，172 页，北京，人民出版社，2013。

第三节 我国的教育目的

中华人民共和国成立以来，我国教育发生了根本性的转变，具有了鲜明的社会主义特质。反映社会主义性质和要求的教育目的，对于我国的人才培养和教育发展起到了重要的指导作用。

一、我国教育目的与教育方针的演变

教育目的是一个历史性范畴，这一切体现在教育方针的演变中。中华人民共和国成立以来，我国对于教育目的的表述随着社会的发展不断调整和完善。

1949年9月，《中国人民政治协商会议共同纲领》规定："人民政府的文化教育工作，应以提高人民文化水平，培养国家建设人才，肃清封建的、买办的、法西斯主义的思想，发展为人民服务的思想为主要任务。"这是中华人民共和国成立之初对全国教育工作有指导作用的教育宗旨，各级各类学校都以此来确定自己的培养目标。

1957年，毛泽东在《关于正确处理人民内部矛盾的问题》中指出："我们的教育方针，应该使受教育者在德育、智育、体育几方面都得到发展，成为有社会主义觉悟的有文化的劳动者。"这是中华人民共和国成立后颁布的第一个教育方针。

1978年，我国的教育方针是："教育必须为无产阶级政治服务，同生产劳动相结合，使受教育者在德育、智育、体育几方面都得到发展，成为有社会主义觉悟的有文化的劳动者。"

1981年，党的十一届六中全会通过的《关于建国以来党的若干历史问题的决议》中指出，我们必须"坚持德智体全面发展、又红又专、知识分子与工人农民相结合、脑力劳动与体力劳动相结合的教育方针"。

1985年，《中共中央关于教育体制改革的决定》指出，教育要为我国经济和社会发展培养各级各类合格人才，"所有这些人才，都应该有理想、有道德、有文化、有纪律，热爱社会主义祖国和社会主义事业，具有为国家富强和人民富裕而艰苦奋斗的奉献精神，都应该不断追求新知，具有实事求是、独立思考、勇于创造的科学精神"。人们常把这一表述简称为"四有、两爱、两精神"。

1990年，《中共中央关于制定国民经济和社会发展十年规划和"八五"计划的建议》明确提出我国新时期的教育方针是："教育必须为社会主义现代化服务，必须同生产劳动相结合，培养德智体全面发展的建设者和接班人。"

1995年，《中华人民共和国教育法》规定我国的教育方针是："教育必须为社会主义现代化建设服务，必须与生产劳动相结合，培养德、智、体等方面全面发展的社会主义事业的建设者和接班人。"

1999年，中共中央、国务院颁布了《中共中央 国务院关于深化教育改革全面推进素质教育的决定》，提出教育要"培养德智体等方面全面发展的社会主义事业建设者和接班人"。

2001年，《国务院关于基础教育改革与发展的决定》提出："坚持教育必须为社会主义现代化建设服务，为人民服务，必须与生产劳动和社会实践相结合，培养德智体美等全面发展的社会主义事业建设者和接班人。"

2004年，《中共中央 国务院关于进一步加强和改进未成年人思想道德建设的若干意见》指出："努力培育有理想、有道德、有文化、有纪律的，德、智、体、美全面发展的中国特色社会主义事业建设者和接班人。"

2006年新修订的《中华人民共和国义务教育法》第三条规定："义务教育必须贯彻国家的教育方针，实施素质教育，提高教育质量，使适龄儿童、少年在品德、智力、体质等方面全面发展，为培养有理想、有道德、有文化、有纪律的社会主义建设者和接班人奠定基础。"

2007年，胡锦涛在党的十七大报告中明确指出："要全面贯彻党的教育方针，坚持育人为本、德育为先，实施素质教育，提高教育现代化水平，培养德智体美全面发展的社会主义事业建设者和接班人，办好人民满意的教育。"

2010年7月颁布的《国家中长期教育改革和发展规划纲要（2010—2020年）》在第一部分"总体战略"中强调了我国的教育方针是："全面贯彻党的教育方针，坚持教育为社会主义现代化建设服务，为人民服务，与生产劳动和社会实践相结合，培养德智体美全面发展的社会主义建设者和接班人。"

2012年，胡锦涛在党的十八大报告中明确指出："全面贯彻党的教育方针，坚持教育为社会主义现代化建设服务、为人民服务，把立德树人作为教育的根本任务，培养德智体美全面发展的社会主义建设者和接班人。"

2015年新修订的《中华人民共和国教育法》规定我国新时期的教育方针是："教育必须为社会主义现代化建设服务、为人民服务，必须与生产劳动和社会实践相结合，培养德、智、体、美等方面全面发展的社会主义建设者和接班人。"

2021年新修订的《中华人民共和国教育法》将上述教育方针修正为："教育必须为社会主义现代化建设服务、为人民服务，必须与生产劳动和社会实践相结合，培养德智体美劳全面发展的社会主义建设者和接班人。"

2022年，习近平总书记在党的二十大报告中强调："办好人民满意的教育……全面贯彻党的教育方针，落实立德树人根本任务，培养德智体美劳全面发展的社会主义建设者和接班人……加快建设高质量教育体系，发展素质教育，促进教育公平。"

二、我国实现教育目的的基本要求

我国的教育目的强调为社会主义建设事业服务，强调学生德智体美劳全面发展，强调教育与生产劳动和社会实践相结合，强调全民族素质的提高。

(一)强调为社会主义建设事业服务

教育作为培养人的社会活动，既源于社会需要也受社会制约。因此，教育无不带有各个时代社会的特点和要求，无不体现一定的社会性质。社会主义是我国教育性质的根本所在，我国教育目的所反映出来的这一基本精神，明确了我国教育的社会主义方向。它不同于以往历史上任何社会的教育目的，是为社会主义巩固和发展服务的。维护社会主义利益，为社会主义服务，始终是我国教育目的的根本所在。自中华人民共和国成立以来，无论社会怎样发展变化，各个时期工作重点有什么不同，我国教育目的所确定的社会主义性质却始终不变。正是我国教育目的所具有的对教育社会性质的规定性，在根本上保证了我国教育发展的社会主义方向，指引着教育为社会主义事业全面发展培养、造就各方面的人才。这一点指明了我国教育的社会主义方向和人才培养的政治导向。各时期均强调培养有理想、有道德、有文化、有纪律的劳动者，或者培养社会主义事业的建设者和接班人。

(二)强调学生在德智体美劳等方面全面发展

学生在德智体美劳方面实现全面发展，是国家对人才培养的规格和素质要求。全面发展指学生在德智体美劳方面自由、和谐、富有个性地发展。其中，智的发展是人的心理发展的前提和基础，德的发展是人的发展的灵魂和方向。

(三)强调教育与生产劳动和社会实践相结合

教育与生产劳动和社会实践相结合，源于马克思主义教育理论，源于人的全面发展的思想，同时顺应了现代社会经济和教育发展的必然趋势，也是落实教育方针和培养人才的有效途径和必由之路。这一点指明了我国实现当前教育目的的根本途径。只有实现教育与生产劳动和社会实践相结合，才能培养人的创造能力。

(四)强调全民族素质的提高

我国教育目的不仅包含对人的全面发展的要求，而且包含对整个民族素质全面提高的要求。提高全民族的素质，是我国当今社会发展赋予教育的根本宗旨，也是我国当代教育的根本使命。这主要是由于：科学技术的发展对综合国力、社会经济结构和人民生活发挥着日益重要的作用，科学技术已经成为推动经济发展、社会进步的关键，要加速科技进步并用科技进步来推动经济、社会发展，整个民族素质和能力的提高是前提。同时，除了经济的大发展之外，社会的现代化还包括思想、道德、文化、观念等在内的社会的全面进步，而这也需要全面提高全民族的素质。

三、素质教育

实施素质教育是我国当前教育改革和发展的战略主题，是我国教育目的在新的历史时期的重要体现，也是实现教育目的的重要载体。

素质教育是依据人的发展和社会发展的需要，以全面提高学生的基本素质为根本目的的教育。其基本观点是：①以提高国民素质为根本宗旨。素质教育的根本宗旨是通过教育的作用，使全体国民的整体素质不断提高，从而促进社会主义现代化建设和全面建设小康社会。②强调面向全体学生，促进学生的全面发展。素质教育强调面向全体学生，依法保证义务教育阶段儿童和青少年就学和发展的基本权利，同时开发每个学生的潜能，使每个学生在原有的基础上都得到尽可能大的发展。③促进学生的个性发展。素质教育是促进学生全面发展的教育，重在培养学生的创新精神和实践能力，讲究课程的多样化，从而更好地发展学生的特长，促进学生个性的发展。④以培养学生的社会责任感、创新精神、实践能力为重点，将学生培养为具有创新精神和实践能力的新一代人才，这就是素质教育的时代特征。综合国力的竞争，关键是人才的竞争，实质是人的创造力的竞争。素质教育重视学生的实践能力的培养，提倡培养学生的动手能力和实践操作能力。⑤素质教育要贯穿于教育的全过程并渗透于教育的各个方面。素质教育应当贯穿于幼儿教育、中小学教育、职业教育、成人教育、高等教育等各级各类教育，贯穿于学校教育、家庭教育和社会教育的各方面。实施素质教育，必须把德育、智育、体育、美育有机地统一在教育活动的各个环节中。

为了全面而有效地实施素质教育，自 2021 年起，国家陆续出台系列"双减"文件。2021 年 3 月，教育部发布了《教育部办公厅关于进一步加强中小学生睡眠管理工作的通知》。2021 年 7 月，中共中央办公厅、国务院办公厅印发《关于进一步减轻义务教育阶段学生作业负担和校外培训负担的意见》。2021 年 8 月，国务院教育督导委员会办公室印发专门通知，拟对各省"双减"工作落实进度每半月通报一次。2021 年 10 月，全国人大表示，"双减"拟明确入法，避免加重义务教育阶段学生负担。2023 年 7 月，在实施"双减"两周年之际，全国校外教育培训监管与服务综合平台正式上线。在"双减"政策的影响下，新课程标准对原有的课程标准进行了升级和完善，以培育学生的核心素养为抓手，切实推进素质教育。

(一)转变教育观念

变应试教育为素质教育是教育思想观念的一场深刻革命。每一位基础教育工作者都要从对国家未来和民族前途负责的角度，转变教育观念，端正教育思想，使素质教育顺利实施。

(二)深化教育改革

深化教育改革是教育转轨的重要环节。从教学方法、教学组织形式等方面进行改革，使苦学转向乐学，被动学转向主动学，实施愉快教育。

(三)改革课程设置

课程改革对于素质教育的实现具有重要意义,它是完善素质教育体系的核心环节。在课程改革的框架下,单一的课程结构被打破,由缺乏整合性的课程结构转向合理的课程结构,由以学科为中心的课程结构转向多样化的课程结构。

(四)改革考试制度,实现教育评价体系的科学化

改革考试制度和教育评价体系,一是要全面评价,二是要使用多种评价标准和评价方法,最终目标是以评价促发展。

(五)提高校长和教师素质

校长是学校教育教学的管理者,是教师的榜样,提高教师的素质必须有高素质的校长。校长不但要成为学校管理的高手,而且要成为课堂教学和教学改革的能手。

第四节　全面发展教育

要实现教育目的和教育培养目标,使受教育者获得全面发展,就必须实施全面发展教育。所谓全面发展教育是对含有各方面素质培养功能的整体教育的一种概括,是对为使受教育者多方面得到发展而实施的强调多种素质培养的教育活动的总称,是由多种相互联系且又各具特点的教育组成的。总体上,全面发展教育由德育、智育、体育、美育、劳动教育构成。

一、德育

德育是培养学生正确的人生观、世界观、价值观,使学生具有良好的道德品质和正确的政治观念,形成正确的思想方法的教育。德育包括思想教育、政治教育、道德教育、法治教育、健康心理品质教育等。德育的根本任务在于使学生形成科学的世界观、正确的人生观和价值观、坚定的政治立场和良好的道德品质。

德育是进行社会主义精神文明建设和物质文明建设的重要条件,在青少年思想品德的发展中起主导作用,是培养社会主义新人的条件,是学校全面发展教育的组成部分,是实现教育目的的重要保证。因此,必须重视和加强德育。

二、智育

智育是使学生掌握系统的科学文化知识,形成基本技能、发展智力和能力的教育。其主要任务包括:①向学生传授系统的科学文化基础知识,培养基本技能、技

巧。②发展学生的智力。智力主要包括观察力、注意力、记忆力、想象力、思维力等因素，其中观察力是基础，思维力是核心。智育在社会文明建设中起着不可缺少的作用。它不仅是促进人类物质文明发展的主要因素，而且是促进人类精神文明发展的重要途径。同时，智育在全面发展教育中占有十分重要的地位。智育是个体掌握一切知识、技能、观念的前提，是全面发展教育的主要组成部分。

三、体育

体育是以身体活动为基本内容，促进人的发展，培育人、塑造人的教育。体育的基本任务是：①增强学生体质；②向学生传授体育和卫生的基本知识和基本技能，使其掌握体育锻炼的科学方法，养成坚持锻炼的良好习惯；③通过体育对学生进行思想品德教育；④向国家输送优秀的体育运动员，促进我国体育水平的提高。

总体上，体育的主要内容包括：①田径。田径运动是各项体育运动的基础，是学校体育的主要内容。田径运动主要有跑步、跳跃、投掷等项目。②体操。它是体育运动的重要项目，运动内容丰富，适合不同年龄、体质的学生。它主要分为基本体操、竞技体操和团体体操。③球类活动。球类活动是综合运用各项基本技能的体育活动，对抗激烈，竞争性强。常见的球类活动有篮球、网球、乒乓球、羽毛球、排球等。④游戏。游戏是青少年喜欢的一项集体体育项目。它具有一定的竞争对抗性，活动形式灵活多样，内容丰富，简便易行，适合青少年的身心特点，是中小学体育课的重要内容。⑤武术。武术是我国的传统体育项目。它内容丰富，形式多样，不受场地、季节、年龄等因素的限制，是一项老少皆宜、简便易行的体育活动。武术活动一般分为拳术、器械、对练三类。⑥军事体育。军事体育指与军事技能密切相关的体育项目。

体育主要通过以下组织形式展开：①体育课。体育课是体育的基本组织形式，是学校的必修课。它主要使学生掌握体育与保健基础知识以及基本技术、技能，对学生进行思想品德教育，提高其运动技术水平。②早操、课间操。这是学校作息制度中规定的体育活动形式，是保证学生身体经常锻炼的重要措施。③课外体育锻炼。课外体育锻炼是在课外时间，以班或者小组为单位组织学生进行的体育活动。课外体育锻炼主要有体育锻炼小组、运动队训练、体育运动竞赛三种形式。

积极开展体育活动，参加体育锻炼，具有重大的意义。它可以促进学生身体健康，增强学生的体质，是促进学生全面发展的不可缺少的途径。青少年一代的身心健康水平关系着整个国家和民族的发展。

四、美育

人本主义美学家席勒最早提出和使用美育一词。美育，即审美教育。它是通过现实美和艺术美来调动学生的情感，使学生在心灵深处受到感染和感化，从而培养学生正确的审美观点，发展他们感受美、鉴赏美和创造美的能力的教育。美育的基本任务是：①使学生具有正确的审美观点和感受美、鉴赏美的知识和能力；②培养学生表现美、创造美的能力；③培养学生的心灵美、行为美。

美育的主要实施途径包括：①通过各科教学和课外文艺活动来实施美育；②通过大自然实施美育；③通过社会日常生活实施美育。

美育可以促进学生智力发展，加深他们对客观世界的认识；可以促进学生科学世界观和良好道德品质的形成；可以促进体育，具有健身怡情的作用。

五、劳动教育

劳动教育是培养学生的劳动观念，形成劳动习惯，并使学生初步掌握基本的生产技术知识和劳动技能的教育。劳动教育的基本任务是：①培养学生的劳动观念，使其形成正确的劳动态度和习惯；②使学生初步掌握一些基本生产劳动知识和劳动技能。

劳动教育的主要内容包括：①现代工业和手工工艺生产劳动的知识和技能；②农业和副业生产劳动的知识和技能；③服务性劳动的知识和技能。

劳动教育主要通过以下途径来实施：①通过综合实践活动、基地劳动进行劳动教育；②通过社区的工厂、农村的劳动进行劳动教育；③通过服务性劳动，尤其是社会公益劳动进行劳动教育。

教师应通过科学技术知识的教学和劳动实践，使学生了解一般生产劳动的基本常识，掌握初步的职业技术知识和技能，提高动手能力和运用所学知识解决实际问题的能力，养成良好的劳动态度和劳动习惯。在普通学校里加强劳动教育，已成为世界教育的普遍趋势。

开展劳动教育，对于学生意义重大。劳动教育是全面发展教育不可或缺的重要组成部分，可以促进学生优良品德的发展，有利于学生掌握知识、形成技能、发展智力、增强体质，也有利于学生完成升学和就业的双重任务，适应社会主义现代化建设的需要。

六、"五育"的关系

要想促进人的全面发展，必须正确认识和处理好"五育"之间的关系。德育、智育、体育、美育和劳动教育，各自既具有相对独立性，彼此又相互联系、相互渗透，依存于一个有机整体中。

第一，"五育"具有相对独立性。"五育"的相对独立性表现在各育都有自己特定的内涵、任务、内容和方法上。德智体美劳作为人的身心发展的不同方面，各有其特殊的发展规律，对人的发展各有其不可替代的作用。各育都具有特定的内涵，都具有自己特定的任务，各育的社会价值、教育价值、满足人发展需要的价值都是通过各自不同的作用体现出来的。

第二，"五育"之间又具有内在的联系，它们相互依存、相互促进、相互制约，构成一个有机整体，共同促进人的全面发展。这具体表现在：①德育在人的全面发展中起着灵魂与统率作用，为人的发展提供方向；②智育在人的全面发展中起着前提和支撑作用，为人的发展提供知识基础和智力支持；③体育在人的全面发展中起着基础作用，是人全面发展的途径；④美育在人的全面发展中起着动力作用；⑤劳动教育可以综合发挥德智体美各育的作用，是社会与个体之间的纽带和桥梁，推动二者协调统一、和谐发展。

我们应树立整体观念，发挥"五育"的整体功能，促进"五育"相互协调、相互促进、共同发展。要注意避免两种倾向：一是只注重各育之间的联系性和相互促进性而忽视各育的独特功能；二是只注重各育的区别性和不可代替性而忽视各育相互促进的作用，甚至把它们割裂开来、对立开来。

思考与应用

1. 请从教育目的的含义入手，比较教育目的、教育方针、教育目标之间的区别与联系，并理解教育目的的功能和层次结构。

2. 请论述教育的个体本位论与社会本位论之间的统一性，并具体分析当前学校的基本价值取向。

3. 请查阅资料，了解中华人民共和国成立以来我国教育方针的变化，并分析我国教育理念的变化情况。

4. 请通过参观、见习、实习等途径，了解素质教育和全民发展教育在我国中小学校的具体实施情况，并尝试探讨学生应该具备哪些素质，以及培养这些素质的最佳途径。

推荐阅读

1. 温恒福：《建设性后现代教育论》，载《教育研究》，2012(12)。
2. 吴全华：《论教育与人生幸福的关系——教育目的论视角的解析》，载《教育研究》，2008(10)。
3. 时长江：《论平民化的自由人格的当代教育价值》，载《教育研究》，2006(11)。
4. 金生鈜：《成人教育与公民素质的培养——对成人教育目的的哲学思考》，载《教育研究》，2002(11)。
5. 克莱恩·索迪安、王远达：《扩展我们的教育质量观：重新发现教育目的》，载《比较教育研究》，2012(3)。
6. 唐德海、周西安、韦莉娜：《论教育目的的预设与生成》，载《高等教育研究》，2007(8)。

7. 李忠：《高等教育：观念与行为之间的问题及其应对》，载《中国高教研究》，2010(9)。

8. 刘泽军、刘敏、尚志勇：《论教育目的的总原则》，载《中国高教研究》，2005(2)。

9. 陈耀玲：《论当代中国教育目的取向》，载《教育理论与实践》，2007(S2)。

10. 容中逵：《论教育目的表述的国民性问题——战后中、韩、日、新四国教育目的之国民性比较分析》，载《外国教育研究》，2006(12)。

11. 扈中平：《教育目的应定位于培养"人"》，载《北京大学教育评论》，2004(3)。

12. 王炳照：《传承与创新——从新民主主义教育方针到社会主义教育方针》，载《北京大学教育评论》，2009(1)。

13. 杨建朝：《教育目的实现基点：儿童的具体生命——兼论教育个人本位与社会本位的统一》，载《教育理论与实践》，2012(19)。

14. 孙喜亭：《新教育方针的确立步履维艰——由"教育为无产阶级政治服务"向"教育为社会主义现代化建设服务"转变的曲折过程》，载《高等教育研究》，2000(1)。

15. 郑金洲：《劳动教育的"自立性"辨析——兼谈黄济、瞿葆奎先生的为学与对劳动教育的论辨》，载《教育研究》，2021(2)。

第五章

学校教育制度

学习目标

1. 了解教育制度与学校教育制度的定义，说明学制确立的依据，阐述现代学制的类型划分。

2. 梳理我国现代学制产生与发展的历史线索，认识其发展的基本脉络。

3. 描述我国当代学制下的各级各类学校系统，结合我国目前的教育实际，分析我国学制的优越性及局限性，探讨学制改革的方向。

4. 解释义务教育的特点，认识我国义务教育发展所取得的成就。

5. 阐述发达国家学制改革与发展的共同趋势。

本章导读

教育制度是由多形式、多层次的教育构成的完整体系。其中，学校教育制度构成了教育制度的核心，是一个国家教育制度的代表。学制的科学及合理程度与整个国家建设和发展速度之间有密切的关系。本章分析了学校教育制度的内涵、影响因素及不同划分维度下的学制类型，并动态呈现了我国学制产生与发展的基本历程。对此，本章结合中华人民共和国成立后教育发展的总体趋势和学制改革的历程，总结了我国学制改革发展的基本经验和精神，并分析了改革的主线。为了更好地展现我国当前学制的基本状况，本章不仅介绍了我国学制的层次体系和类别体系，还就当前学制存在的问题及解决思路做出了分析。学习本章内容，应根据现代学制的发展趋势，并结合我国当前学制改革的实践，研究我国现行学制存在的问题及其改革的方向。我国已实现了九年义务教育的普及，当前党和国家关于义务教育的基本政策导向，越来越聚焦于均衡发展。学习义务教育的相关内容，应结合义务教育的强制性、普遍性和免费性特点来理解均衡发展是义务教育有别于其他教育的根本性特征。应明晰均衡发展构成了义务教育的本质属性。

本章知识结构图

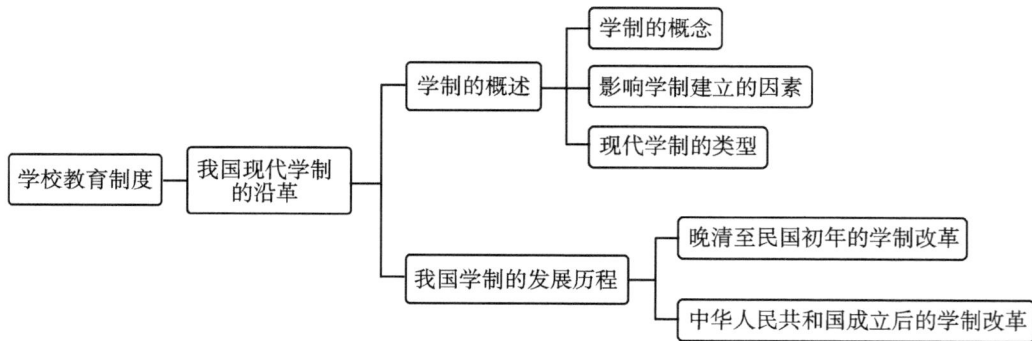

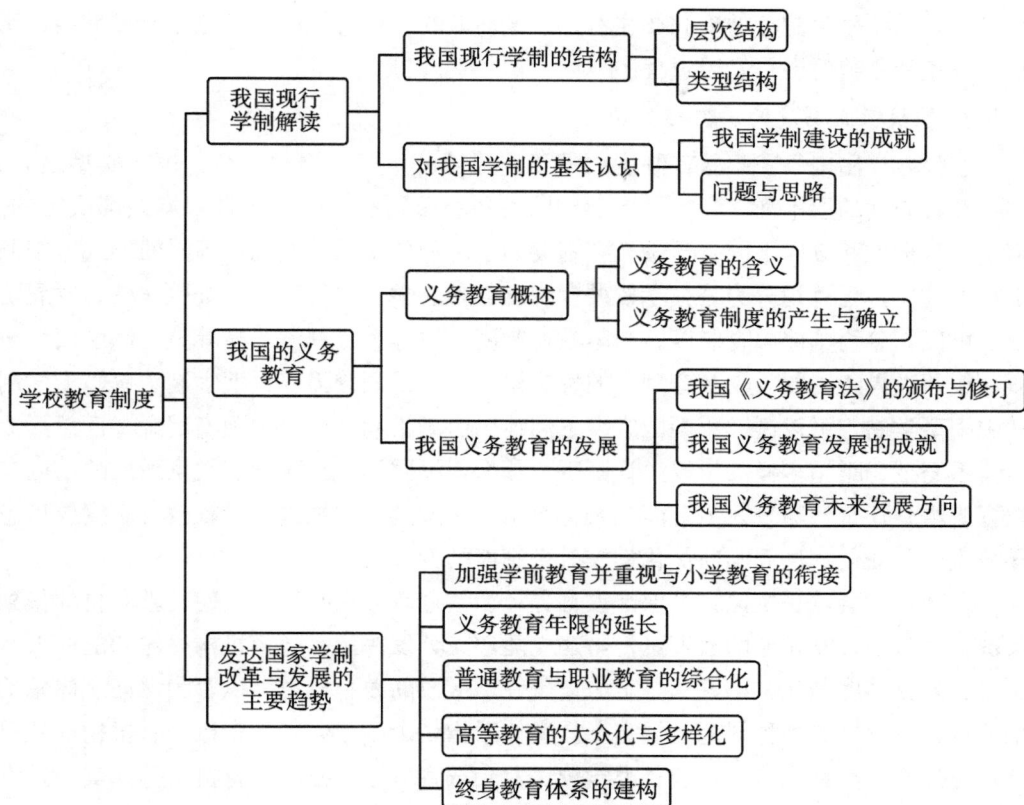

```
                                          ┌─────────────────┐
                              ┌───────────┤      层次结构      │
              ┌────────────┐  │我国现行学制的结构 ├─────────────────┤
              │我国现行     ├──┤           │      类型结构      │
              │学制解读     │  │           └─────────────────┘
              │             │  │           ┌─────────────────┐
              └────────────┘  │对我国学制的基本认识├ 我国学制建设的成就 │
                              └───────────┤─────────────────┤
                                          │    问题与思路     │
                                          └─────────────────┘
                                          ┌─────────────────┐
                              ┌───────────┤   义务教育的含义    │
              ┌────────────┐  │ 义务教育概述 ├─────────────────┤
              │我国的义务   ├──┤           │ 义务教育制度的产生与确立│
  ┌────────┐  │教育         │  │           └─────────────────┘
  │学校教育 ├──┤            │  │           ┌─────────────────┐
  │制度     │  └────────────┘  │           │我国《义务教育法》的颁布与修订│
  └────────┘                  │我国义务教育的发展├─────────────────┤
                              └───────────┤ 我国义务教育发展的成就 │
                                          ├─────────────────┤
                                          │ 我国义务教育未来发展方向│
                                          └─────────────────┘
              ┌────────────┐  ┌──────────────────────────┐
              │发达国家学制 │  │ 加强学前教育并重视与小学教育的衔接 │
              │改革与发展的 ├──┤──────────────────────────┤
              │主要趋势     │  │        义务教育年限的延长        │
              └────────────┘  ├──────────────────────────┤
                              │     普通教育与职业教育的综合化     │
                              ├──────────────────────────┤
                              │      高等教育的大众化与多样化      │
                              ├──────────────────────────┤
                              │        终身教育体系的建构        │
                              └──────────────────────────┘
```

核心议题

1. 学校教育制度的内涵与边界

学校教育制度是实施正规的学校教育的基本保障，也是国家或地区各级各类学校规范教育行为与调整教育关系所依据的一种基本制度。在教育学研究领域，规范教育行为与调整教育关系的方式多种多样，如教育法律、教育法规、教育规章、教育方针等。那么，作为一种基本的教育制度，学校教育制度的内涵界定有何特殊之处？定义学校教育制度的边界又在哪里呢？

2. 学校教育制度的生成与确立

学校教育制度是社会历史的产物，它的生成、确立、发展与变化受到社会多方面因素的影响。这里涉及两个重要的问题。第一，学校教育制度是怎样生成的？众所周知，学制的生成受多方面因素的影响，如社会生产力水平、国家的政治与经济制度、适龄人口年龄特征、学生的身心发展规律以及国家或者地区的民族文化传统等，但学校教育制度生成的内在逻辑和规律一直未解。第二，学校教育制度确立的基本过程是什么？在现实的教育管理情境中，学校教育制度的确立往往涉及各级各类教育制度的分段、衔接、交叉以及教育权利的重新分配等多种问题。由于牵涉主体多元、利益关系复杂，学校教育制度的确立往往不是一蹴而就的，需要经历反复地分析、借鉴、比较、修正和完善的漫长发展过程。

3. 学校教育制度的层次与类型

学校教育制度是我国教育制度的重要组成部分，既有层次之分，也有类型之分。学校教育制度的层次和类型，是由学校的性质、级别和结构等多种因素共同决定的。由于划分标准和方向不同，学校教育制度的层次与类型往往表现出不同的形式。按照学校的性质，可以划分为公办学校教育制度与私立学校教育制度；按照学校的发展阶段，可以划分为学前教育制度、初等教育制度、中等教育制度、高等教育制度四个阶段；按照世界各国的学校教育制度的发展模式，可以划分为双轨型学制、单轨型学制和中间型学制。可以说，不同国家、不同地区由于不同的历史和现实因素，已然形成了体系复杂、类型多样的学校教育制度。那么，不同学校教育制度类型所反映的内在教育逻辑是什么？随着人工智能和教育数字化转型的深入推进，学校教育制度应该怎样适应这种变化，进而不断优化学校教育制度的设计与实施？

在现代社会，一个国家要保证教育方针、教育政策得到贯彻，使其教育目的得到实现，就必须设立相应的教育机构，建立能够充分发挥所有教育机构整体功能的教育制度。教育制度是一个国家在一定历史条件下形成的教育体系，以及为保证该体系的正常运行而确立的种种规范或规定。教育体系指一个国家各种教育机构有机构成的总体，包括学前教育机构、各级各类学校、业余教育机构、社会教育机构等。其中，学校教育是一个国家各种教育的主体。因此，学校教育制度构成了教育制度的核心部分，是一个国家教育制度的代表。

第一节　我国现代学制的沿革

学校作为专门的教育机构，是社会发展到一定阶段的产物。随着学校的产生，人类的教育由自发的阶段进入有组织、有计划的阶段，即进入学校教育阶段。学校教育所具有的组织性、计划性以及教育者的引导性，使得它在社会生活以及在人的发展中发挥着越来越重要的作用。现代学校教育体系形成的标志是现代学校教育制度的建立。

一、学制的概述

(一)学制的概念

现代教育制度的核心部分是学校教育制度。学校教育制度简称学制，指的是一个国家各级各类学校的系统及其管理规则，它规定着各级各类学校的性质、任务、入学条件、修业年限以及相互之间的关系。[①] 现代学校系统包括各种不同类型的幼儿教育机构和初等、中等、高等教育机构。其中，有普通教育系统、高等教育系统、职业教育系统和特殊教育系统；有对青少年进行教育的学校，也有成人教育学校。除了全日制学校外，还有广播电视大学、函授大学等。随着社会的发展、教育水平的提高，学制变得日益复杂与完善。

学制是国家贯彻教育方针、培养各级各类人才的重要保证，体现了一个国家教育制度的实质。学制的确立，为充分发挥学校教育的社会职能提供了组织上的保证，并对经济发展与社会进步起着极其重要的影响和作用。

(二)影响学制建立的因素

世界各国的学制，各有其发展历史，各有其优劣短长，然而均存在一个共同点，那就是学制的建立不是主观的或盲目的，而是以某些客观因素为依据的。

1. 社会生产力和科学技术发展水平

学制的确立为社会生产力和科学技术发展水平所制约。古代社会，社会生产力发展水平低，科学技术不发达，劳动力并不需要具备一定的知识水平，学校系统也非常不完备，此时并没有完善的、相互衔接的学制系统。随着社会生产力水平的提高，社会分工越来越细致，社会需要越来越多的不同领域的专门人才，对学校教育的需求逐渐多样化和层次化，于是此时学校类型逐渐增多。资本主义大工业生产的兴起，使科学技术在生产中得到广泛应用，需要的高层次专门人才的数量越来越多，这种社会发展形势对学校教育提出三个方面的新要求：一是要求工人普遍接受一定的学校教育，掌握适应大工业生产的文化科学知识和技能，反映到学制上，要求实行义务教育制度；二是要求少数人承担起发展新的科学技术的责任，起到推动技术创新的作用，因此必须实现各学校系统之间在层次上的衔接；三是大工业生产需要不同层次的各种专业技术人才，必须建立适应社会生产力与科学技术发展的职业教育系统。进入现代社会，为了提高民族素质，增强国家软实力，义务教育的基础地位逐渐凸显，职业技术教育迅猛发展，这种发展形势体现在了学制的变化上。在当今全球化、信息化的背景下，知识成为社会经济和社会发展的重要动力。为此，适应知识经济发展态势的人才发展战略的实现，也需要在学校教育结构和发展规模上体现出来。究其缘由，这些均是由社会生产力和科学技术发展的客观需要决定的。

2. 社会的政治、经济制度

现代学校教育与国家政权有紧密的联系，学校教育制度总是为一定的政治、经济制度所制约并为之服务的。教育机构的确立与调整、学制的颁布与实施都是由国家政

---

① 王道俊、郭文安：《教育学》6 版，114 页，北京，人民教育出版社，2009。

权机关控制的。国家的各项教育决策均以适应本国政治、经济制度为根本准则。古今中外,无不如此。古代奴隶社会、封建社会的教育结构简单,形式单一,重心是培养统治阶级的继承人,学制体现出明显的等级差别和阶级压迫。在资本主义社会早期,资本主义国家实行的双轨制学制明显地限制了普通产业工人家庭子女的发展。现代资本主义制度下,对劳动力的知识素质要求提高,复杂的教育机构逐渐建立,学制日趋完备,资本主义国家的学制显然是受资本主义的政治、经济因素影响,为特定社会和阶级服务的。我国作为社会主义国家,则始终把"坚持社会主义的办学方向"作为学校教育明确的指导思想。

每个国家都要自觉地按照本国政治、经济制度的要求,调整教育结构,改革学制,使整个学校教育系统培养出来的人才,在数量、质量、层次结构和专业结构等方面符合国家经济和社会发展的需要。

3. 儿童身心发展规律

人的身心发展是具有内在规律的,关系到人的身心发展的教育活动在规定入学年龄、修业年限以及确定教育的层次结构时,不可避免地要以人的身心成长的阶段性规律为依据。人在6岁时的大脑重量已达成人的90%,余下的10%是在其后十年中长成的,6岁至十六七岁是接受系统科学知识、身心迅速发展的重要时期。正由于这一特点,很多国家的学制虽历经改革,体系繁杂,类型多样,但基础教育阶段的在学年龄大多固定在5～18岁,同时又都强调适应人的身心发展的阶段性,把学校教育划分为小学、中学、大学等阶段,中学又大多分为初中、高中阶段。这说明人类成长发育成熟变化的基本规律制约着学制中对于入学年龄与修业年限、各类学校的分段与衔接、各学段教育目标的具体内涵、特殊学校的设立等方面的规定。

4. 历史经验的继承发展与国外经验的借鉴

历史表明,任何一个国家的学制都有其建立和发展的过程,既不能脱离本国学制发展的历史,又不能忽视国外学制的有益经验。任何国家学制的发展和革新都必须立足于本国的历史并借鉴国外的经验。这不是对过去的全盘否定,而是在继承基础上的发展;这不是对国外经验的全面照搬,而是在学习基础上的创新。

从我国历史看,我国近代学校借鉴国外的现代学制,但是,在很大程度上新学校是建立在对旧学校的改造基础之上的。在社会主义制度建立后,我们彻底抛弃了旧的政治和经济制度,但是在很大程度上继承和延续了1922年建立起来的学制。

(三)现代学制的类型

1. 根据权力支配主体划分——中央集权制、地方分权制、中央与地方合作制

(1)中央集权制

中央集权制的典型代表是法国。这种制度采取从中央教育部到大学区到省的学校管理模式,以及从教育部部长到学区总长到学区督学的线形的领导模式。

（2）地方分权制

地方分权制的典型代表是美国。美国联邦政府无权确定国家教育制度，管理教育的权限归州政府。州教育行政机关协助学校完成教育资源的分配，为学校提出指导性意见，就有关的法规作必要的咨询与解释，对学校的办学条件与资格进行审核。

（3）中央与地方合作制

中央与地方合作制的典型代表是英国。中央政府部门主要为学校制定一些法令法规，做一个宏观的政策导向管理，提供建议和指导，负责宏观规划，提供教育经费和监测教育质量。地方政府主要负责学校的发展。[①]

2. 根据选拔分层功能划分——双轨型学制、单轨型学制和中间型学制

三种学制类型如图 5-1 所示。

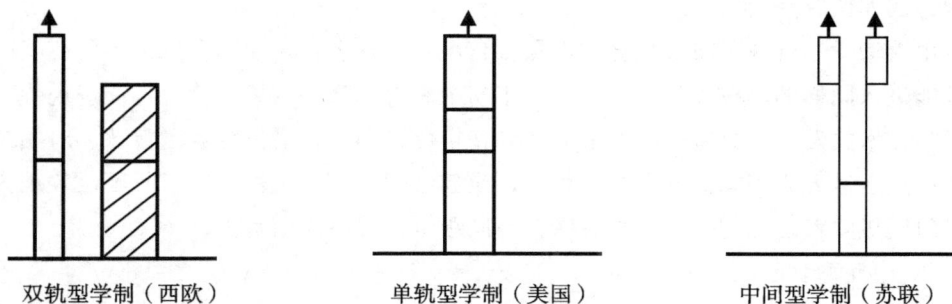

双轨型学制（西欧）　　　　单轨型学制（美国）　　　　中间型学制（苏联）

图 5-1　三种学制类型示意图

（1）双轨型学制

双轨型学制是纵向划分的学校系统，以第二次世界大战前的英、法、德等西欧国家为代表，故又被称为"西欧型"或"欧洲型"学制。双轨型学制是在 18～19 世纪特定历史背景下，为了保障资产阶级子弟的教育特权，同时满足劳动者子女教育文化需求而产生的学校系统。具体而言，双轨型学制把学校系统分为两个轨道：一轨面向社会上层阶级，教育目的是培养国家所需要的各级官吏及其他高级人才。其学校系统由大学和中学组成，其发展轨迹是自上而下的，即先有大学，而后才有中学。此类学校收取高昂的学费，将劳动者子女拒之门外。另一轨面向平民大众，是为满足民众的文化知识需求而设立的带有普及教育性质的学校。其学校系统由小学和职业学校组成，其发展模式是自下而上的。这两个学校系统自成体系，互不相通和关联，如同两条平行轨道，因而被称为双轨型学制。

双轨型学制严重背离教育机会均等和教育民主的理念。但同时应看到，双轨型学制的出现扩大了教育对象，相较于封建社会专制性和保守性的学校系统来说是一种历史的进步。但随着科技革命、社会发展对人才的迫切需求以及民众争取教育权利斗争的加

①　黄济、王策三：《现代教育论》，272 页，北京，人民教育出版社，1996。

剧，双轨制型学制受到了激烈的批判和否定，逐渐开始向单轨型学制和中间型学制过渡。

（2）单轨型学制

单轨型学制是在双轨型学制的基础上演化而来的横向划分的学校系统，最早产生于美国，后为世界许多国家所沿用，因此又被称为"美国型"学制。19 世纪后半叶之前，美国大部分学校都仿效欧洲各国的双轨型学制。美国南北战争结束之后，双轨型学制中面向平民大众的一轨发展迅速，而面向有产阶级的另一轨反而呈现出颓废的态势，最后逐渐被取代，由此形成了美国的单轨型学制。单轨型学制是自下而上的结构体系，即从小学、中学再到大学的相互连接的直线型系统。它将初等教育、中等教育和高等教育衔接起来，其特点是各级各类学校在一个体系中形成"六三三、五三四、八四、四四四"等多种分段。

单轨型学制反映了教育机会均等和教育民主的理念，在原则上保证了所有受教育者都能进入同样的学校接受教育，有利于初中教育和高中教育的普及，促进现代生产和科学技术的发展，具有广泛的适应性和稳定性，因而备受世界各国青睐，对第二次世界大战后世界许多国家的学制改革和建设起到了一定的积极作用。其不足表现为容易导致同级学校之间的教育质量悬殊，不同级学校发展失衡等。

（3）中间型学制

中间型学制是介于双轨型学制和单轨型学制之间的学制，又叫分支型学制。这是苏联创造的一种学制类型，与单轨型学制发展过程相同，中间型学制也从双轨型学制发展而来。十月革命后，苏联废除了沙皇时代的双轨型学制，建立了单轨的、统一的社会主义学校教育体系。其后为了适应当时教育的需求，又恢复了原文科中学的某些积极因素和职业学校单设制，即在入学的前一阶段(小学和初中)实行单轨型学制，到后一阶段(普通高中、中等职业技术学校)才实行双轨型学制。普通高中的毕业生经考试合格后升入大学接受高等教育，而中等职业技术学校的毕业生则有就业和进入对口的高等学校就读两种选择。中间型学制的特点是上通（高等学校）下达（初等学校），左（中等专业学校）右（中等职业技术学校）畅通。

中间型学制兼顾了教育公平和教育效益，注重教育的普及与质量提高，兼有上述两种学制的优点。然而在实际运作过程中，在各阶段的衔接存在一定的缺陷，如普通教育体系较为完备，水平较高，职业教育却没有得到重视，条件较差，发展较慢，质量较低等。

二、我国学制的发展历程

我国学制的建立是从清末开始的。1840 年鸦片战争后，内忧外患下的清朝政府不得不对延续了几千年的封建教育制度进行改革，"废科举，兴学校"，这是我国现代学制建立的发端。

我国学制的沿革主要有如下脉络。

(一)晚清至民国初年的学制改革

我国现代学制从引进到发展到基本定型,先后经历了晚清的壬寅学制、癸卯学制,民初的壬子癸丑学制和壬戌学制几个发展阶段。

1. 壬寅学制

1902 年,清政府在管学大臣张百熙的主持下,拟定了一系列学制系统文件,包括《京师大学堂章程》《考选入学章程》《高等学堂章程》《中学堂章程》《小学堂章程》和《蒙学堂章程》共 6 个,于 8 月 15 日奏呈颁布,统称《钦定学堂章程》。因该年为农历壬寅年,所以又称为壬寅学制。[①] 这是我国近代第一个以中央政府名义制定的全国性学制系统,具体规定了各级各类学堂的性质、培养目标、入学条件、在学年限、课程设置和相互衔接关系(见图 5-2)。

尽管这一学制由于种种原因未付诸实施,但仍成为新学制的先声。壬寅学制公布后未及施行,很快被癸卯学制取代。

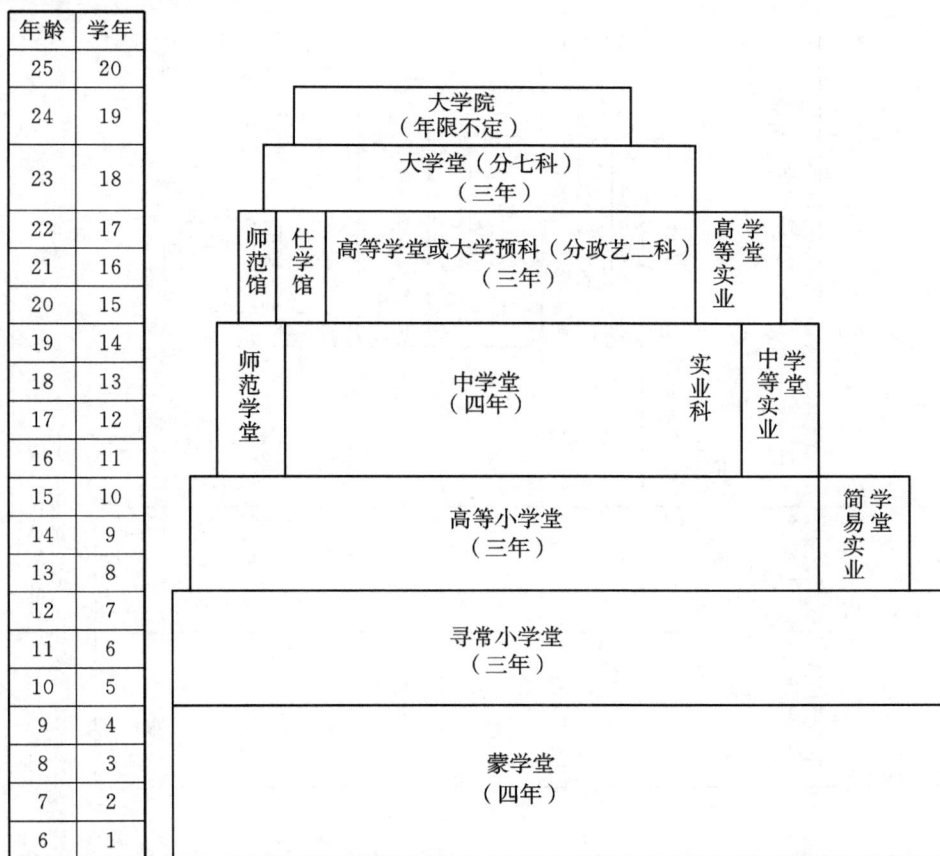

图 5-2　壬寅学制系统图

---

① 孙培青:《中国教育史》3 版,346 页,上海,华东师范大学出版社,2009。

2. 癸卯学制

1904 年，清政府公布了由张百熙、张之洞、荣庆拟定的《奏定学堂章程》，由于 1904 年为农历癸卯年，所以又称其为癸卯学制。这是我国近代由中央政府颁布并首次得到施行的全国性法定学制系统，较壬寅学制更为系统详备。学制主系列划分为三段七级。第一阶段为初等教育，包括蒙养院 4 年、初等小学堂 5 年和高等小学堂 4 年，其中初等小学堂为强迫教育阶段。第二阶段为中等教育，设中学堂 5 年。第三阶段为高等教育，分为三级：高等学堂或大学预科 3 年；大学堂 3～4 年；通儒院 5 年，属研究院性质。从小学堂到大学堂，学制总年限为 20～21 年。在主系列之外，还包括实业类和师范类的各类学堂，体现了对职业教育和师范教育的重视(见图 5-3)。①

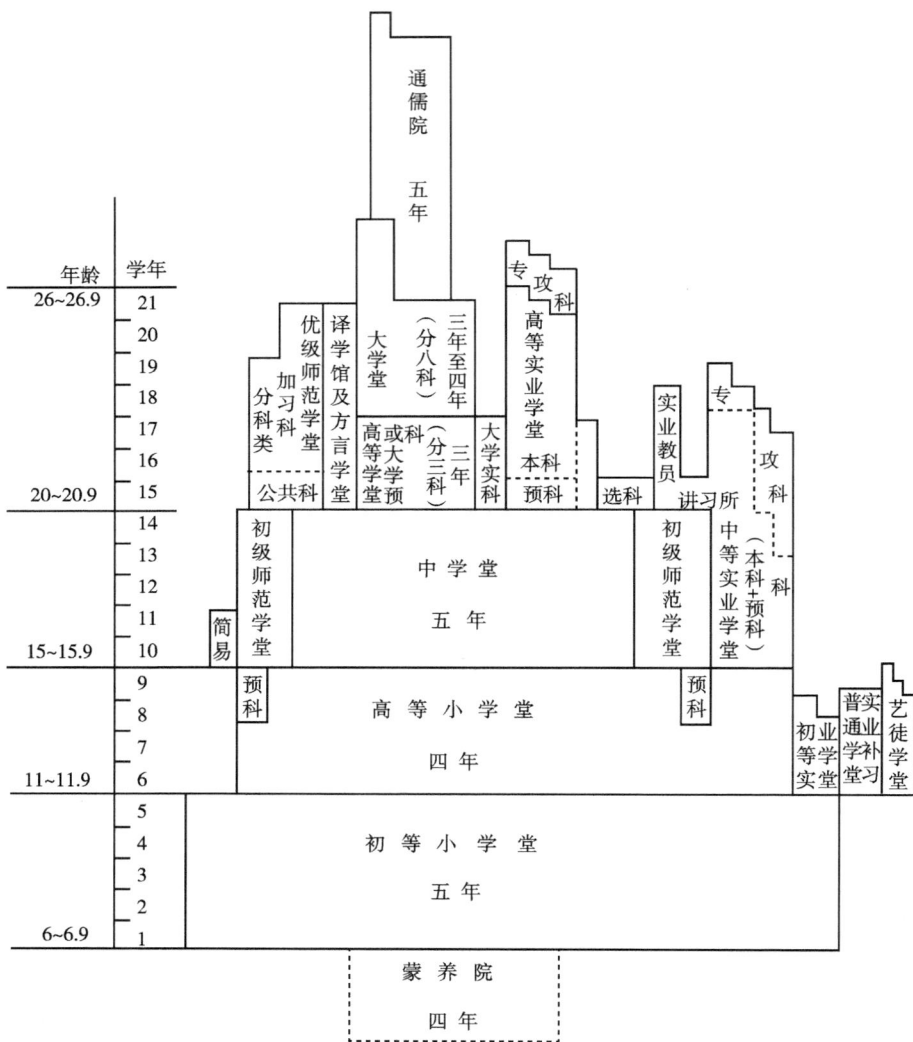

图 5-3　癸卯学制系统图

①　孙培青：《中国教育史》3 版，347～348 页，上海，华东师范大学出版社，2009。

癸卯学制的指导思想是"中学为体，西学为用"，不可避免地带有半资本主义和半封建的性质。它一方面不能动摇封建专制制度的基础，另一方面又极力效仿国外学制，这使得它本身存在不可调和的矛盾。在课程设置上，这一矛盾得到了体现。癸卯学制的课程设置是以"忠君""尊孔""读经"为指导思想的，读经讲经课的比重过大，学生必须耗费大量时间学习儒家经典，接受封建伦理道德知识的灌输。中西兼学，既要学西学，又不肯削减中学，导致学制过长。另外，学制中保留了科举制的残余，广大妇女被排斥在学校教育之外，体现了与旧教育体制的瓜葛。

3. 壬子癸丑学制

中华民国成立后，彻底改革清末学制已势在必行。1912 年 7 月，全国临时教育会议讨论通过民国新学制草案。同年 9 月，教育部正式公布了民国学制系统的结构框架，因当年为壬子年，故称该系统框架为壬子学制。学制公布之后至 1913 年，教育部又陆续公布了一系列法令规程，使壬子学制得以充实和具体化，由此形成了一个全面完整的学制系统，称为壬子癸丑学制，又称"1912—1913 年学制"。

壬子癸丑学制主系列划分为三段四级。初等教育阶段分初等小学校和高等小学校两级共 7 年，不分设男校和女校。其中，初等小学校 4 年，为义务教育，法定入学年龄为 6 周岁；高等小学校 3 年。中等教育段设中学校 4 年，不分级，但专为女子设立女子中学校。高等教育阶段不分级，设立大学。大学实际分为预科、本科、大学院三个层次。从进入初等小学校到大学本科毕业，学制总年限为 17～18 年。小学前的蒙养园和大学本科后的大学院均不计入学制年限。主系列之外的学校主要包括以下两类。一是师范类，分师范学校和高等师范学校两级，分别相当于中等教育与高等教育阶段。二是实业教育类，主要有乙种实业学校和甲种实业学校，分别与高等小学校和中学校平行。另有与大学平行的专门学校，分预科、本科、研究科三个层次。壬子癸丑学制还特设或附设有补习科、专修科、讲习所之类的旁支(见图 5-4)。[①]

壬子癸丑学制是在癸卯学制的基础上制定的，继承与发展了癸卯学制的合理性，仍保持以小学—大学教育为骨干，兼重师范教育和实业教育的整体结构。壬子癸丑学制是中华民国的第一个学制，带有资产阶级的性质，反映了资产阶级对教育的要求，与癸卯学制相比，进步的方面体现在：第一，缩短了学制年限，有利于普通教育的普及和平民化发展；第二，女子享有与男子平等的法定教育权，这突破了封建礼教对女性的限制，体现了男女平等观念；第三，取消了对毕业生奖励科举出身的规定，废止了清末高等教育中的所谓保人制度，大学不设经科，有利于消除教育中的封建等级性、科举名位思想和复古气息。

---

① 孙培青：《中国教育史》3 版，364～365 页，上海，华东师范大学出版社，2009。

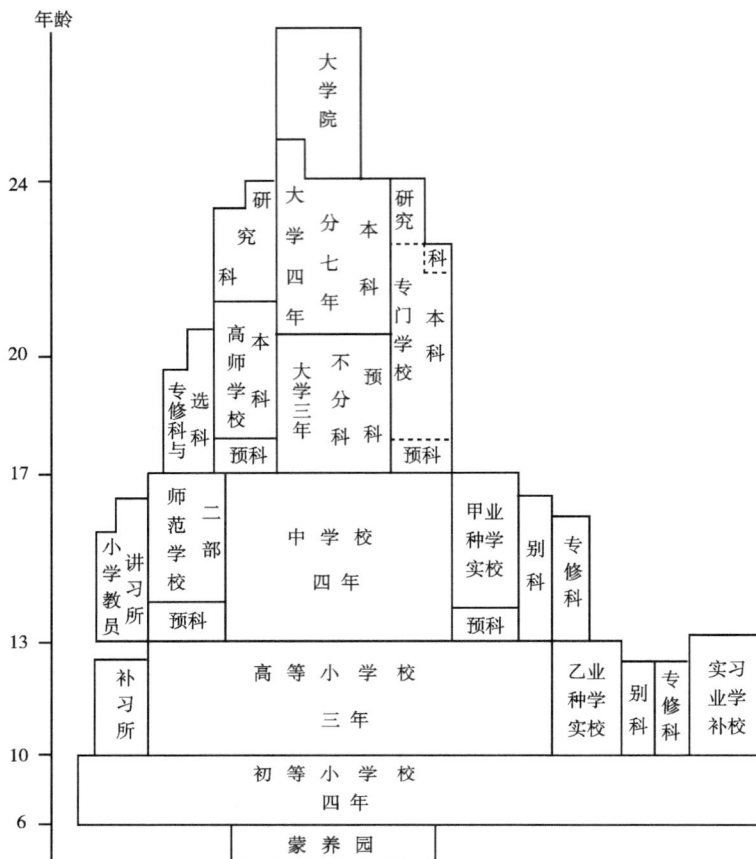

图 5-4　壬子癸丑学制系统图

4. 壬戌学制

在壬戌学制之前，我国学制系统由清末递嬗而来，而清末学制几乎完全照搬日本，当时已不能适应我国社会发展的需要，因而孕育着一场新的变革。1915 年以来的新文化运动开创了生机勃勃的局面，国外教育理论、教育方法被大量引进，各种教育思想此起彼伏，一些教育团体纷纷成立。另外，由于美国对华政治、经济的影响日益加剧，美国教育的影响越来越大，1922 年的壬戌学制便是在此历史背景下应运而生的。

1922 年 11 月，《学校系统改革案》公布，这就是 1922 年的新学制，或称壬戌学制。壬戌学制提出了七项标准作为学制改革与制定的指导原则，即：①适应社会进化之需要；②发扬平民教育精神；③谋个性之发展；④注意国民经济力；⑤注意生活教育；⑤使教育易于普及；⑦多留各地伸缩余地。这七项标准体现了新文化运动以来民主与科学的精神，对此后的教育制度及教育改革产生了深远的影响。由于采用的是美国式的六三三分段法，故又称"六三三"学制。壬戌学制具有以下几方面的特点。[1]

①根据儿童身心发展规律划分教育阶段。以儿童身心发育阶段划分学级之大体标

---

[1]　孙培青：《中国教育史》3 版，401～402 页，上海，华东师范大学出版社，2009。

准是壬戌学制最显著的特点。学制分三段，即初等教育、中等教育、高等教育。各阶段之划分大致以儿童身心发展时期为根据。将学制阶段的划分建立在对我国儿童身心发展阶段的研究上，这在中国近代学制发展史上还是第一次。

②初等教育阶段趋于合理，更加务实。缩短了小学年限，有利于初等教育的普及。幼稚园被纳入初等教育阶段，实现幼小衔接，确立了幼儿教育在中国教育史上的地位。

③中等教育阶段是改制的核心，是新学制的精粹。其一，延长了中等教育年限，改4年为6年，改善了中学与大学的衔接关系；其二，中学分成初、高中两级，不仅增加了地方办学的伸缩余地，而且增加了学生选择的余地；其三，从中学开始实行选科制和分科制，力求使学生有较大发展余地，适应不同发展水平学生的需要。

④建立了比较完善的职业教育系统。

⑤改革了师范教育制度。

⑥在高等教育阶段，缩短了高等教育年限，取消了大学预科，使大学不再承担普通教育的任务，这有利于大学进行专业教育和科学研究（见图5-5）。

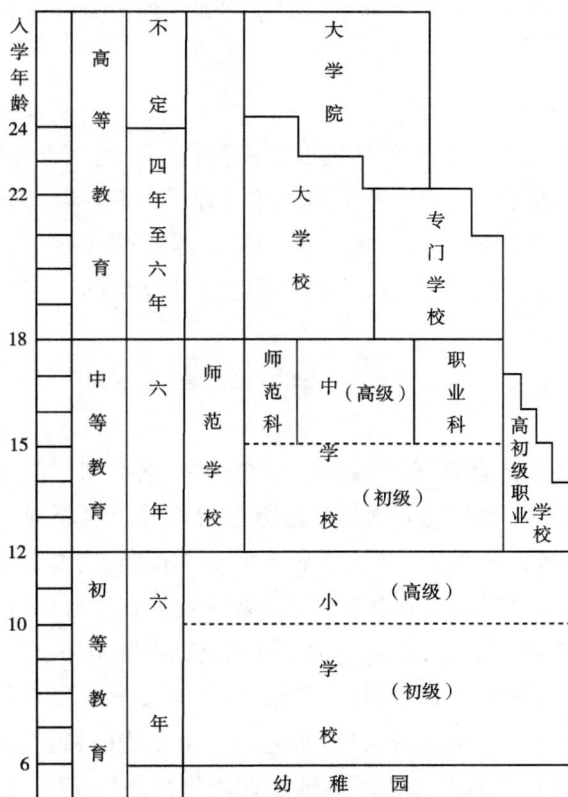

图 5-5 壬戌学制系统图

壬戌学制效仿美国学制而定，但并非完全盲从美制，而是充分考虑了我国的实际，经过教育界的长期酝酿讨论，并经多省市认真试行，最终集思广益的结果。壬戌学制尽管受到进步主义教育思想和美国模式的影响，但有其内在的先进性和合理性，比较彻底地摆脱了封建传统教育的束缚，表现出教育重心下移、适应社会和个人需要等时代特点。新学制既有比较统一的基本要求，又给地方留有充分的灵活性，反映了新文化运动以来教育领域改革创新的一些综合成果，标志着我国近代以来国家学制体系建设的基本完成。

(二)中华人民共和国成立后的学制改革

1. 1951 年的学制改革

中华人民共和国成立后，需要大批人才，为了满足劳动人民学习文化科学知识的需要，国家于 1951 年 10 月 1 日颁布了《关于改革学制的决定》，废止了旧学制，实行中华人民共和国新学制。

新学制将整个教育系统分为：幼儿教育(幼儿园)，初等教育(包括小学、青年和成人初等教育)，高等教育(包括大学、专门学院和研究部)及各级政治学校、政治训练班等。

1951 年的学制奠定了我国新学制的基础，反映了当时政治和经济发展的要求，批判地吸取了旧学制中某些可用的因素，对发展我国的教育事业和经济文化建设都起到了积极作用。

2. 1958 年的学制改革

1951 年的学制只是中华人民共和国成立初期的一个过渡性学制。1956 年，我国完成了生产资料所有制改造，开始进入社会主义建设的新时期，要求教育做出相应的变革。应这种时代需要，1958 年 9 月，党中央、国务院颁布了《关于教育工作的指示》，指出"现行的学制是需要积极地和妥当地加以改革的"。其改革要点在于以下几点。

①提出了党的教育工作方针和教育目的，即"教育为无产阶级政治服务，教育与生产劳动相结合"。

②制定了发展教育事业的"三个结合""六个并举"的原则，即采取统一性与多样性相结合、普及与提高相结合、全面规划与地方分权相结合的原则；实行国家办学与厂矿、企业、农业合作社办学并举，普通教育与职业技术教育并举，成人教育与儿童教育并举，全日制学校与半工半读、业余学校并举，学校教育与自学(包括函授学校、广播学校)并举，免费的教育与不免费的教育并举。坚持两条腿走路、多种形式办学的方针。

③建立并发展三类学校，即全日制学校、半工半读学校和业余学校。

1958 年的《关于教育工作的指示》发布之后，由于当时特殊的历史背景，新学制在具体落实过程中发生了不少偏差，导致教育质量严重下降。虽然经过一系列的努力，教育水平有所回升，但"文化大革命"的冲击使教育事业整体陷入瘫痪。

"文化大革命"结束后，党中央十分重视教育发展，自 1977 年恢复高考制度后，先后出台了诸如《中共中央关于教育体制改革的决定》《中国教育改革和发展纲要》等一系列重大的方针政策，使我国的教育逐步走入正轨，并取得了丰硕的成绩。

3. 1985 年《中共中央关于教育体制改革的决定》

①有步骤地实行九年制义务教育制度，稳步实现"两个增长"。

《中共中央关于教育体制改革的决定》（以下简称《决定》）规定，我国实行九年制义务教育制度，并按照义务教育的实施难度，将全国划分为三类地区：沿海各省中的经济发达地区和内地少数发达地区，在 1990 年左右完成九年义务教育的普及工作；占全国人口一半的中等发展程度的城镇和农村，在 1995 年左右普及初中阶段教育；占全国人口 1/4 的经济落后地区，国家尽力给予支援。国家要帮助少数民族地区加速发展教育事业。

该《决定》指出，在今后一定时期内，中央和地方政府的教育拨款的增长要高于财政经常性收入的增长，并使在校学生平均教育费用逐步增长。

②把发展基础教育的责任交给地方。

该《决定》指出，为了保障九年义务教育的实施质量，需要制定并颁行义务教育法。义务教育实行基础教育由地方负责、分级管理的原则，是发展我国教育事业、改革我国教育体制的基础一环。基础教育管理权属于地方。除大政方针和宏观政策由中央制定外，具体政策、制度、计划的制定和实施，以及对学校的领导、管理和检查等方面的责任和权力都交给地方。

③调整中等教育结构，大力发展职业技术教育。

根据大力发展职业技术教育的要求，我国广大青少年一般应从中学阶段开始分流：初中毕业生一部分升入普通高中，一部分接受高中阶段的职业技术教育。高中毕业生一部分升入普通大学，一部分接受高等职业技术教育。在小学毕业后接受过初中阶段的职业技术教育的毕业生既可以就业，也可以升学。凡是没有升入普通高中、普通大学和职业技术学校的学生，可以经过短期职业技术培训，然后就业。要充分发掘现有中等专业学校和技工学校的潜力，扩大招生，并且有计划地将一批普通高中改为职业高中，或者增设职业班，力争在 5 年左右，使大多数地区的各类高中阶段的职业技术学校招生数相当于普通高中的招生数，扭转中等教育结构不合理的状况。

发展职业技术教育，要充分调动企事业单位和业务部门的积极性，并且鼓励集体、个人和其他社会力量办学。发展职业技术教育要以中等职业技术教育为重点，发挥中等专业学校的骨干作用，同时积极发展高等职业技术院校，逐步建立起一个从初级到高级、行业配套、结构合理又能与普通教育相互沟通的职业技术教育体系。

④改革高等学校的招生计划和毕业生分配制度，扩大高等学校的办学自主权。

该《决定》指出，要改革大学招生的计划制度和毕业生分配制度，改变高等学校全部按国家计划统一招生，毕业生全部由国家包分配的办法，实行以下三种方法。

第一，国家计划招生；第二，用人单位委托招生；第三，在国家计划外招收少数自费生。不论哪类学生，都必须经过国家考试合格，由学校录取。

⑤调动各方面积极因素，保证教育体制改革的顺利进行。

改革教育体制要调动各方面的积极性，最重要的是要调动教师的积极性。学校逐步实行校长负责制，有条件的学校要设立由校长主持的、人数不多的、有威信的校务委员会作为审议机构。要建立和健全以教师为主体的教职工代表大会制度，加强民主管理和民主监督。

4. 1993年《中国教育改革和发展纲要》

中共中央、国务院于1993年2月13日颁布了《中国教育改革和发展纲要》(以下简称《纲要》)，绘制了从20世纪90年代到21世纪初我国教育事业改革发展的蓝图。该《纲要》提出，90年代，在保证必要的教育投入和办学条件的前提下，各级各类教育发展的具体目标是：全国基本普及九年义务教育(包括初中阶段的职业技术教育)，大城市市区和沿海经济发达地区积极普及高中阶段教育。大中城市基本满足幼儿接受教育的要求，广大农村积极发展学前一年教育。高中阶段职业技术学校在校学生人数有较大幅度的增加，未升学的初中和高中毕业生普遍接受不同年限的职业技术培训，使城乡新增劳动力上岗前都能得到必需的职业技术训练。高等学校培养的专门人才适应经济、科技和社会发展的需求，高等学校集中力量办好一批重点大学和重点学科，高层次专门人才的培养基本上立足于国内，教育质量、科学技术水平和办学效益有明显提高。全国基本扫除青壮年文盲，使青壮年中的文盲率降为百分之五以下。通过岗位培训、继续教育和在职学历教育，提高广大从业人员的思想文化素质和职业技能。

为了实现上述目标，应采取深化教育改革，坚持协调发展，增加教育投入，提高教师素质，提高教育质量，注重办学效益，实行分区规划，加强社会参与的战略。在教育事业发展上，不仅教育的规模要有较大发展，而且要把教育质量和办学效益提高到一个新的水平；在结构选择上，以九年义务教育为基础，大力加强基础教育，积极发展职业技术教育、成人教育和高等教育，把提高劳动者素质，培养初、中级人才摆到突出的位置上；在地区发展格局上，从各地经济、文化发展不平衡的实际出发，因地制宜，分类指导，鼓励经济、文化发达地区率先达到中等发达国家20世纪80年代末的教育发展水平，积极支持贫困地区和民族地区发展教育。

5. 1999年《中共中央　国务院关于深化教育体制改革全面推进素质教育的决定》

1999年6月，中共中央、国务院召开了改革开放后第三次全国教育工作会议。随后，中共中央、国务院颁布了《中共中央　国务院关于深化教育改革全面推进素质教育的决定》。该文件指出，要深化教育改革，全面推进素质教育，构建一个充满生机的中国特色社会主义教育体系，为实施科教兴国战略奠定坚实的人才和知识基础。

素质教育应当贯穿于幼儿教育、中小学教育、职业教育、成人教育、高等教育等各级各类教育中，应当贯穿于学校教育、家庭教育和社会教育等各个方面。在不同阶段和不同方面应当有不同的内容和重点，相互配合，全面推进。在不同地区还应体现地区特点，尤其是少数民族地区的特点。

要调整教育体系结构，扩大高中阶段教育和高等教育的规模，拓宽人才成长的道路，减缓升学压力。通过多种形式积极发展高等教育。要在确保"两基"（即基本普及九年义务教育，基本扫除青壮年文盲）的前提下，积极发展包括普通教育和职业教育在内的高中阶段教育，为初中毕业生提供多种形式的学习机会。在经济发达地区要有步骤地普及高中阶段教育。要大力发展高等职业教育，现有的职业大学、独立设置的成人高校和部分高等专科学校要通过改革、改组和改制，逐步调整为职业技术学院（或职业学院）。支持本科高等学校举办或与企业合作举办职业技术学院（或职业学院）。省、自治区、直辖市人民政府在对当地教育资源的统筹下，可以举办综合性、社区性的职业技术学院（或职业学院）。

构建与社会主义市场经济体制和教育内在规律相适应、不同类型教育相互沟通相互衔接的教育体制，为学校毕业生提供继续学习深造的机会。职业技术学院（或职业学院）可采取多种方式招收普通高中毕业生和中等职业学校毕业生。职业技术学院（或职业学院）毕业生经过一定选拔程序可以进入本科高等学校继续学习。

高等学校和中等职业学校要创造条件，实行弹性的学习制度，放宽招生和入学的年龄限制，允许分阶段完成学业。大力发展现代远程教育、职业资格证书教育和其他继续教育。完善自学考试制度，形成社会化、开放式的教育网络，为适应多层次、多形式的教育需求开辟更为广阔的途径，逐渐完善终身学习体系。

6. 2001年《国务院关于基础教育改革与发展的决定》

2001年5月，国务院召开了全国基础教育工作会议，发布了《国务院关于基础教育改革与发展的决定》。该文件强调，"基础教育是科教兴国的奠基工程，对提高中华民族素质、培养各级各类人才，促进社会主义现代化建设具有全局性、基础性和先导性作用。保持教育适度超前发展，必须把基础教育摆在优先地位并作为基础设施建设和教育事业发展的重点领域，切实予以保障"。

继续推进和巩固"两基"，规范义务教育学制。"十五"期间，国家整体设置九年义务教育课程。实行"五三制"的地区，2005年基本完成向"六三制"过渡。有条件的地方，可以实行九年一贯制。

大力发展高中阶段教育，促进高中阶段教育协调发展。有步骤地在经济发达地区普及高中阶段教育。挖掘现有学校潜力并鼓励有条件的地区实行完全中学的高、初中分离，扩大高中规模。鼓励社会力量采取多种形式发展高中阶段教育。保持普通高中与中等职业学校的合理比例，促进协调发展。鼓励发展普通教育与职业教育沟通的高级中学，支持已经普及九年义务教育的中西部农村地区发展高中阶段教育。

重视和发展学前教育。大力发展以社区为依托，公办与民办相结合的多种形式的学前教育和儿童早期教育服务。加强乡（镇）中心幼儿园建设并发挥其对村办幼儿园（班）的指导作用。

第二节 我国现行学制解读

一个国家的学制是否科学与完善，直接影响到整个学校系统教育的效率，影响到学校教育培养人才的质量和数量是否适应国家经济与社会发展的要求。经过一个多世纪的发展，我国已建立了比较完整的学制。在知识急剧增长、科技日新月异的当代社会，教育对于经济增长和综合国力提升的积极贡献赋予学制新的含义，我国的学制必将在顺应学制改革潮流和总结学制建设经验的过程中不断探索与优化。

一、我国现行学制的结构

学制是各级各类学校的系统，学校教育体系的构成可以从纵、横两个维度去认识，即横向的层次结构和纵向的类别结构，二者合一，被称为学校教育结构。

(一)层次结构

《中华人民共和国教育法》中"第二章 教育基本制度"第十七条明确指出，"国家实行学前教育、初等教育、中等教育、高等教育的学校教育制度"。

我国学制包括以下几个层次的教育。

学前教育(幼儿园)：招收 3～7 岁的幼儿，进行启蒙教育，使他们身心得到全面发展，为接受小学教育打下良好基础。

初等教育：主要指全日制小学教育，招收六七岁的儿童入学，学制为 5～6 年，对儿童实施全面发展的基础教育，为接受中等教育打下基础。在成人教育方面，指成人初等业余教育。

中等教育：指全日制普通中学、各类中等职业学校和业余中学，对学生实施全面发展的教育。一方面为国家培养劳动后备力量，另一方面为高一级学校输送合格的新生。全日制中学修业年限为 6 年(初中 3 年，高中 3 年)，职业高中 2～3 年，中等专业学校 3～4 年，技工学校 2～3 年。属成人教育的各类业余中学，修业年限适当延长。

高等教育：指全日制大学、专门学院、专科学校、研究生院和各种形式的业余大学。高等专科教育修业年限为 2～3 年，全日制大学和专门学院为 4～5 年，硕士研究生为 2～3 年，博士研究生为 3～4 年。在职研究生修业年限略长，完成学业后获得相应学位。业余大学修业年限适当延长，学完规定课程并考核合格后可获得国家承认的学历。

(二)类型结构

我国教育的类别体系，即各类学校系统主要由普通教育、职业技术教育、师范教育和成人教育四大系统组成。

1. 普通教育

普通教育指包括学前教育、初等教育、中等教育和高等教育的学校教育制度，是一种学历教育，以全日制办学为主。普通教育也称一般教育，英语表述为"general education"，它是使受教育者掌握具有普遍价值的知识、观念、工具和方法，促使受教育者身心全面和谐发展的基础性教育。普通教育是教育内容范畴的概念，与其相对的是专业教育。

2. 职业技术教育

职业技术教育指使受教育者获得某种从事职业或生产劳动所需要的职业知识、职业技能和职业道德的教育，如对职工的就业前培训、对下岗职工的再就业培训等各种职业培训以及各种职业高中、中专、技校教育等。

职业技术教育是我国教育事业的重要组成部分。职业技术教育的目的是培养应用人才以及具有一定文化水平和专业知识技能的劳动者。与普通教育和成人教育相比较，职业技术教育侧重于实践技能和实际工作能力的培养。

3. 师范教育

自 19 世纪末 20 世纪初南洋公学师范院、京师大学堂师范馆和通州师范学校创立至今，我国师范教育已走过百余年的历程。

如今，我国已经形成了从高等师范学校到师范大学的序列化的教师教育体系，同时，在专科、本科教育的基础上，设置了教育专业硕士和教育专业博士的学位序列。特别是综合性大学参与教师教育工作，使我国的教师教育事业呈现专门化和多样化并存的局面。

4. 成人教育

成人教育指通过业余、脱产或半脱产的途径对成年人进行的教育，是学校教育的继续、补充和延伸，如岗位职务培训、进修和参加函授、电视大学、自学考试等。成人教育是终身教育体系的有机组成部分，它与普通教育是一种相互依存、相互完善的关系。成人教育从某种意义上说是对普通教育的一种完善和补充。

成人教育按其功能可划分为四大类：补偿教育（含扫盲教育、文化基础教育、学历教育），继续教育，成人职业教育，社会文化生活教育。

我国现行学制的结构和我国现行学制系统分别如图 5-6、图 5-7 所示。

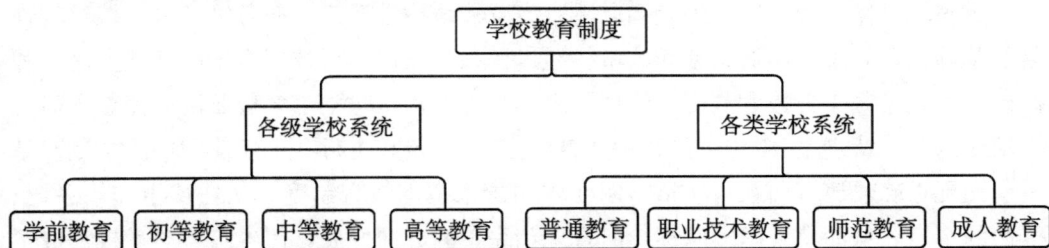

图 5-6　我国现行学制的结构

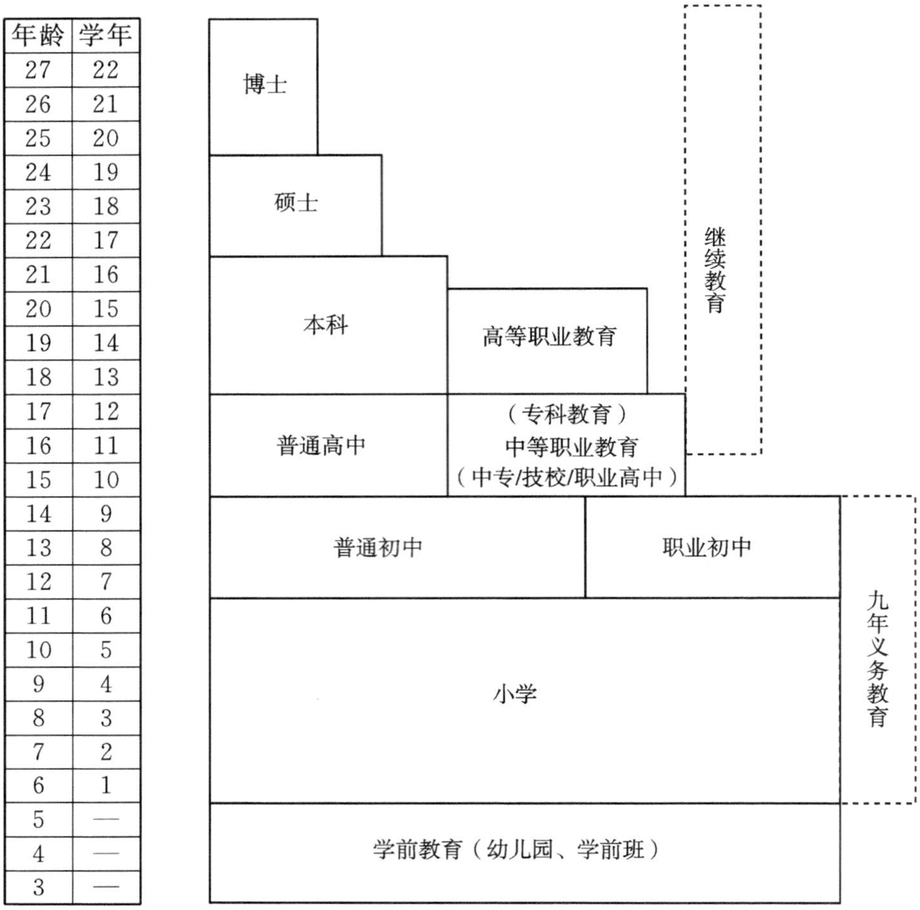

年龄	学年
27	22
26	21
25	20
24	19
23	18
22	17
21	16
20	15
19	14
18	13
17	12
16	11
15	10
14	9
13	8
12	7
11	6
10	5
9	4
8	3
7	2
6	1
5	—
4	—
3	—

博士

硕士

本科

高等职业教育

继续教育

普通高中

（专科教育）
中等职业教育
（中专/技校/职业高中）

普通初中

职业初中

九年义务教育

小学

学前教育（幼儿园、学前班）

图 5-7　我国现行学制系统图

二、对我国学制的基本认识

(一)我国学制建设的成就

中华人民共和国成立后，对旧有的学校进行了整顿改造。自 1951 年国务院颁布《关于改革学制的决定》之后，随着国民经济的发展与教育结构的调整，学制也有所变化和发展。在十年"文化大革命"的动乱中，包括学制在内的整个国民教育事业无不遭到严重破坏。党的十一届三中全会以后，教育战线拨乱反正，在各级各类学校整顿恢复的基础上开始了学制的调整和改革。经过一系列法律和行政规章的制定和实施，我国确立了九年制义务教育制度，改革了中等教育结构，建立了学位制度并完善了研究生培养制度。特别是《中华人民共和国教育法》的制定和施行，不仅使我国的学制改革重新回到正确轨道，而且对包括学制在内的国家基本教育制度，从法律上作了系统、全面的规定，从而使我国学制逐步向合理和完善的方向发展，使各级各类学校形成了一个完整的系统。我国现行学制充分吸收了以往学制的优点，注重于我国教育实际，把幼儿教育与研究生教育纳入学制系统中，这是我国教育发展的重要标志。我国的现代学校教育制度为国民经济发展和现代化建设奠定了良好的教育基础。

1985年以来，围绕着学制现实存在的问题，我国持续推进学校教育体系改革。我国学校教育体系改革呈现以下基本取向。

一是注重学校教育体系结构与社会经济的适应性发展，强调学校教育体系为社会主义现代化建设服务。社会结构的转型与变迁，对学校教育的体系结构提出了适应性要求。这种要求表现为，整个社会的发展要求提高全民族的素质和教育水平，反映在学校教育体系的结构方面，就是强调普及九年义务教育，并在此基础上实施全民教育，强调加强中等职业学校教育，并不断地调整高等学校教育结构体系。

二是注重学校教育体系内部不同层次、不同类型学校教育的协调性发展。随着九年义务教育的普及以及高等教育规模的扩大，高中阶段教育在进入21世纪后也得到了快速的发展。在这个背景下，一些省市已经提出了普及高中阶段教育的发展目标。

三是注重不同地区学校教育体系的均衡发展，特别是在义务教育阶段，通过学校的布局调整以及加大对农村地区的教育投入，以公平为基本的价值取向，实现城市与农村、经济发达地区与不发达地区以及城乡内部学校教育的均衡发展。

四是注重学校教育体系的类型结构与层次结构的同步改革。我国的学校教育体系改革，既注重基础教育、职业教育、成人教育和高等教育各类型的合理配置，也注重学前教育、九年义务教育、高中阶段教育、高等教育各层次的协调发展。[1]

为构建科学、完善的现代学校教育体系，我国在学制建设中着重解决的是学校教育体系与社会经济发展的适应性问题，突出表现为逐渐实现各级各类学校教育结构与关系的优化，在学制的开放性、灵活性和多样性上取得了重大进步。同时，我国学制在义务教育的均衡发展等方面仍存在提升空间，未来将会通过学制改革促进学校教育体系的进一步完善。学制具有一定的历史性与时代性，总是和一定时期时代的政治、经济、文化的发展相伴随。我们在认识与研究学制的同时必须树立动态发展的观念。随着现代教育发展节奏的加快，尤其是终身教育的完善，未来学制系统在教育阶段与教育结构等方面必然做出调整。任何一种学制，都在不断地适应实践变化的需要而发展。

(二)问题与思路

1. 义务教育阶段的学制如何划分

基础教育的总年限的确定和义务教育与非义务教育的"九三"分段，确定了基础教育学制的大框架，问题是义务教育阶段的学制如何划分。对此，我国的学制改革实验

---

[1] 朱家存、王守恒、周兴国：《教育学》，44页，北京，高等教育出版社，2010。

有"五四制"实验和"六三制"实验。"六三制"自1922年开始在我国践行以来，显示出了它的优越性，但有人批评"六三制"的小学阶段时间太长，不适合学生发展，也不利于素质教育的推广。五年的时间足以修完小学的课程，而初中三年的时间又太短，学生的学习压力太大，很难轻松完成学业。因此，有地区开始试行"五四"制。但"五四"制的五年能否让小学生顺利完成学业呢？恐怕在边远地区很难实现。我国地广人多，各地区经济文化发展、人口分布和教育发展极不平衡，并且有众多使用本民族语言文字的少数民族。从我国国情出发，多种学制并存是必然的。多样性的学制不意味着学制可以任意发展、随意改变，而是必须在统一性的指导下，共同促进我国教育事业的发展。总体说来，全国大部分地区的教育水平是大致相同的，这就需要一个统一的学制去实验推广，但同时存在诸多特殊地区，难以推行某种统一的学制，这时就适合让各地因地制宜地发展教育事业。

各地已有实行九年一贯制的尝试。创办九年一贯制学校，整体规划义务教育阶段的目标和任务，避免由于分段带来的升学压力，减少不必要的教育资源浪费，已成为基础教育综合改革的时代话题。九年一贯制学校通常指该校小学和初中施行一体化的教育，年级通常被设为一年级至九年级，小学毕业后可直升本校初中，"小升初"原则上不许择校流动。这种教育体系既有效缓解了学生择校与升学的压力，也从根本上保持了基础教育的连贯性和渐进性，突破了学段、学制的局限，避免了把基础教育划分为小学和初中两个阶段。实际上，随着我国义务教育的普及化，小学毕业生这个概念已逐渐失去了固有的教育意义，相对而言，小学与初中受教育过程的"不间断、不选拔、衔接性、一体化"显然更符合时代发展潮流。

实际上，21世纪以来我国基础教育领域实行的新课程改革，已从课程标准的角度，将九年义务教育作为一个完整体系来考虑。国家课程标准和教材编写统一按照九年义务教育来安排，形成了一个相对完整的教育体系。这种义务教育课程教材建设思路，为创建九年一贯制学校提供了必要条件，奠定了良好的基础，也使九年一贯制学校在落实国家义务教育课程标准方面具有得天独厚的优势。

从基础教育发展的长远发展来看，实现九年一贯制既是义务教育发展的必然要求，也是基础教育发展的根本方向。基础教育本身就是一个不可分割的整体，尽管有学段、学制的划分，但这不应该成为把义务教育人为割裂成两段的理由。创办九年一贯制学校，整体规划义务教育阶段的目标和任务，避免由于分段带来的升学压力，减少不必要的教育资源浪费，保持义务教育的系统性、渐进性、连贯性和科学性，已成为基础教育综合改革的时代话题。

2. 普通教育与职业教育如何融合

当前我国普通教育与职业教育的结构存在失衡现象。在制度上，职业教育被一些人看作低于普通教育的教育层次，而不是一种与普通教育并行的教育类型。

联合国教科文组织的《国际教育标准分类法》(International Standard Classification of Education，ISCED)是国际上普遍认可和推广的教育分类方法，其 2011 年修订版本中将教育分为普通/学术教育和职业/专业教育两种基本类型，体现出一种普职分工合作、相异又相融通的教育理念。基于此，构建中国现代职业教育体系，应体现出职业教育体系内部的上下贯通、外部的普职融通，具体体现为以下三方面。一是构建内部贯通的现代职业教育体系：①以课程积累为基础，全面实现中高职衔接；②积极尝试专科高职与本科专业教育的课程衔接；③构建支撑技术技能人才成长的现代职业教育体系。二是构建外部融通的现代职业教育体系。我们应改变职业教育和普通教育固有体系的封闭状态。构建中国现代职业教育体系，不仅要做好职业教育自身各阶段、各方面的相融，而且应着手推动职业教育与普通教育的相互沟通，以学分为基础，实现学生在职业教育和普通教育之间的自由转换，为学生提供多种选择和发展机会。三是构建支撑终身教育的现代职业教育体系。构建职业教育体系不应仅仅局限于学校教育、学历教育、职前准备教育，职业培训、非学历教育、职后转岗晋级都属于职业教育的范围，应将这些纳入现代职业教育体系中，逐步实现学历教育和非学历教育、职前教育和职后培训并举并相互衔接的局面，使处于人生和教育发展任何阶段的学习者都有机会接受合适的教育，实现自身的可持续发展，进而奠定我国学习型社会构建的基础，逐步实现社会的可持续发展。

3. 学制年限的长短如何设定

关于要不要缩短国内学制安排的争议已有时日，各方面的观点主要出于节约家庭和社会成本、早出人才的考虑。到目前为止，我国的学制还存在许多实际问题没有解决。其中一个最根本的问题，就是我国学制学习年限太长而所培养的人才质量却不太高。如一个学生 3 周岁入幼儿园，7 周岁入小学，然后不间断地上学读书，高中毕业时是 19 周岁，本科毕业时是 23 周岁(四年制本科)或 24 周岁(五年制本科)，硕士研究生毕业时是 26 周岁或 27 周岁，博士研究生毕业时是 29 周岁或 30 周岁。也就是说，就整体而言，我国的本科生、硕士研究生和博士研究生毕业时的年龄已经偏大，但是其中一些人的综合素养不高，特别是做事能力、创造能力不太强，甚至后续的发展潜力也比较有限。这一现象说明我国的学校教育制度还存在严重的问题，需要进行根本性的改革。

在基础教育阶段，有些教育界人士和学者提出中小学学制可以由 12 年学制改为10 年甚至 9 年。有地方政协委员提出：我国中小学学制应改为小学 5 年、初中 2 年和高中 2 年，正常情况下人们 19 岁即可进入社会工作，有充足的时间适应社会，稳定工作，有充足的时间恋爱结婚，成家立业；同时，全民义务教育仍为 9 年，完成后即为高中水平。这样可大大提升人群整体教育水平。反对的声音则认为：缩短学制，不但将压缩义务教育年限，还会进一步导致教育质量下降。中小学一旦缩短，义务教育的时间就必然会被挤占,国家的整体教育水平势必会受到重大影响。在高考体制没有改变的情况下,学制缩短但高考内容不因此改变的话,必然会加重学生的课业负担。压缩学制,还存在教育改革与现实操作之间的矛盾。目前《中华人民共和国教育法》规定的是实行九年制义务教育制度,要想压缩学制,最先需要修订相关法律。

在高等教育阶段,对学制过长的批评焦点主要在于硕士研究生培养,有观点认为应该由三年改为两年。这种观点认为,未来硕士生培养定位,要从学术型转为应用型。由于我国教学科研类人才的日趋饱和,学术研究上移到博士教育阶段,3 年的硕士学制将会造成资源和人才的浪费,和国际通行的硕士研究生 2 年学制不接轨。研究生因毕业年龄偏大而推迟进入"科学创造最佳年龄区",甚至还有可能错过发明创造的峰值年龄。但也有观点针对研究生毕业后年龄较大的问题指出,这不是学制造成的,而是我国学生成才模式单一造成的,学生应结合自己的兴趣爱好自主选择普高、职高、大学等求学道路。

基础教育时间的长短有一定科学规律。因为一个人的生理、心理和智慧需要一定时间才能发育成熟,不是随便能提速的,所以世界各国的基础教育年限都大致相当。总结中华人民共和国成立以来我国基础教育学制改革正反两方面的经验,我国基础教育的总年限为 12 年,义务教育阶段的小学和初中合计 9 年,非义务教育阶段的高中为 3 年。这一学制年限,既符合我国儿童和青少年掌握基础文化知识的需要,又符合我国教育发展与改革的需要;既符合我国社会主义建设的需要,又考虑到我国社会生产力为基础教育提供的可能。我国基础教育的总年限、义务教育的年限,也符合世界多数国家中小学修业年限和义务教育年限的基本趋势。世界一些主要的社会主义国家和发达的资本主义国家的中小学学制年限长短虽不尽相同,但其总年限大致都稳定在 10~13 年的范围内,绝大多数国家中小学阶段年限为 12 年。根据现代化建设的需要,绝大多数国家实现了 8 年、9 年或 10 年的义务教育的普及。这一趋势反映了教育的内部规律。实践表明,基础教育总年限不切实际地缩短,会给教育带来重大的损失。现行学制中虽然有严格的学制年限的规定,但是由于我国教育实践的变化,这种年龄的限制日趋淡化,从而体现了学制的严格性与灵活性的统一。

研究生教育学制的长短不单纯是时间问题,它与研究生教育的人才培养目标、培养模式是密不可分的,与研究生教育的社会功能有直接的联系。与欧美国家硕士研究生教育学制相比,我国实行的是长学制,其形成有特定的历史背景。长学制硕士研究生教育不但为我国研究生教育发展积累了宝贵的经验,而且形成了适应高层次人才市场需求的研究生培养规格。到目前为止,长学制仍然是我国硕士研究生教育的主要形式。长学制硕士研究生教育的主要功能是培养学术性研究人才,满足社会学术事业发展的需要。侧重培养学生基本理论功底和科学研究方法的长学制硕士研究生教育仍然有其适应性,在未来一段时期内仍然是影响我国高校教师队伍建设的主要教育层次和教育形式。

短学制硕士研究生教育需求的增强是我国经济和社会发展水平不断提高的必然结

果。可以预料，在未来较长时期，我国经济和社会发展仍将保持较高的速度，经济和社会其他部门对应用型高层次人才的需求将继续攀升。我国研究生教育的人才培养任重而道远，研究生教育必须深刻把握经济和社会发展对高层次人才的需求，主动调整学制，缩短研究生学习年限，建立应用型高层次人才培养的硕士研究生教育体系。

　　硕士研究生教育实行长学制还是短学制，抑或实行灵活学制，不仅将影响到高校硕士研究生招生、培养和就业，而且将对我国人才队伍建设产生深远的影响。学制改革应当建立在科学研究、充分论证的基础上，确保我国研究生教育质量不断提高，促进我国学术事业健康发展和社会生产技术水平不断提高。如前所述，长学制硕士研究生教育仍然有巨大的社会需求，这种需求还将长期持久地存在。与此同时，我国经济和社会发展对短学制硕士研究生教育的需求方兴未艾。从研究生教育学制和培养模式来讲，我国研究生教育存在学制单一、模式僵化的弊端，以往那种单一的长学制硕士研究生教育模式已经难以适应日益复杂的社会需求了，硕士研究生教育应当实行长短学制并存的多样化的人才培养模式。在学制改革问题上，正确的做法应当是立足国情，实事求是，在多样化基本框架下积极稳妥地逐步推进，尤其应当避免"一刀切"，应当将改革的自主权下放给各高校，由各高校根据自身的办学定位，自主决定硕士研究生教育学制。此外，长短学制虽然有不同的培养目标和要求，但也不是完全不相容的，应当积极探索两种学制相互沟通的人才培养方式，使学生能够根据自身的学习情况在两种学制间相互转换，以提高人才培养的针对性和有效性。

第三节　我国的义务教育

　　教育机会民主化是人类教育发展的重要趋势和改革目标，而普及义务教育则是教育机会民主化实践的主要形式。人类几乎竭尽全力采用一切可能的手段和形式，来推动教育机会民主化的进程。其中，义务教育制度的不断完善与改革，是贯穿始终的最重要的形式。

一、义务教育概述

(一)义务教育的含义

1. 什么是义务教育

　　《中华人民共和国义务教育法》第二条规定："义务教育是国家统一实施的所有适龄儿童、少年必须接受的教育，是国家必须予以保障的公益性事业。"

义务教育，是根据现代生产和社会生活发展的客观要求建立起来的一种教育制度。它建立在法律的基础上，要求适龄儿童、少年必须依照法律规定，接受一定年限的学校教育，并要求国家、社会、学校和家庭依照法律规定保证适龄儿童、少年受教育的权利。这里讲的义务一是指达到一定年龄的儿童有入学接受国家法律规定年限的教育的义务，二是指父母或监护人有使其子女按时就学的义务，三是指全社会有排除阻碍适龄儿童身心发展的种种不良影响的义务。义务教育对父母来说，是对国家、社会、学校和子女应尽的义务；对国家、社会和学校来说，是对适龄儿童和少年应尽的义务；对适龄儿童和少年来说，既是他们的一种权利，又是他们对国家、社会和父母的一种义务。设立普及义务教育的学校是国家和社会的义务，送适龄子女上学是父母的义务，教好学生是学校的义务。只有在国家、社会、学校和家长都依法履行自己的义务时，适龄儿童和少年接受义务教育的权利和义务才能得到保障。[1]

2. 义务教育的基本特点

(1) 义务教育的强制性

凡在国家法律规定年龄范围内的儿童、少年，除依法免除义务教育者之外，人人都必须入学接受教育。因为政府对不履行法定义务的行为有强制措施，所以也有人把义务教育称为强迫教育。同时如果义务教育法律关系主体不履行法定的义务，政府就要采取相应的强制措施，以保证义务教育的实施。用法律来规定人们的权利和义务，充分体现了义务教育的强制性。

(2) 义务教育的普遍性

义务教育施行对象是全社会范围内的适龄儿童和少年。不论城市、农村、山区、海岛，不分民族、社会地位、家庭出身，不论男女性别，不分贫富和智慧高低，只要有适龄儿童居住的地方，就应设立学校或教学点。义务教育和以往非义务教育相比，其普遍性是突出的，这是义务教育的另一个显著特点。

(3) 义务教育的免费性

义务教育是免费教育。免费的内容包括学费、杂费、书籍文具费、伙食补助费、服装费等，具体情况根据各国的经济能力而定。实践证明，免费是世界各国实施和推行义务教育的一项共同措施。《中华人民共和国义务教育法》(以下简称《义务教育法》)规定："实施义务教育，不收学费、杂费"，"国家建立义务教育经费保障机制，保证义务教育制度实施"，"各级人民政府对家庭经济困难的适龄儿童、少年免费提供教科书并补助寄宿生生活费"。

3. 义务教育与其他教育的区别

(1) 义务教育与普及教育

在理解义务教育的含义时，要弄清义务教育与普及教育这两个不完全相同的概

---

[1]　李天燕、李承武：《中国教育法学》，243页，重庆，西南师范大学出版社，1997。

念，它们是既有联系又有区别的。普及教育，通常指国家对全体儿童实施的某种程度的普通教育。从法律的角度来说，它表现为一定形式的行政措施，其约束力、确定力和执行力只对国家机关和相对的一方具有效力，而不像法律那样在全社会范围内具有约束力，凡是公民都要遵守和执行。义务教育，则是有效地普及的具有一定年限的教育，以法律的形式规定其义务性质，用国家的意志来实现在全体适龄儿童中普及教育的目标。它要求当事者要负法律责任，旁人不能分担。它使普及教育有了法律的保证，从而促进教育的普及，通过法律的实施达到普及的目标。因此，从这个意义上说，义务教育是一种强制性的普及教育。

（2）义务教育与初等教育

初等教育，即小学教育，是为受教育者的文化知识基础和初步生活做准备的教育，对象一般为6~12岁的儿童。从教育内容上看，初等教育以德智体美劳为重。就智育来说，以培养学生读、写、算的能力为核心。初等教育对提高整个民族的文化水平具有重要意义，因此各国在一定历史时期都将普及初等教育定为普及义务教育或普及教育的主要目标。普及初等教育虽然是义务教育普及的目标，但二者仍然不可等同。此外，初等教育的年限与义务教育的年限不完全一致。比如，有的国家义务教育年限长于初等教育年限，为9~12年。当然，有的国家的义务教育与初等教育年限相等，在这类国家里，普及初等教育与普及初等义务教育的意义比较相近。[①]

（二）义务教育制度的产生与确立

人类社会关于普及教育及普及义务教育的思考与实践，早在义务教育制度形成之前就已经历了十分漫长的历史道路。在数千年人类文明史上，追求教育机会平等的普及义务教育运动和实践，始终充满了艰难和曲折。我国春秋末期的伟大思想家、教育家孔子从其"泛爱众，而亲仁"的"仁"的思想出发，提倡普遍实施礼乐教化，提出"有教无类"的主张，并身体力行，创办了我国历史上规模宏大的私学，广招门徒，扩大教育对象，进一步打破了历史上"学在官府"的局面，推动了"学移人间"，使更多的人有了"成贤"和"从政"的机会。在国外，义务教育的思想起源是很早的。早在公元前594年，雅典的梭伦就提出"父亲有送子女入学之义务"。16世纪，英国早期空想社会主义者莫尔提出"每个儿童都必须接受教育"的口号。意大利空想社会主义者康帕内拉有在儿童中普及教育的主张。从这些思考与实践中可以看出义务教育思想的萌芽。

以法律强制实施义务教育制度，则诞生于近代的欧洲。14—16世纪，欧洲的社会生产力开始迅猛发展，资本主义制度逐步确立，从事劳作的无产者、作为公民参与社会生活的普通百姓都需要有一定的文化科学知识，这就是义务教育制度在欧洲诞生和发展的客观需求。

---

① 吴德刚：《中国义务教育研究》，14页，北京，教育科学出版社，2011。

大约在16世纪，德国的马丁·路德领导的宗教改革运动打破了长期由天主教垄断教育的局面，对西欧教育产生了很大影响，使教育权从教会手中转向国家，重视普及教育，促进了教育改革，逐渐形成了欧洲的国民教育制度。到17世纪，捷克教育家夸美纽斯提出普及6年制义务教育的思想，主张为一切儿童，不分等级、财产情况和性别，设置普及的、义务的国语学校。这种主张反映了社会对普及义务教育的要求。宗教改革运动和夸美纽斯等人的普及教育主张的提出和传播，对义务教育制度的产生起到了很大的推动作用。

1619年，德意志魏玛邦颁布教育法令，第一次把教育与履行法律义务联系起来，规定父母必须送6～12岁的子女入学，否则由政府强迫其履行这一义务，并给予惩罚。这个法令，被认为是全世界第一个实施义务教育的法律，义务教育制度由此诞生。此后，欧美诸国及亚洲的日本为适应当时资本主义生产技术革新和巩固资产阶级共和国的需要，以及工人运动的压力，从19世纪70年代开始，都先后制定法律，实施义务教育。到20世纪，制定义务教育法律，实施义务教育已成为教育发展的历史趋势，成为走向现代社会的重要标志。义务教育的年限不断延长，义务教育的内容早已从最初的宗教教育演变为国民教育，普及义务教育已成为现代社会发展的客观需要，而不仅是出于人道主义的愿望了。

二、我国义务教育的发展

(一)我国《义务教育法》的颁布与修订

与世界各发达国家相比，我国普及义务教育的制度形成较晚。从历史事实看，我国义务教育制度的萌芽是在清朝末期。进入20世纪以后，资本主义各国广泛推行义务教育的动向逐渐影响到我国。同时，自受甲午战争的重创后，清朝政府逐步感到国力日趋衰竭与教育不兴不无关系，因此开始注重国民教育之重要性。光绪三十年（1904年），清朝政府的文件中首次出现"义务教育"字样。光绪三十二年（1906年），清朝政府学部为推进地方教育发展，颁布了《强迫教育章程》十条，这是我国第一次制定的强迫教育法规。清朝政府正式提出试行义务教育是在宣统三年（1911年），不久清朝政府被推翻。这一时期的义务教育仅仅具有萌芽性质。[①]

自此到中华人民共和国成立，其间虽然各届政府均针对义务教育颁布了大量的法令、章程乃至具体实施办法，许多教育团体与教育家对义务教育制度的宣传和推行表现出了极大的热情，并做出巨大的努力，但是事实证明，实施义务教育的道路艰难曲折。中华人民共和国成立后，初等教育、九年制义务教育的普及经历了曲折的发展过程，受到多次政治运动的冲击，走过了坎坷不平的道路。

---

① 吴德刚：《中国义务教育研究》，23～24页，北京，教育科学出版社，2011。

1986 年 4 月 12 日，《义务教育法》经第六届全国人民代表大会第四次会议通过，这是中国教育史上的一件大事。《义务教育法》的实施，对于提高中华民族的素质，建设高度文明、高度民主的社会主义现代化强国有深远的意义。它标志着我国基础教育进入一个新的历史阶段。

为了义务教育的实施，1992 年国务院颁布了《中华人民共和国义务教育法实施细则》，各省、市、自治区人大纷纷制定在本地区实施义务教育的地方性法规，直至乡规民约，形成了从中央至乡村的实施九年义务教育完整的法律体系。2006 年 6 月，第十届全国人大常务委员会第二十二次会议依据《中华人民共和国教育法》(1995 年 3 月)和 20 年来全国各地的经验，对《义务教育法》进行了全面修订，新的《义务教育法》对我国的义务教育制度从指导思想、教师、学生和学校、教育教学、经费保障，以及各有关方面的法律责任等做了明确规定。

(二)我国义务教育发展的成就

义务教育作为一种保障基本人权和提高民族素质的奠基工程，是国家最为重要的社会建设和民生工程，是现代化建设的根基。我国义务教育虽肇始于清末民初，但其真正发展和普及则是中华人民共和国成立以后的事情。历经 70 多年的建设与发展，我国义务教育不仅在约占全世界 1/5 的人口中实现了全面普及，而且在广袤大地上促进了区域之间、城乡之间、群体之间的均衡发展，踏上了从"有学上"到"上好学"的征途。这既创造了人类教育史上的壮举和奇迹，也充分彰显了中国特色社会主义的制度优势。

1. 义务教育法律法规体系基本形成

继《义务教育法》及《中华人民共和国义务教育法实施细则》颁布后，《中华人民共和国教师法》《中华人民共和国教育法》《中华人民共和国职业教育法》等近 500 项教育法律、法规，以及与教育关系密切的大量具体法规相继颁布实施。这些法律、法规的颁布，进一步全面规范了义务教育的实施，从而为确立国家义务教育奠定了更为牢固的法律基础。2006 年新修订的《义务教育法》体现了我国教育立法水平、立法技术和立法质量的飞跃。新修订的《义务教育法》进一步明确了各级政府举办义务教育的责任，将义务教育所需经费全面纳入财政保障范围，同时对全面实施素质教育、促进义务教育均衡发展、提高义务教育质量等重大问题做出了法律规定，为推动我国义务教育持续发展提供了有力的制度保障。

2. 义务教育实现免费

1986 年《义务教育法》出台时，国家财政投入所占比例还不到一半，实行"依靠人民办教育，办好教育为人民"的政策，实行集资办学。

2005 年 12 月，国务院下发了《国务院关于深化农村义务教育经费保障机制改革的通知》，逐步将农村义务教育全面纳入公共财政保障范围，建立中央和地方分项目、按比例分担的农村义务教育经费保障新机制。这为义务教育免费打下一个良好的基础。

2006 年新修订的《义务教育法》第二条规定:"国家实行九年义务教育制度。""义务教育是国家统一实施的所有适龄儿童、少年必须接受的教育,是国家必须予以保障的公益性事业。""实施义务教育,不收学费、杂费。""国家建立义务教育经费保障机制,保证义务教育制度实施。"第四十二条规定"国家将义务教育全面纳入财政保障范围,义务教育经费由国务院和地方各级政府依照本法规定予以保障",从法律上完成了"人民教育人民办"到"义务教育政府办"的真正转变。

3. 义务教育普及率不断提高

进入 20 世纪 90 年代以后,我国义务教育的总体思路和目标更加明确,在实践中继续贯彻《义务教育法》,并加强督导检查,从而使义务教育的普及率明显提高。具体表现在以下两方面。

第一,小学普及率稳步上升,布局进一步合理化。

第二,初中阶段义务教育的普及有较大发展,在校生人数增加,毛入学率明显提高,辍学率逐年下降。一是初中教育规模扩大,布局明显优化,普及率有所提高;二是初中义务教育的质量逐年提高。

全国义务教育普及程度实现新的跨越,小学净入学率、巩固率、升学率进一步提高,初中毛入学率、巩固率、升学率迅速提高,主要增量都在农村地区。

4. 义务教育经费投入加大

20 世纪 80 年代,政府义务教育公共投资严重不足,导致教育经费的严重紧缺。财政性教育从 20 世纪 90 年代中期后逐步走出低谷,呈现逐年上升的良好态势。国家对义务教育的投入大幅度增加,基本上形成了以财政拨款为主、多渠道筹措教育经费的投入体制。

2005 年年底,国务院决定将农村义务教育全面纳入国家财政保障范围。按照"明确各级责任、中央地方共担、加大财政投入、提高保障水平、分步组织实施"的原则,建立中央和地方分项目、按比例分担的农村义务教育经费保障新机制,在全国农村普遍实行免除学杂费的义务教育,提高农村义务教育阶段中小学公用经费保障水平,建立农村中小学校舍维修改造投入机制,完善农村中小学教师工资经费保障机制。这项改革于 2006 年先在西部地区农村实施,于 2007 年在全国农村地区全面推开。建立农村义务教育经费保障新机制,是我国教育发展史上又一个重要里程碑,对于促进教育公平、提高全民族素质产生了重要而深远的影响。

5. 农村义务教育取得巨大成就

2003 年召开的中华人民共和国成立以来的第一次农村教育工作会议确立了把农村义务教育作为教育工作重中之重的战略地位,制定了新增教育经费主要向农村倾斜的政策，出台了一系列促进农村义务教育发展的措施。2004 年政府工作报告提出实施三大工程，包括寄宿制工程、危房改造工程和现代远程教育工程。通过以上重大改革措施和新的制度改革，我国农村义务教育进入前所未有的快速发展时期。

6. 弱势儿童接受义务教育的状况不断改善

党中央、国务院高度重视对家庭经济困难学生的资助工作，采取了一系列政策措施，不断加大资助家庭经济困难学生的力度。从 2008 年秋季学期开始，全部免除城市义务教育阶段学生学杂费，在对享受城市最低生活保障家庭的义务教育阶段学生免除学杂费的同时，继续免费提供教科书，并对家庭经济困难的寄宿学生补助生活费。随着人口流动日益频繁，流动儿童就学难问题越来越突出。针对我国城市化进程中出现的新情况，国家先后出台了一系列政策、措施，保障进城务工就业农民子女接受义务教育，坚持以公办学校为主，以流入地为主，将农民工子女义务教育纳入当地教育发展规划，列入教育经费预算，对农民工子女接受义务教育实行与当地学生同等对待的政策，切实保障了进城农民工子女接受义务教育的权利。同时，高度重视农村留守儿童教育问题，通过加快推进农村地区寄宿制学校建设，积极推广各地的经验和做法，进一步加强对农村留守儿童学习、生活的管理，初步建立起学校、家庭、社会三结合的教育管理网络。

7. 义务教育数智化进程提速

教育信息化与数智化是国家现代化的重要组成部分。教育信息化是国家信息化的重要组成部分，是教育现代化的重要途径。教育信息化是推进优质教育资源共享，提高教育教学质量，促进教育改革创新和加快推进我国教育现代化建设的战略措施。在义务教育中采用现代信息技术，可以推进义务教育的现代化，加强边远贫困地区义务教育的普及，促进义务教育的均衡发展，提高总体教育质量。

2004 年 3 月，《2003—2007 年教育振兴行动计划》明确提出"教育信息化建设工程"，旨在继续加强基础设施建设，构建国家公共教育信息化平台，加强信息技术在教学中的应用，推进多层次、多功能的资源开发、整合和共享机制的形成，提高各类社会成员的信息素养，不断满足人们随时随地学习、终身学习的需求，提升现有教育的质量和水平，缩小东西部信息化水平差异，促进教育的均衡发展。全面提高广大中小学校教师和教育工作者有效利用信息技术开展教学活动的能力，培养数以百万计的中初级信息技术专门人才。[①]

义务教育数智化变革是大数据时代的重要议题。人工智能技术发展推动义务教育由信息化向智能化迈进，数字变革对义务教育产生了多层次、多方面、多角度的影响。数字化技术为义务教育的多样性体验与多元能力培养提供基础支持，数字教育理

---

① 王炳照：《中国教育改革 30 年：基础教育卷》，66～85 页，北京，北京师范大学出版社，2009。

念为推动义务教育治理的全面转型指引方向。2024 世界数字教育大会提出"数字变革对基础教育的挑战与机遇",关联教师数字素养与胜任力提升、教育治理数字化与数字教育治理等议题,明确强调基础教育数字化变革的必要性,旨在加快推动义务教育阶段管理者的数字素养提升、教师的数字能力结构重组、教育媒介的数字智能深化,以数字技术为依托,全面提升义务教育质量,打破教育信息壁垒,建设全民具备数字素养的数字化与学习型社会。

(三)我国义务教育未来发展方向

义务教育均衡发展或高质量发展是庞大而复杂的系统工程,我们必须因地制宜、因时制宜地采取有效政策,抓住特定时空背景下义务教育面临的主要矛盾和这些矛盾的主要方面。面向未来,我国义务教育要在已有经验和成绩的基础上,围绕关键问题,突出战略重点,夯实发展基础。第一,明确义务教育目标。我国义务教育改革与发展的根本任务是促进公平、提高质量。促进义务教育公平的目标得以实现,合理配置义务教育资源,实现城乡义务教育公共服务均等化。第二,优化义务教育体系。第三,调整义务教育布局。第四,完善义务教育阶段育人模式。第五,深化义务教育管理改革。义务教育管理必须协调好不同层级政府间的权责关系、同级政府不同职能部门间的权责关系、政府与学校的权责关系、学校内部的权责关系。第六,加强义务教育教师队伍建设。第七,改革义务教育投入制度。更加公平、更有质量的义务教育,需要更高水平的教育投入作保障。

第四节　发达国家学制改革与发展的主要趋势

当前,发达国家的学制呈现出多样化的特点,同时在一些方面又呈现出某些共同的发展趋势。

一、加强学前教育并重视其与小学教育的衔接

20 世纪 90 年代以来,随着学前教育在社会发展中地位的提高和在整体教育体系中位置的提升,世界各国学前教育呈现出蓬勃发展的态势。进入 21 世纪,各发达国家更是将学前教育置于教育发展和社会发展的背景下进行规划和思考,积极整合优化学前教育机构、政府、家庭和社区教育资源,并纷纷出台有关的政策、法令,积极推动学前教育的发展。美国联邦政府与国会对学前教育越来越重视,联邦政府陆续出台了多部法律,对学前教育的多方面内容做出明确规定。2002 年 1 月,

美国布什总统正式签署了《不让一个儿童掉队法》。该法对联邦政府，特别是教育部、健康与人类服务部在幼儿教育项目科研中的联邦管理职责做出了相应规定。进入 20 世纪 80 年代以后，法国陆续出台了一系列法案来规范幼儿教育的办学目标。各个发达国家还非常重视提高幼儿教育师资水平，推动幼儿教师队伍走向高学历、专业化的发展道路。从目前的情况看，美国、英国、日本等国家正规幼儿教育机构的教师都是通过大学来培养的，学生毕业时取得学士学位，并且这些国家对教师资格的要求越来越高。[①]

这些举措都说明了各国对学前教育的重视与大力推动。学习型社会中，作为基础教育奠基阶段的学前教育应为每个幼儿奠定一生持续发展的基础，幼教机构和小学的衔接问题必须得到重视。从终身学习的视角来看，幼小衔接不仅是幼儿入学准备的问题，而且是教育机构之间相互衔接、形成一个统一体的问题。为此，许多发达国家把幼教机构和小学放在一起整体规划、统筹安排，以谋求二者的一体化。随着终身学习理论和实践的进一步发展，学前教育作为基础教育奠基阶段的作用将日益显现，通过体制改革、机构调整和建立幼小一贯制学校等措施加强幼小衔接，促进二者一体化的趋势也将日益明显。

二、义务教育年限的延长

对于发达国家来说，义务教育的普及从近代就开始了。在当代，随着教育在国家发展中的重要性日益突出，中小学教育作为国民教育的基石，越发得到发达国家的重视。各国纷纷对教育普及的内容、方式等做出重大改革，以期实现中小学教育领先于世界。

义务教育年限逐渐延长已经成为发达国家教育发展的重要趋势。北美、欧洲主要发达国家的义务教育平均年限为 10～12 年，大大超过世界义务教育平均年限 8 年的水平。英国由 10 年延至 11 年，日本由 6 年延至 9 年，法国实行 10 年义务教育。德国、美国各州情况不同，但都以初级中等教育在内的 9 年义务教育为底线，并且美国事实上已实现 12 年义务教育。许多发达国家延长义务教育的措施是：一方面提前实施义务教育，即把学前教育的后期与义务教育的前期有机地衔接起来，改变学前教育与义务教育相互脱节的情况，实现幼小一体化，如法国将幼儿教育与小学教育连成一个系统，实行免费义务教育；另一方面将义务教育向后延伸，即逐渐延长义务教育，把义务教育的后期教育或义务教育后的教育即职业技术教育紧密结合起来。中等教育成为许多发达国家教育改革的重点，发达国家大多实施了中等教育结构的综合化和多样化改革。如英国，第六学级是英国中学与大学之间的一种过渡性阶段，颇具学术性教育特征，具有大学预科的作用，入学人数受严格限制，并且入学者都被视为英

① 马健生：《比较教育》，153 页，北京，高等教育出版社，2010。

国的精英。随着 20 世纪 70 年代义务教育的普及，第六学级逐步实施了开放的政策，即取消了对成绩的严格限制，招生数量不断增加。[①]

随着义务教育年限的延长，各国致力于夯实教育质量，处理好普及与提高的关系。随着现代社会知识、技能的不断更新，改进义务教育的教学内容和教学方法成为各国教育改革的焦点。

三、普通教育与职业教育的综合化

在职业技术教育的发展过程中，各国都始终面临着职业技术教育与普通教育这两类教育之间的关系问题。在过去，由于科技发展缓慢等，职业教育独立于普通教育体系之外的弊端还不明显。然而，在当今世界，技术进步使职业变化速度加快，新职业不断出现，旧职业不断消失，同时现代科学技术日益渗透到各项职业活动之中，职业活动不再是单纯的实际操作，而充满科学思维与智力活动。这就要求职业技术教育培养复合型技术人才，人们不再只为一种职业或一种岗位做准备，而越来越为掌握通用性技术做准备。因此，提高职业技术教育的社会地位和吸引力，激发人们接受职业技术教育的积极性，已成为当今各国职业技术教育发展的共同趋势。

今天，职业教育与普通教育相互融合的趋势越发凸显。从职业教育发展来看，由于终身教育理念的发展、职业发展理论的成熟、人的可持续发展理念的确立，职业技术教育只培养掌握劳动界的某一种专门技能的人的模式与要求已落后于时代。为了使学生在掌握一定的专门化技能的同时，又能掌握一定的广泛的文化基础知识和专业基础理论，并能在未来的职业领域和发展生涯中具有较强的迁移能力和转换能力，职业教育领域开始重视融合普通教育领域的文化知识等。普通教育领域则加强学生的生计教育，将掌握必要的生存技能作为培养目标的重要内容。职教与普教应相互沟通、相互渗透、协调发展已经成为人们的共识。世界各国先后采取措施，在课程设置、课程标准制定和课程内容选择上加强二者的融合，即普通教育职业化，职业教育普通化。目前，各国主要从学制的相通和课程内容的渗透这两个方面来促进二者相互渗透、相互补充。学制上相通的措施是职业技术学校与普通学校相互承认学历，体现为两方面：一是改变过去职业学校只面对就业市场，其毕业生不能升入高一级普通学校学习的状况；二是职教与普教在义务教育的后期阶段学制上重叠，把义务教育后期作为职业预备阶段或基础职业教育阶段。课程内容方面的渗透与互补有两种模式：一是在普通学校中开设职业技术教育课程，为学生走向劳动市场做准备；二是在职业学校中渗透普教的内容，重视基础理论与文化知识的内容，以增强学生的适应能力，使宽基

---

① 冯增俊、陈时见、项贤明：《当代比较教育学》，360～361 页，北京，人民教育出版社，2008。

础、活模块成为职教课程发展的趋势。例如，法国教育部在《面向 21 世纪的高中》的改革文件中规定：职业教育必须做到普通教育、职业教育和经济环境的平衡，要使学生在接受职业教育的同时，获得所有高中学生都应具备的文化知识，获得从事职业工作的必要能力。日本职业高中在专业设置上打破过细的专业划分传统，重新组合职业学科，开设诸如人文学科群、自然学科群、国际合作群、电子机械群等一系列适应时代发展的综合学科。在教学总课时安排上，把普通文化课与专业基础课、专业技能课的比例调整为 6∶4。从总体上看，职业教育与普通教育向一体化方向发展已成为各国教育改革与发展的一个重要趋势。[①]

四、高等教育的大众化与多样化

高等教育大众化是美国学者提出的衡量高等教育发展阶段和水平的一个概念。美国加州大学伯克莱分校的马丁·特罗教授在《从大众向普及高等教育的转变》和《高等教育的扩张与转化》中提出了高等教育发展阶段划分的理论：一个国家大学适龄青年中接受高等教育者的比率在 15％以下时，属于精英高等教育阶段；15％～50％为大众化高等教育阶段；50％以上为普及化高等教育阶段。[②] 随着各国经济和科技的飞速发展、生产力水平的快速提高，世界许多国家的高等教育正由精英化阶段逐步过渡到大众化甚至普及化阶段。

高等教育大众化强调或强化了大学双重的使命：一方面是促使大学自身的变革；另一方面是改变大学与外部环境之间的关系，即拓展大学或高等学校的社会服务功能，使之承担起社会责任，肩负起推动社会发展的历史使命。

高等教育大众化对高等教育体制改革产生了深刻的影响，同时使高等教育的发展面临新的矛盾和问题：一是经费投入与发展速度之间不一致的问题；二是学生人数增长与教师数量不足之间的矛盾，并由此造成人才结构性短缺的问题；三是办学模式和人才培养与市场需求之间的矛盾问题；四是教学内容陈旧、课程结构不合理问题。因此，各国高等教育都在寻求高等教育大众化之后的改革思路，并制定相应的改革政策。各国主要从三个方面对现行高等教育进行改革：一是高等教育结构从单一制到多样化，二是高等教育体制从一元办学模式到多元办学模式，三是高等教育质量评价指标从单一到多元。

多样化是高等教育大众化的一个显著特征。高等教育大众化的过程与多样性的过程是紧密联系在一起的，高等教育大众化体现为高校为满足人们接受高等教育的需要

---

① 冯增俊、陈时见、项贤明：《当代比较教育学》，448～450 页，北京，人民教育出版社，2008。

② 国家教育发展研究中心：《2000 年中国教育绿皮书》，84 页，北京，教育科学出版社，2000。

而扩大了招生规模、提供了更多的入学机会，高等教育多样化体现为高校提供适合人们需要的高等教育内容，并最终实现教育大众化、多样性的发展目标。多样化是实现高等教育大众化的必经之路。建立一种多样化的高等教育体制已经成为世界各国的共识，不再坚持把传统大学模式作为高等教育唯一的发展模式。例如，美国高等教育多样化主要表现在以下几方面：①学生的变化，即学生年龄结构、学习方式、入学方式、入学动机、专业指向及学历水平多样化；②高等教育机构的变化，即高等教育机构的种类、形态、水平标准以及功能多样化；③入学选拔方式的多样化、弹性化；④教学的变化，如教学计划的多样性和弹性。不仅如此，办学主体的多样化、办学形式的多样化、培养目标的多样化、教学内容的多样化以及培养方式的多样化都是高等教育大众化的结果。①

五、终身教育体系的建构

终身教育的思想有悠久的历史。作为一种思潮，终身教育最早出现于 20 世纪 60 年代。1965 年，在法国巴黎召开的第三届促进成人教育国际委员会会议上，终身教育由法国教育家保罗·朗格朗正式提出。1970 年，朗格朗完成撰写并出版了其代表作《终身教育引论》，这成为终身教育思想正式确立的标志。朗格朗强调终身教育指人从出生到死亡贯穿整个一生的教育。他还强调教育并不限于在学校中进行，应该把教育扩展到社会整体中，并寻求各种教育形式的综合统一。教育不仅要使学生获得走向生活所需要的知识，而且要发展学生的自学能力，以便其将来走入社会后能够独立获取知识。

1972 年，联合国教科文组织国际教育发展委员会发表的报告《学会生存——教育世界的今天和明天》，将朗格朗的主张进一步系统化，并建议把终身教育作为发达国家和发展中国家在今后若干年内制定教育政策的主导思想，即世界各国的教育应按照终身教育的原则进行全面革新。自此之后，终身教育和学习化社会的理念在国际社会迅速传播开来，成为许多国家、地区、社会团体调整教育结构、改革学制的指导原则，成为社会发展和社会进步追求的一个重要目标。

在终身教育思想的推动下，世界各国的职后教育体系迅速发展，成为学制体系的重要组成部分。很多国家都对成人在职后接受继续教育的经费、假日、工资等做出了明确的规定，为开展继续教育提供保障，把成人继续教育纳入学校教育体系之中。美国是世界上最早发起并积极推行终身教育的国家之一。美国终身教育的实践和发展是与成人教育的发展紧密联系的。美国联邦政府在大量投资发展普通教育的同时，也对

---

① 冯增俊、陈时见、项贤明：《当代比较教育学》，394、414 页，北京，人民教育出版社，2008。

成人教育的发展给予了相当的重视。1966 年美国通过了《成人教育法案》，此后又多次修订。1976 年美国又颁布了《终身学习法》，也叫《蒙代尔法案》。该法案主要包括终身学习产生的原因和特点、终身学习的范围、终身学习的活动这三个方面的内容。《终身学习法》颁布以后，联邦政府负责了不少的终身学习项目，积极参与终身学习的实施。日本是较早接受终身教育思想的国家，也是较为成功地实践终身教育的国家。日本正式提出了要改变以学校教育为中心的观念，把学历社会转向终身学习型社会。为了进一步推动终身教育思想落实到实践中，日本于 1990 年颁布了《关于终身学习振兴措施与推进体制等的整备法律》。该法律出台后，推行终身教育成为日本社会的一项具有法律义务的活动，而终身教育作为一项经常性的日常工作，开始在日本各地有条不紊地开展起来。英国则在延续成人教育和继续教育历史传统的同时，再辅之以一系列具体的立法措施来落实终身教育所提倡的各项原则。除了成人教育和继续教育之外，高等教育和公共职业训练也是英国实施终身教育的重要途径。通过多种形式和途径，终身教育在英国得以全面推广和实践。20 世纪 90 年代至今，德国一直相当重视终身学习的发展及其教育政策的探讨与制定。2000 年，德国联邦议会以《全民终身学习——扩展与强化继续教育》为题，明确表示全民终身学习是未来德国教育发展与革新的主要目标，进而提出许多关于推动终身学习与拓展继续教育的策略。法国在1968 年颁布的《高等教育基本法》首次把终身教育的概念载入法律条文，并将终身教育作为大学的义务。1971 年，法国国民议会通过《终身职业教育法》，它不仅明确了继续教育在国民教育体系中的作用和地位，而且还就一些相关的政策做出了具体的规定。①

终身教育的推广和实践为学习型社会的构建奠定了基石，发达国家基于终身教育理念的学制探索为我国的学制改革提供了重要思路。

思考与应用 ❓

1. 如何理解学校教育制度的含义？学校教育制度建立的基本依据有哪些？
2. 什么叫义务教育？义务教育有哪些特点？
3. 我国实施九年制义务教育的意义何在？
4. 现代学校教育制度的发展趋势有哪些？把握其发展趋势的现实意义是什么？
5. 请联系本地实际谈谈你在学制改革方面的观点。
6. 调查了解你所在地实施义务教育的情况。

---

① 马健生：《比较教育》，213～220 页，北京，高等教育出版社，2010。

推荐阅读

1. 马健生：《现代教育制度与思想》2 版，北京，高等教育出版社，2009。

2. 周慧梅：《域外观念与中国学制变革——基于 20 世纪 30 年代"社会教育制度建设"的考察》，载《教育研究》，2011(5)。

3. 张传燧、李卯：《晚清书院改制与近代学制建立的本土基础》，载《华东师范大学学报(教育科学版)》，2012(3)。

4. 刘晖、汤晓蒙：《试论各级各类教育融入终身教育体系的时序》，载《教育研究》，2013(9)。

5. 张应强：《全球化背景下的我国现代大学制度改革》，载《高等教育研究》，2013(9)。

6. 邹红：《弹性学制：我国研究生教育的现实选择》，载《教育理论与实践》，2013(21)。

7. 冯永刚：《学校教育制度的结构探究》，载《教育理论与实践》，2014(4)。

8. 赵琦：《义务教育资源共享的博弈分析》，载《教育发展研究》，2014(6)。

9. 马维娜：《中国百余年基础教育初中发展之学制检视》，载《教育科学》，2014(4)。

10. 雷万鹏：《义务教育学校布局调整——研究进展与难题破解》，载《华中师范大学学报(人文社会科学版)》，2014(5)。

11. 顾明远：《学校制度亟待研究改革》，载《教育学报》，2011(3)。

12. 刘复兴：《新〈义务教育法〉的突破与创新》，载《教育研究》，2006(9)。

13. 傅维利、张森：《论城市化进程对中国义务教育班级、学校规模的影响》，载《华东师范大学学报(教育科学版)》，2014(1)。

14. 潘懋元、肖海涛：《论我国高等教育学制改革——基于专升本的视角》，载《高等教育研究》，2006(7)。

15. 刘朝晖、扈中平：《论"素质教育"与"应试教育"的对立性》，载《课程·教材·教法》，2005(10)。

16. 项贤明：《论教育创新与教育改革》，载《高等教育研究》，2007(12)。

17. 裴娣娜：《中国教育论学科的当代形态及发展路径》，载《教育研究》，2009(3)。

18. 范国睿、孙闻泽：《改革开放 40 年教育体制机制改革的历史与逻辑分析》，载《教育研究》，2018(7)。

第六章

课　程

学习目标

1. 了解课程的发展历史和不同课程理论流派的基本观点，理解课程发展的影响因素。

2. 掌握基本的课程类型及其特征，了解课程设计的基本要求、课程目标的价值取向、课程实施中的影响因素，以及课程评价的方法与过程。

3. 了解我国当前基础教育课程改革的理念、目标及内容。

4. 理解校本课程开发的方法及意义。

本章导读

课程有广义和狭义之分，本章对课程的概念及发展历史进行了详细的阐释，介绍了不同的课程理论流派，以及课程的不同类型、特征及影响因素。本章对我国基础教育课程改革的理念、目标及内容进行了分析，这为我们更好地理解课程改革以及进行校本课程开发提供了基础保障。

本章知识结构图

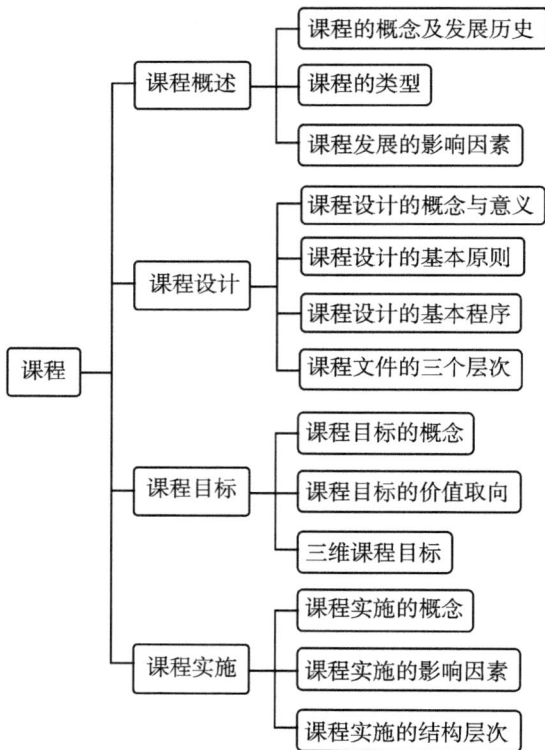

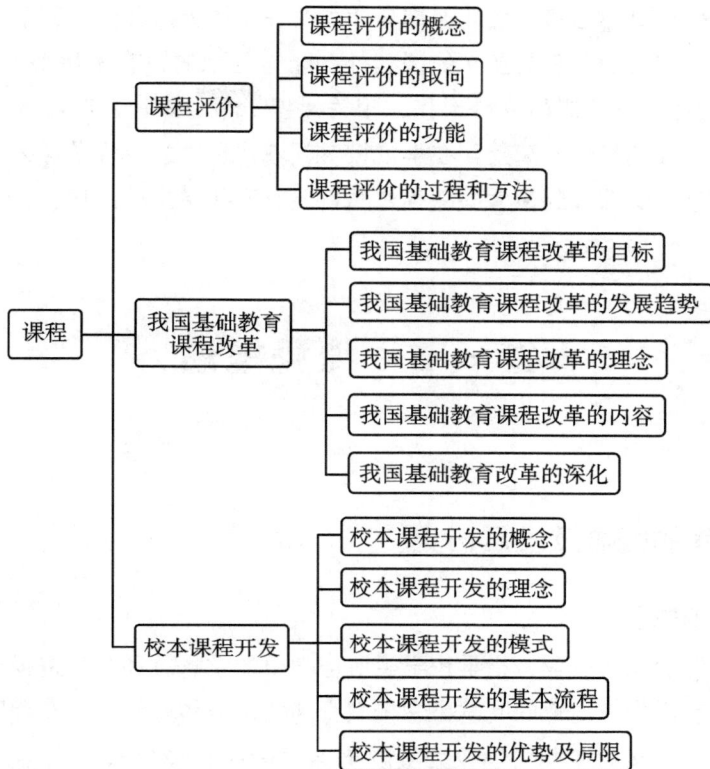

```
                          ┌─────────────────┐
                     ┌───│ 课程评价的概念    │
                     │    └─────────────────┘
                     │    ┌─────────────────┐
            ┌──────┐ ├───│ 课程评价的取向    │
            │课程评价│─┤    └─────────────────┘
            └──────┘ │    ┌─────────────────┐
                     ├───│ 课程评价的功能    │
                     │    └─────────────────┘
                     │    ┌─────────────────┐
                     └───│ 课程评价的过程和方法│
                          └─────────────────┘
                          ┌──────────────────────┐
                     ┌───│ 我国基础教育课程改革的目标 │
                     │    └──────────────────────┘
                     │    ┌──────────────────────┐
                     ├───│我国基础教育课程改革的发展趋势│
            ┌────────┐│    └──────────────────────┘
     ┌──────│我国基础教育││    ┌──────────────────────┐
┌──┐ │      │课程改革   │├───│ 我国基础教育课程改革的理念 │
│课程│─┤      └────────┘│    └──────────────────────┘
└──┘ │                │    ┌──────────────────────┐
     │                ├───│ 我国基础教育课程改革的内容 │
     │                │    └──────────────────────┘
     │                │    ┌──────────────────────┐
     │                └───│ 我国基础教育改革的深化   │
     │                     └──────────────────────┘
     │                     ┌─────────────────┐
     │                ┌───│ 校本课程开发的概念  │
     │                │    └─────────────────┘
     │                │    ┌─────────────────┐
     │                ├───│ 校本课程开发的理念  │
     │      ┌────────┐│    └─────────────────┘
     └──────│校本课程开发│├───┌─────────────────┐
            └────────┘│    │ 校本课程开发的模式  │
                      │    └─────────────────┘
                      │    ┌──────────────────┐
                      ├───│ 校本课程开发的基本流程│
                      │    └──────────────────┘
                      │    ┌──────────────────┐
                      └───│ 校本课程开发的优势及局限│
                           └──────────────────┘
```

核心议题

1. 课程的内涵与边界

在教育学研究领域，课程的概念较为庞杂，据施良方的著作《课程理论：课程的基础、原理与问题》所述，课程的概念有 180 多个。为什么有如此多的课程的概念呢？课程的内涵到底是什么？课程定义的边界何在？

2. 课程的生成与认证

这里有两个需要明确的问题。第一，课程从哪里来？众所周知，课程源于学科发展需要、社会发展需要、学生发展需要以及三者之间的交叉与融合，但课程生成的具体过程与规律一直未解。第二，课程如何认证？在现实教育管理过程中，课程认知环节基本缺失，由此产生的问题主要有两个方面：一方面是教师课程生成的意识淡薄、积极性不高；另一方面是课程实施过程中，学生不该学、不能学、不可学、不会学、不愿学的课程内容泛滥，造成教育时间、教育资源等方面的巨大浪费。

3. 课程的层次与类型

课程是学校教育的独特要素。课程既有层次之分，也有类型之别。关于课程类型，目前比较成熟的划分有：显性课程与隐性课程，国家课程、地方课程与校本课程，学科课程、综合课程与活动课程，线上课程与线下课程，等等。随着网络在教育领域的地位与作用日益凸显，实体课程与虚拟课程将成为课程的一种重要分类。关于课程分层，除了广义的课程与狭义的课程外，能够见到的只有王伟廉教授在《课程研究领域的探索》中提到的诸如分科课程、相关课程、融合课程、广域课程、核心课程等。迄今而言，我们仍然不清楚，在学校教育领域，最小的课程是什么，最大的课程又是什么，在最小的课程到最大的课程之间，还有哪些层次的课程。

第一节　课程概述

一、课程的概念及发展历史

(一)课程的概念

课程，即课业及其进程，指学校学生所应学习的学科总和及其进程与安排。课程所涉及的教育教学中教与学的问题是学校教育的关键或核心问题。在我国，课程有广义、狭义之分。广义的课程指学校为实现培养目标而选择的教育内容及其进程的总和，既包括学校教师所教授的各门学科内容，也包括其他有目的、有计划、有组织的教育教学活动。狭义的课程指某一门具体学科内容，如语文课程、数学课程、英语课程等。

英国的斯宾塞是最早将课程这一专门术语用于教育科学的教育学家。课程(curriculum)是由拉丁语 currere 一词派生出来的，意为跑道(race-course)。根据这个词源，最常见的课程定义是学习的进程(course of study)，简称学程。

有国外学者将课程概念由大到小归纳为七大类型：①儿童所具有的全部经验(不管这些经验在何时何地产生)；②在学校当局指导下，学习者所获得的全部经验；③学校提供的全部学程(course of study)；④对某种特定学程的系统安排，这些学程旨在达到一定的目的(如升学准备课程)；⑤在特定的学科领域内所提供的学程；⑥某个专业学校中的教学计划(如两年保育课程)；⑦个体所修习的具体科目(如英语、数学等)。

在我国，从事课程论研究的学者对课程概念进行了阐释。廖哲勋、田慧生把我国学者对课程的定义概括为六种：①课程即教学的科目；②课程是课业及其进程；③课程是为实现各级教育目标而规定的教学科目及其目的、内容、范围、分量和进程的总和；④课程是为实现学校教育目标而选择的教育内容的总和；⑤课程是在学校当局指导下，学习者所获得的全部经验；⑥课程是指导学生获得全部教育性经验的计划。

廖哲勋、田慧生认为，课程是在一定学校的培养目标的指引下，由具体的育人目标、学习内容及学习活动方式组成，具有多层组织结构和育人计划性能，用以指导学校教育、教学活动的育人方案，是学校教育活动的一个组成部分。黄甫全则认为，课程是进入教育领域的文化，课程生成与发展的根本依据在于人的学习本性和潜能，课程作为进入教育领域的特殊文化，其实质就是人的学习生命存在及其优化活动。

综上所述，我们认为，课程是学校特有的教育影响，是学校根据培养目标建构起来的教育教学活动总和。课程既是静态的也是动态的，既是显性的也是隐性的，既是预设的也是生成的。

(二)课程发展的历程

1. 课程的学科历史

将课程作为一个独立的研究领域，对课程进行系统研究并从理论上加以概括，是20世纪以来的事情。人们一般认为，美国学者博比特在1918年出版的《课程》一书标志着课程作为专门研究领域的诞生。这是教育史上第一本课程理论专著，从而为课程理论奠定了基础。博比特认为，教育实质上是一种显露人的潜在能力的过程，它与社会条件有特殊的联系。鉴于教育要使学生为成人生活做好准备，因此应该根据对社会需要的研究来确定课程目标。为了使课程科学化，必须使目标具体化，因为科学的时代要求精确性和具体性。在博比特看来，最科学的方法是通过对人类社会活动的分析，发现社会所需的知识、技能、能力和态度等，以此作为课程的基础。

查特斯也是课程发展史上一位重要人物。查特斯认为，课程工作者的首要任务是发现人们必须做些什么，然后向他们展示如何去做。查特斯还主张应该把理想作为课程的一个重要组成部分，课程应该由理想和活动这两者构成。

泰勒在1949年出版的《课程与教学的基本原理》被公认为是现代课程理论的奠基石，是现代课程研究领域最有影响的理论构架。这个原理是围绕四个基本问题展开的：①学校应该达到哪些教育目标；②提供哪些教育经验才能实现这些目标；③怎样才能有效地组织教育经验；④我们怎样才能确定目标正在得到实现。我们可以把这四个问题看作课程编制过程的四个步骤或阶段。

2. 中外课程的实践历史

在我国古代还没有出现课程这一专门名词之前，古籍中便有了关于课程实践方面的记载。例如，《礼记》中记载，"六年教之数与方名"，"九年教之数日。十年出外就傅，居宿于外，学书记"，"十有三年学乐，诵诗，舞勺，成童舞象，学射御。二十而冠，始学礼"，等等。① 我国古代也有学者注意到要根据不同的年龄、学业水平安排不同的课程内容，以便取得更好的效果。我国一些古代思想家和教育家，如孔子、墨

---

① 戴圣：《礼记精华》，傅春晓译注，164页，沈阳，辽宁人民出版社，2018。

子、孟子和荀子等，都对课程问题做了一定的探讨。比如，孔子认为教育的目的就是培养治国安民的贤能之士。为达到此目的，他推行"文、行、忠、信"四大教育任务，确定了教学科目，编写了各科教材。

在西方教育发展史上，古希腊的斯巴达和雅典的课程较有代表性。由于地理环境不同，社会政治经济发展不平衡，因而两国课程设置也有很大差别。

斯巴达位于伯罗尼撒半岛南部的平原上，交通闭塞，便于农业生产。斯巴达是农业奴隶制国家，这就决定了斯巴达教育的特点，即通过严酷的军事体育操练把贵族子弟训练成为体格强壮的武士。它的主要课程是"五项竞技"——赛跑、跳跃、角力、掷铁饼、投标枪，此外，还有游泳、骑马、射箭、军事游戏、音乐和舞蹈等课程。

雅典位于希腊半岛的东南部，交通方便，手工业和商业相当发达。地理条件的优越性使雅典发展为一个繁荣富强的国家，这就决定了雅典的教育注重培养多方面和谐发展的人。雅典城邦是民主政体形式，许多人通过公民辩论参加城市事务的管理。为了有效地在公民集会上演说，人们需要掌握演说的方法和技巧。因此，智者派给贵族青年传授"三艺"——文法、修辞、雄辩术，培养了一批演说和辩论人才。智者派创立的"三艺"是古希腊最早的课程内容。

柏拉图认为教育的目的首先是培养哲学家，其次是培养和训练保卫国家与维持国家秩序的军人，最后是劳动者。依据这一目标，柏拉图吸收并发展了智者派的"三艺"和斯巴达的课程，在教育史上第一次提出了"四艺"课程：算术、几何、天文和音乐，构成了希腊完整的课程体系，为"七艺"的产生做出了重要贡献。

在罗马帝国后期，学校教育逐渐衰败，基督教兴起，宗教教育取代了世俗教育。奥古斯丁认为人们所看到的世间一切事物不过是神的旨意的体现，教育的目的是为基督教服务，使人类更爱上帝。他主张"七艺"课程应该作为宗教教育的工具和形式，教材的内容要彻底改变，以《圣经》及相关宗教著作为主，使之服务于基督教。奥古斯丁的观点给"七艺"课程打下了深深的神学烙印，影响了中世纪教育和文化的发展。

对中世纪宗教课程的否定归功于14世纪产生的文艺复兴运动。人文主义者们认为宗教教育压抑和摧残了儿童的个性，并提出了适应人的能力发展的课程内容。

(三)课程的理论流派

1. 学科中心课程论

学科中心课程论是课程理论中最早出现、影响最广的课程理论。学科中心课程论的出发点是学科本身，从不同学科中选取知识，设置对应课程，通过分科教学，使学生掌握各学科的基本知识、技能、思想等，从而促进学生的知识结构的形成。

(1)基本观点

第一，知识是课程中不可或缺的要素，是课程的核心。

第二，学校课程应以各科知识的分类为基础，教学活动以学科教学为核心，以掌握各科的基本知识、基本技能为目标。

(2)代表人物

夸美纽斯(代表作《大教学论》)、赫尔巴特(代表作《普通教育学》)、斯宾塞(代表作《教育论》)、赫钦斯(代表作《美国高等教育》)、布鲁纳(代表作《教育过程》)、巴格莱(代表作《教育与新人》)等是学科中心课程理论的代表人物,其代表理论有要素主义、结构主义、永恒主义。

布鲁纳主张,不论教师教什么学科,务必使学生理解学科的基本结构。所谓学科的基本结构,就是学科的基本的原理、基础的公理和普遍性的主题。学科的基本结构不只有单一的模式,故可重组为各种特殊的结构。学科的基本结构的教育价值是丰富的,主要表现在四方面:①掌握结构,使学科更容易理解;②有助于更好地记忆科学知识;③有助于促进知识技能的迁移,达到使学生举一反三、触类旁通的目的;④有助于缩小高级知识与初级知识之间的差异。

2. 社会改造课程论

社会改造课程论亦称为社会中心课程论,其重点放在当代社会的问题、社会主要的功能、学生关心的社会现象,以及社会改造和社会活动计划等上,认为课程应该围绕当代重大的社会问题来组织。

(1)代表人物

社会改造课程理论的代表人物有康茨、拉格、布拉梅尔德(代表作《教育哲学的模式》)、布迪厄(代表作《关于课程的课程》)、金蒂斯(代表作《资本主义美国的学校教育》)等。

(2)基本主张

主张社会改造是课程的核心;主张尽可能让学生参与社会生活,课程的知识和价值应有助于学生的社会反思,唤醒学生的社会责任意识和增强学生适应社会生活的能力;主张建立一种新的社会秩序和社会文化,将学生看作社会的一员,帮助其适应现存社会。

3. 学生中心课程论

学生中心课程论,又称经验课程论或儿童中心课程论,美国实用主义教育家杜威是学生中心课程论的奠基人。他强调教学要着眼于学生的思维方式、兴趣和需要,发挥学生的主动性,强调学生与社会的联系。其中,"从做中学"是杜威教学理论的基本指导思想。

(1)代表人物

学生中心课程论的代表人物有杜威(代表作《民主主义与教育》)、卢梭(代表作《爱弥儿》)、克伯屈(代表作《教育哲学》)等。

(2)基本主张

主张课程的核心不是学科内容,不是社会问题,而是学生的发展,课程应以学生的社会活动为中心；主张课程内容不是既定不变的，而是随着教学过程中学生的变化而变化的，以学生的直接经验为教材内容；主张教材编排应注意学生的心理结构和个性特征；主张学生在做中学习，在活动中学习。

二、课程的类型

课程的类型指课程的组织方式或课程的种类。不同类型的课程是在不同的课程设计思想的指导下生长的，课程设计者的课程观不同，所设计的课程的特征、功能、作用也有所不同。在教学实践中，可通过组合不同的教育课程以实现学生的全面发展。

(一)根据课程的组织核心划分

1. 学科课程

学科课程亦称分科课程，是以学科逻辑为中心编制的课程，是人们从各个科学领域选择一定内容，根据知识的逻辑体系，分门别类地将所学知识组织起来的课程体系。

学科课程符合学生学习认知的规律，能够保证学生掌握系统的科学文化知识，更好地认识世界，完善个人知识结构，使人类文化遗产、人类文明能够更好地传承。我国古代的"六艺"和古希腊的"七艺"都是其典型代表。

学科课程的特点表现为：①学科课程是人们从不同的知识体系出发设计的，强调知识本位；②强调对各学科理论知识、基本原理、概念和间接经验的学习；③主张以不同学科逻辑体系为中心来组织课程，对人类活动的经验加以抽象、概括、分类整理。

2. 活动课程

活动课程亦称经验课程、儿童中心课程，是与学科课程对立的一种课程类型。它以儿童从事某种活动的兴趣和动机为中心组织课程，儿童在活动中学习，经验得到丰富和增长，从而提高解决问题的能力。法国自然主义教育思想家卢梭是活动课程的思想的奠基人。19世纪末20世纪初，美国的杜威和克伯屈发扬了这一思想。

活动课程的特点表现为：①活动课程是人们从学生的学习兴趣和需要出发设计的，激发学生学习的动机，强调儿童本位；②主张儿童在实践中探索、尝试和总结，习得直接经验；③主张以儿童心理发展的逻辑顺序为中心组织课程。

3. 综合课程

综合课程又称广域课程，它是人们为了克服学科课程的封闭性和活动课程的随意性而通过合并相邻领域学科的办法，把若干门学科组织在一起而成的课程。综合课程是以分科课程改革者的面孔出现的，它针对分科课程分科过度精细的学科化倾向，力求打破传统学科的界限，以满足科学技术发展日益综合化的需要。

综合课程的形式有以下几种。

一是相关课程，即在保留原来学科的独立性的基础上，寻找两门或多门学科之间的共同点，使这些学科的教学顺序能够相互照应、相互联系、穿插进行的课程。例如，数学课中所学的数学知识是物理、化学学科学习的基础。

二是融合课程，也称合科课程，即把部分的科目统合兼并，形成范围较广的新科目，选择对于学生有意义的论题或具有概括性的问题进行教学的课程。例如，历史、地理、政治融合为综合社会科学，植物学、动物学、生理学融合为生物学等。

三是广域课程，即合并数门相邻学科的教学内容而形成的综合性课程。现今比较通行的广域课程有综合了物理、化学、生物、实用技术等学科的综合自然科学，综合了阅读、写作、戏剧、电影、电视、新闻和实用语言等教学内容的语言艺术。

四是核心课程。这种课程围绕一些重大的社会问题组织教学内容，又被称为问题中心课程，如以环境保护、社会或组织与管理等以人类基本活动为主题而设计的课程。社会问题就像包裹在教学内容里的果核一样。

前三种课程都是在学科领域的基础上进行知识综合的课程形式，它们打破了原有的学科界限，是旧的学科课程的改进和扩展；而核心课程则是以解决实际问题的逻辑顺序为主线来组织教学内容的，其综合课程的性质未发生改变。

综合课程具有整合性、开放性、灵活性、适应性等特点。综合课程打破了学科课程间的界限，将相邻学科的内容加以筛选、整合，按照新的体系合并为一个新的学科，减轻了课程门类，拓宽了学习的广度，提供了多学科的方法和视野，减轻了学生的负担，有利于培养学生综合运用各门学科知识解决问题的能力。综合课程教科书的编制难度较大，综合课程的教学对教师的素质和能力要求较高，加重了教师的负担和教师教育及教师培训的难度。

(二)根据学生学习的课程任务划分

1. 基础性课程

基础性课程即必修课，它注重学生基础能力的培养（基本知识、基本技能），是共同的、必修的。基础性课程是学生必须学习的课程。

2. 拓展性课程

拓展性课程即选修课，它注重拓展学生的知识与能力，开阔学生的知识视野，发展学生各种不同的特殊能力，使学生能将所学知识迁移到其他方面。拓展性课程的主要价值在于有利于发展学生的兴趣、爱好及特长，学生可以根据自己的兴趣、爱好决定是否学习该课程。它具有选择性和多样性的特征。

3. 研究性课程

研究性课程注重培养学生的探究态度与能力，培养学生的研究能力与创新精神。

研究性课程不只是由专家预先规划设定的特定知识体系的载体，开展该课程的过程同时是师生共同完成课程内容的选择、组织与发展的动态生成过程。研究性课程的开设为学生构建了一种开放的学习环境，有利于师生在课上共同探索新知的生成、发展的过程，给学生提供了一个多渠道获取知识并将学到的知识加以综合和应用于实践的机会，能够引导学生关注自然、关注社会，走向社会并形成积极的人生态度。

基础性课程、拓展性课程、研究性课程的关系表现为：①基础性课程的教学是拓展性、研究性课程的学习基础，体现了社会对人才的统一要求；②拓展性课程的教学是研究性课程的学习基础，体现了对个体学习兴趣和需要的尊重，为学生个性的自由发展提供了空间；③拓展性、研究性课程的学习对基础性课程的教与学两方面都起着增益增效的作用。

(三)根据课程制定者或管理层次划分

1. 国家课程

国家课程也被称为国家统一课程，指自上而下由中央政府负责编制、实施和评价的课程。其管理权属中央级教育机关，体现国家的意志，是专门为培养未来的公民而设计的，属于一级课程。

国家课程的特点在于强调课程内容的共同性、一致性和发展性，在实施上具有强制性。国家课程明确规定了学生在接受学校教育期间应达到的标准，提高了学生所接受的学校教育的连续性和连贯性，为公众更好地了解学校教育提供了依据。

2. 地方课程

地方课程又名地方本位课程，指地方各级教育主管部门根据国家课程政策，以国家课程标准为基础，在一定的教育思想和课程观念的指导下，根据地方经济、政治、文化的发展水平及其对人才的特殊要求，充分利用地方课程资源而开发、设计、实施的课程。地方课程在充分利用地方教育资源、反映基础教育的地域特点、增强课程的地域适应性方面有重要价值。

地方课程的特点突出表现为它充分体现本地的教育发展水平，强调本地的社会、经济、文化与地方教育特色的融合，充分利用了本地课程资源，满足地方发展的需求，具有针对性、地域性、民族性、文化性、灵活性等特点。

3. 学校课程

学校课程，即校本课程，它是学校在确保国家课程和地方课程有效实施的前提下，针对学生的兴趣与需要，结合学校的传统和优势以及办学理念，充分利用学校和社区的课程资源，自主开发或选用的课程，是基础教育课程体系中不可或缺的一部分，可以展示学校的办学宗旨和校园文化特色。

学校课程的特点即强调从学校、学生的实际需要出发，在国家课程注重普遍性、难以兼顾学生的个别差异的情况下，满足学生多样化的需要，具有灵活性、多样性、自主性等特征。

学校课程有利于学校的办学特色的形成，尊重学校、学生的个别差异，满足学生多样化的需要，使教师成为课程与教学的领导者，促进教师专业能力的持续发展。

国家课程、地方课程与学校课程之间的关系，实质上涉及课程的集权与分权、统一与多样、标准与特色的平衡问题。在义务教育阶段，学校课程以国家课程为主，以地方课程和学校课程为辅。国家课程是一个国家基础教育课程计划框架的主体部分，涵盖的课程门类和所占课时比例与地方课程和校本课程相比是最多的，它在决定一个国家基础教育质量方面起着举足轻重的作用。我国的三级课程构成了学校课程的有机整体，拥有共同的培养目标，实现不同的课程价值，从不同的方面促进学生的发展。

(四)从课程的表现形式上划分

1. 显性课程

显性课程亦称正式课程、公开课程、官方课程，指在学校情境中为实现一定的教育目标而以直接的、明显的方式列入学校教学计划的各门学科的课程。显性课程是课程的主要形式，是教学的主要载体。

显性课程具有计划性、规范性、行政性、可评估性等特征。其中，最显要特征当属计划性。

2. 隐性课程

隐性课程又称非正式课程、潜在课程、隐蔽课程，指那些难以预期的、对学生的发展有潜移默化影响的教育因素。隐性课程一词最早出现在美国教育学家杰克逊1968年出版的《班级生活》一书中。隐性课程的主要表现形式包括两方面：一是学校和班级的情境，包括物质情境(如学校建筑、设备)，文化情境(如教室布置、校园文化、各种仪式活动)，人际情境(如师生关系、同学关系、学风、班风、校风)；二是制度情境，包括学校管理体制、学校组织机构、班级管理方式、班级运行方式。

隐性课程的特点包括影响范围广泛性、内容普遍性、影响方式无意识性等。教师在教育过程中要做到特别重视学生学习的过程，优化学校的整体育人环境，塑造和完善学生的人格结构。

三、课程发展的影响因素

在当代社会，人们比较一致地认为，社会、知识或文化、学生身心发展需求是影响、制约课程的关键因素，它们对课程与教学的产生、变化和发展起决定作用。

社会对课程的发展的影响是最持久和最深刻的。学校课程是一定时期社会、政治、经济文化的产物，不同时期的政治、经济、文化对人才的需求有所不同，既在选择标准上决定课程与教学内容的变化和发展，又在宏观上决定课程结构形式的变化和发展。

知识或文化是课程的本质，是课程开发的知识来源，课程是知识的具体存在和表现形式。文化中的价值观、思维方式直接影响课程的内容和表达方式，知识和文化在来源上决定了课程与教学内容的产生、变化与发展。

学生身心发展需求是每一门课程都要考虑的因素，课程与教学结构优化的客观依据就是儿童身心发展规律和学习规律，它们直接决定着课程内容的顺序结构形式和教学活动结构形式。课程开发的目的就是尽可能地用学生理解和接受的方式去满足学生多样化的学习需求，促进学生的个性发展。

第二节　课程设计

一、课程设计的概念与意义

(一)课程设计的概念

课程设计通常有两种解读。一是指为使学生掌握某一课程内容而进行的设计，诸如一节课的设计或一次综合性实践活动的设计，属于课程实施层面的课程设计；二是指为对某一门课程进行教学策划而进行的设计，设计者按照一定的教学理念，有目的、有计划、有结构地生成教学方案、教学大纲、教学材料等。

(二)课程设计的意义

其一，课程设计基于对课程资源的选择。通过开展课程设计活动，可以产生全新的课程方案，从而引发对师生的双边活动具有深远意义的课程改革。

其二，课程设计指向对课程各要素的优化组合、对目标和学习经验的重新确定，有利于以更清晰的方式将课程中各要素联系起来，实现课程组织结构的平衡和革新。

二、课程设计的基本原则

课程设计一般遵循如下几个基本原则。

(一)保证教育目的、培养目标的实现

课程设计必须保证学生身心的全面、和谐的发展，为其继续学习深造或参加社会主义建设打好坚实基础。课程设置要体现基础性、全面性、时代性的特点。

(二)依据课程理论科学性的要求，合理安排各类课程及活动

把学科课程和活动课程、分科课程和综合课程、显性课程和隐性课程等有机地结合起来，根据各类课程和各类活动的作用、特点以及它们之间的内在联系，合理地统筹安排教学顺序和教学课时，以体现课程结构的完整性。

(三)注重学生认知发展规律和教育各阶段知识的衔接性

课程设计要考虑各教育阶段的相对完整性，使每个阶段的学生都能接受比较完整的全面教育。同时，在课程设置和教科书内容上，减少不必要的循环和重复，做到相互衔接，妥善安排。

(四)整合课程设计统一性和灵活性

课程设计应因地、因校制宜，具有一定灵活性，适应学生身心发展的规律。同时，还要考虑学生发展的一般特点和个别差异，把统一要求与因材施教结合起来，使学生的个性得到充分发展。

三、课程设计的基本模式

(一)课程设计的目标模式的定义

目标模式亦称为泰勒模式，是美国现代课程理论之父泰勒在 1949 年所著《课程与教学的基本原理》中提出的一种课程评估模式。

目标模式是以目标为课程开发的基础和核心，围绕课程目标的确定及其实现、评价而进行课程设计的模式。

(二)目标模式下课程设计的四个基本问题

泰勒在《课程与教学的基本原理》一书中开宗明义地指出，有四个基本问题是在进行课程设计时必须回答的。

1. 学校应该达到什么教育目标(确定教育目标)

泰勒认为，确定教育目标是课程设计的出发点，并建议课程设计者应根据对学习者自身的兴趣和需要、当代的校外生活的需要以及学科专家的建议三个方面来制定课程目标，并去掉不重要的和矛盾重复的目标，最后形成明确的教育目标。

2. 如何选择有助于达到教育目标的学习经验(选择学习经验)

在泰勒看来，学习经验产生于学习者与环境中的外部条件之间的相互作用。在选择学习经验方面，需要遵循以下五点原则。

①学生必须具有使他有机会实现教育目标的行为经验。

②学习经验必须使学生在实践时获得满足感。

③学习经验应在学生能力所及范围之内。

④多种特定经验可用来达成同一教育目标。

⑤同一种学习经验可产生几种结果。

3. 如何有效组织这些教育经验(组织学习经验)

泰勒提出了学习经验的纵向组织(不同阶段的学习经验间的联系)和横向组织(不同领域的学习经验间的联系)两种组织形式,并通过贯彻有效组织学习经验的标准,即连续性(课程设计中要给学生重复学习重点知识和进行演练的机会)、序列性(后一学习经验要对前一学习经验进行深化和巩固)和整合性(课程间的横向联系),来实现不同学习经验之间的相互整合、相互转化。

4. 如何确定这些教育目标是否得以实现(评价结果)

泰勒认为,评价就是检查课程的实际效果与预期的教育目标之间的差别的手段。这一评价至少包含两个方面的内涵:必须评价学生的行为;在任何时候,评价都必须包含一次以上的评估。

以上的这四个基本问题——确定教育目标、选择学习经验、组织学习经验和评价结果构成了著名的泰勒原理,也是课程设计的四个基本步骤。

四、课程文件的三个层次

(一)课程计划

1. 概念

课程计划是国家教育行政部门根据一定的教育目的和培养目标制定的各级各类学校教学和教育工作的指导性文件。其中,课程设置(开设什么科目)是课程计划要解决的中心问题。

课程计划决定着教学内容总的方向和总的结构,并对有关学校的教学、教育活动,生产劳动和课外活动,校外活动等各方面做出全面安排,具体规定学校的学科设置、各门学科的教学顺序、教学时数以及各种活动等。教学计划、教学大纲和教科书相互联系,共同反映教学内容。我国义务教育教学计划具有强制性、普遍性、基础性的特点。

2. 教学计划设计的原则

①分析学校的教育教学目标,考虑中小学教育的性质及任务对课程的要求。

②研究中小学生身心发展的一般规律。

③调查了解现阶段社会政治、经济、文化的发展状况,研究社会对人的素质的客观要求,并就将来社会对人的质量、规格的要求做出预测。

④分析并比较研究国外相关教学计划,总结历史经验,从中吸取经验教训,避免走弯路。

(二)课程标准

课程标准(教学大纲)是根据课程计划来规定的,以纲要的形式编写的针对各门学科的课程性质、课程目标、内容目标、实施原则及方式、结果标准的指导性文件。课程标准是教材编写、教师教学、教学评估和考试命题的直接依据，是管理和评价课程的基础。

(三)教材

1. **教材的概念**

教材是供教学用的资料。课程标准是教材编写的依据，教材是课程标准最重要的载体。教材的定义有广义和狭义之分。广义的教材指课堂上和课堂外教师和学生为达到教学目标而使用的各种教学材料，如课本、练习册、活动册、故事书等。狭义的教材即教科书，教科书是课程的核心教学材料，也是学生获取各学科知识的主要途径。

2. **教材的作用**

教材包含了人类千百年来积累的文化知识的精华，是人类继承和发扬优秀文化的直接载体，有利于使课程设计的理想得到具体的落实，满足学生课内、课外学习的需要，开阔学生的视野，帮助教师理解和实践课程方案。

3. **教材组织方式**

①逻辑式组织，即按照有关科学知识的内在逻辑顺序组织教材。

②心理式组织，即以学生为本位，注重学生的兴趣、需要和能力，强调以学生的经验为教材组织的出发点，逐步扩大教材的内容范围，使学生愿学、乐学，而较少考虑知识体系的完整性。

③折中式组织，即兼顾学科与学生两方面的需要和情况，择采两者之长，同时针对不同的学科和学生不同的学习阶段，又有所侧重。

4. **教材的编排方式**

教材的编排方式一般有以下四种。

①直线式。对一科教材内容采取环环相扣、直线推进、不予重复的排列方式。也就是说，在教材的内容排列中，后面不重复前面已讲过的内容。

②螺旋式。针对学习者的接受能力，按照繁简、深浅、难易的程度，使一科教材内容的某些基本原理重复出现，逐步扩展，螺旋上升。

③平行式。把教学内容分为若干个平行的单元，针对这些平行单位分别采用相应的教学方法，逐一开展教学活动，最后进行总结。

④综合式。是上述几种方式的综合。

第三节　课程目标

一、课程目标的概念

课程目标是根据教育宗旨和教育规律而提出的课程的具体价值和任务指标。课程目标是对国家教育方针和教育目的的反映。在广义上，课程目标的含义定位于教育与社会的关系，包含教育方针、教育目的、培养目标、课程教学目的和教学目标，而教学目标又包含年级教学目标、单元教学目标和课时教学目标。在狭义上，课程目标的含义定位于教育与学生的关系。

与课程目标相关的概念教育目的、培养目标、教学目标，三者概念如下。

第一，教育目标是培养人的方向和规格(一定社会培养人的总要求)。

第二，培养目标是教育目的在各级各类学校教育机构的具体化。

第三，教学目标是课程目标的进一步具体化，是指导、实施和评价教学的基本依据，是师生在学科教学活动中预期达到的教学结果。

论四种不同目标的关系，概括起来说，教育目的是教育目标的最高层次，对培养目标和课程目标起着统帅、支配、制约的作用，教学目标则指向实现课程目标的具体化和操作化表现。

二、课程目标的价值取向

课程目标的价值取向主要有三种，即学生本位、社会本位和学科本位。

①学生本位：课程目标主要反映课程促进个体成长的价值，课程的核心是情感与认知和学生行动的整合。

②社会本位：课程目标主要反映课程的社会性价值。

③知识本位：课程目标主要反映学科的固有价值。

三、三维课程目标

我国新一轮基础教育课程改革提出了由知识与技能、过程与方法、情感态度与价值观组成的三维课程目标。三维课程目标观体现了素质教育的要求和新时代背景下人全面发展的重要性。

(一)知识与技能

知识与技能目标主要涉及人类生存所不可或缺的核心知识及学科基本知识和基本

能力。其中，知识目标主要指学生要学习的学科知识（间接知识）、意会知识（生活、社会经验）、信息知识（多渠道获得的知识）。技能目标指需要通过练习而获得的、完成某种任务所必需的技能。

（二）过程与方法

过程与方法目标指向应答性学习环境和交往、体验，涉及基本的学习方式（自主学习、合作学习、探究学习）和具体的学习方式（发现式学习、小组式学习等）。

（三）情感态度与价值观

情感态度与价值观目标具有较强的描述性。情感指学生在学习结束后的感情体验，态度指学生在学习结束后应该具有的一种对周围事物、事件的态度，价值观指学生在学习结束后应该具有的对个人的价值、社会价值、科学价值、人文价值的正确态度，强调人类价值，更强调人类价值和自然价值的统一。

第四节 课程实施

一、课程实施的概念

课程实施指把课程计划付诸教育教学实践的过程，即课程目标在实际教育过程中的体现。它是达到预期的课程目标的基本途径。

二、课程实施的影响因素

课程能否成功实施取决于课程本身的特征、校长和教师的特征、校外环境的特征这三类因素的交互作用。

（一）课程本身的特征

课程本身的特征是影响课程实施的基本因素，包括以下三个方面：①课程目标与意义的清晰性，指向课程的实施者对课程目标与意义的理解程度；②课程的复杂性；③课程的实用性，课程的实用性越强，课程实施的可能性就越大。

（二）校长和教师的特征

校长在课程实施中无疑起到了至关重要的作用。学校是课程实施的基本单位和中心。校长越积极支持课程实施，课程成功实施的可能性就越大。

教师与教师之间的合作、信任、支持、交互和开放性的交往越理想，课程实施的可能性就越大。

教师的效能感越强，教师参与课程变革的积极性和主动性越强，课程实施的可能性就越大。这里的效能感指教师对成功地实施课程的自信心和相应的积极态度，这种自信心和积极态度是建立在一定的知识、技能的基础上的。

(三)校外环境的特征

政府部门是影响课程实施的重要力量，政府部门中的教育行政部门与学校课程实施直接相关，在课程的选择、启动和推广等阶段起着决策的作用。学校课程与学校所在地的学生的需要的一致性越大，就越能得到当地政府的支持，课程实施的可能性就越大。当然，这并不意味着学校要被动地顺应当地的现状，而要充分发挥学校教育的主体性，对当地现状做出建设性的批判与超越。

学校教育与社区文化相互渗透，呈现一体化发展的态势，是当今时代的一大特征。课程不应孤立于社区文化之外，而应自觉寻求与社区的整合。这种整合既包括对社区文化的积极适应与认同，也包括对社区文化的批判与超越。

家长也是影响课程实施的重要因素之一。家长对学校的关注度远远超过了社区其他人士，这是因为学校教育的每一方面都直接关系到孩子的成长和发展。因此，使家长认识与了解课程实施的意义和目标非常重要。

三、课程实施的结构层次

课程实施过程是一个递进的过程，其结构层次主要包含以下七个方面。

(一)安排课程表

课程表要按各学科知识整体性原则、迁移性原则和学生生理适宜原则来安排，实现各学科知识的互补，不能违背学生的身心健康发展的客观规律。

(二)分析教学任务

各学科教学任务要强调学生在认知、情感和技能三大方面的全面发展。教学的任务包括以下方面：引导学生掌握科学文化基础知识和基本技能；注意发展学生的智力、体力、创造能力和实践精神；培养学生高尚的审美情趣，使其形成良好的思想品德，形成科学的世界观和良好的个性心理品质。

(三)研究学生的学习特点

研究学生在学习的独立性、稳定性、发展性、灵活性方面的特点，因材施教，变被动学习、教条式学习为自主学习、合作学习、探究学习。

(四)选择并确定教学模式

任何教学模式都指向一定的教学目标，在教学模式的结构中教学目标处于核心地位，并对构成教学模式的其他因素起着制约作用，是教学评价的标准和尺度。

(五)规划教学单元

单元教学就是根据单元中不同知识点的需要，综合利用各种教学形式和教学策略，通过一个阶段的教学让学习者完成对一个相对完整的知识单元的学习。在课程实施过程中，规划教学单元是必不可少的。

(六)组织教学活动

教学活动通常指的是以教学班为单位的课堂教学活动，它是学校教学工作的基本形式。教学活动是一个完整的教学系统，它是由一个个相互联系、前后衔接的环节构成的。

(七)评价教学活动的过程与结果

教学评价指针对完成教学任务、达到教学目标的程度而进行的评价。不同教学模式所要完成的教学任务和所要达到的教学目的不同，其评价的方法和标准也有所不同。

第五节 课程评价

一、课程评价的概念

课程评价指基于课程的目标和评价，对课程各环节和方向进行诊断和分析。课程评价的对象包括课程实施的过程和结果。

二、课程评价的取向

课程评价典型的取向有：科学主义与人文主义、内在评价与结果评价、形成性评价与总结性评价。

(一)科学主义与人文主义

持科学主义态度的人相信真正的实验，而实验目标通常集中在结果或影响上。持科学主义态度的评价者常把测量分数作为评价依据。其搜集的材料都是定量的，因为可以进行科学地分析、比较，并在此基础上做出科学的评价。

人文主义则认为实验是不可接受的，因为社会现象是复杂的，事物之间是相互关联的。持人文主义态度的评价者常将从观察或讨论中获得的材料作为评价依据，侧重对实际情形进行文字描述而不是数据分析。

(二)内在评价与结果评价

内在评价准则通常直接指向课程本身，有时则可能只关注评价课程实施后的结果，即只是试图回答这样一个问题：这门课程好在哪里？评价者就课程计划所包括的特定内容、课程内容的正确性、课程内容排列的方式、课程计划所涉及的学生经验的类型，以及所包括的教学材料的类型，来评价课程本身的价值。人们可以假设：如果课程设计、组织得很好，并有可靠的基础，就有可能在促进学生学习方面是有效的。

结果评价关注的不是"这门课程好在哪里"的问题，而是"课程达到目标的实际情况如何"的问题，即把重点放在考查课程实施的结果上。结果通常都是以操作性方式来界定的。结果评价主要用来考查学生的学习成果，也可以用来考查对教师的教学质量。这种评价取向一般是根据前测与后测之间、实验组与控制组之间，或其他标准参数之间的差异来做出判断的。许多教育者都倾向于采用结果评价。在一些人看来，结果评价实际上是唯一可信赖的评价，因为它提供了课程对学生所产生的影响的可靠信息。

(三)形成性评价与总结性评价

形成性评价指为改进课程而进行的评价活动。形成性评价的目的就是要提供证据以便确定如何改进课程。形成性评价可在课程设计阶段和早期试验阶段使用，从而提供具体而又详细的反馈信息，以便让课程编制者随时了解问题所在；也可在课程实施阶段使用，可以检查学生能否有效地掌握某一特定课程内容或还需学习哪些内容。

总结性评价为课程在试行或实施一段时间后的评价，具有综合性，可以用于教学评价、鉴定和选拔。总结性评价的主要目的是得出课程效果如何的结论。

三、课程评价的功能

(一)课程优劣的诊断与修订

通过课程评价，可以找出课程优缺点及成因，为改进课程提供关键性建议，使课程与教学过程实现自我调节和良性循环。通过这些判断，能够尽早发现并迅速、及时地解决问题，使课程达到尽可能完善的程度，从而保证教学顺利、有效地进行。

(二)不同课程方案的比较和选择

对于不同课程方案，可以通过评价来比较其在目标设置、内容组织、教学实施以及实际效果等方面的优劣，从整体上判断其价值，再结合需要，对课程做出选择。

(三)课程目标达成评估

课程评价是检查课程与教学工作的重要手段。通过分析在评价活动中搜集到的事实性资料，并与既定目标的比较对照，可以评估课程目标达成程度。

(四)课程各环节的成效诊断

在进行课程评价时，可对课程或教学计划的设计、实施、管理、评价等过程进行全面衡量，做出全面断诊，包括对预定目标之外的效果进行诊断。

四、课程评价的过程和方法

(一)课程评价的过程

第一步,把焦点集中在确定评价目的上。评价者要详细说明评价活动的目的,并为评价的各个方面做出安排。另外,还要确定选择各种行动方针的准则,以及评定课程各组成部分的准则。

第二步,依据评价问题,搜集资料。评价者要识别评价所必需的信息,以及能用来搜集这些信息的手段。评价者还要根据评价的时间表来安排搜集信息的步骤。

第三步,组织材料。评价者要组织信息,以便进行分析。评价者要注意编码、组织、储存和提取的手段。

第四步,整理、分析资料。在这个阶段,评价者要选择和使用适当的分析技术。选择何种特定的技术,取决于该项评价的焦点在何处。

第五步,报告、反馈结果。评价者要确定评价报告的性质,并注意评价报告的读者是谁。评价者的报告可以是非正式的,也可以是正式的;可以是描述型的,也可以是数据分析型的。

(二)课程评价的方法

课程评价的方法与一般的研究方法类似,大而言之,包括量化研究、质化研究、文献探讨等方法。下面主要介绍观察法、访谈法、纸笔测验法。在课程评价的不同阶段,针对课程评价的不同对象,所运用的方法会有所不同。

1. 观察法

观察法是根据一定的课程评价目的,用自己的感官和辅助工具去直接观察被研究对象,从而获得资料的一种方法。在实际课程观察过程中,可采用封闭性、量化取向的观察或开放性、质化取向的观察。

2. 访谈法

访谈法即研究性交谈,是以口头形式,根据被询问者的答复搜集客观的、不带偏见的事实材料,以准确地说明样本所要代表的总体的一种方式。评价者可依据评价目的,进行个别深度访谈或焦点团体访谈。

3. 纸笔测试法

纸笔测试这种评价方式包括传统的考试、教师自编成就测验、标准化成就测验或其他作为教学评价辅助工具的各种心理测验等。在课程评价过程中,可以通过纸笔测试中的客观题和问卷等做量化取向的评价。

第六节　我国基础教育课程改革

一、我国基础教育课程改革的目标

(一)总体目标

新课程的培养目标应体现时代要求。要使学生具有爱国主义、集体主义精神，热爱社会主义，继承和发扬中华民族的优秀传统；具有社会主义民主法治意识，遵守国家法律和社会公德，逐步形成正确的世界观、人生观、价值观；具有社会责任感，努力为人民服务；具有初步的创新精神、实践能力、科学和人文素养以及环境意识；具有适应终身学习的基础知识、基本技能和方法；具有健壮的体魄和良好的心理素质，形成健康的审美情趣和生活方式，成为有理想、有道德、有文化、有纪律的一代新人。

(二)具体目标

1. 课程目标

改变课程过于注重知识传授的倾向，强调培养学生积极主动的学习态度，使获得基础知识与基本技能的过程同时成为学会学习和形成正确价值观的过程。

2. 课程结构

改变过于强调学科本位、科目过多和缺乏整合的课程结构，整体设置九年一贯的课程门类和课时比例，并设置综合课程，以适应不同地区和学生发展的需求，体现课程结构的均衡性、综合性和选择性。

3. 课程内容

避免"难、繁、偏、旧"和过于注重书本知识的课程内容，加强课程内容与学生生活以及现代社会和科技发展的联系，关注学生的学习兴趣和经验，精选终身学习必备的基础知识和技能。

4. 课程实施

避免课程实施过于强调接受学习、死记硬背、机械训练，倡导学生主动参与、乐于探究、勤于动手，培养学生搜集和处理信息的能力、获取新知识的能力、分析和解决问题的能力以及交流与合作的能力。

5. 课程评价

避免课程评价过分强调甄别与选拔，发挥课程评价促进学生发展，促进教师提高和改进教学实践的功能。

6．课程管理

避免课程管理过于集中，实行国家、地方、学校三级课程管理，增强课程对地方、学校及学生的适应性。

二、我国基础教育课程改革的发展趋势

(一)课程改革以学生发展为本，促进学生全面发展与个性培养的融合

以学生发展为本的课程，即课程改革的目标要着眼于学生的发展，注重学生个性的养成、潜能的开发和能力的培养。"为了每个学生的发展"是我国基础教育课程改革的核心理念，也是未来课程改革的基本趋势。以学生发展为本的课程是注重全体学生全面发展的课程。提高人的创新能力，要求德智体美劳全面和谐发展，同时又承认个性差异，使每个学生的个性潜能都得到开发和发展，这是新课程改革的基本精神和灵魂，也是新课程改革的主要趋势。

(二)稳定并加强基础教育，实现从"双基"教育到"四基"教育的转变

20 世纪 80 年代以来，一些国家和地区进行的教育课程改革，强调要坚持基础学科和基础知识的教学，这种教学模式与我国长期形成的坚持基本知识、基本技能的"双基"教学观不谋而合。

随着时代的进步，基于"双基"论的课程与教学已无法满足社会对培养人才的要求。在新时代，必须注重基本能力和基本态度的培养。这就意味着我国中小学课程改革不仅要巩固现有的教育基础，培养学生的基础性学力，还要进一步提高学生的实践能力和创造能力，实现从"双基"教育到"四基"教育的转变。

(三)加强道德教育

道德教育如何才能在学校课程中更好地体现，并产生好的教育效果，是未来课程改革必须面对的问题。应形成学校、社会、家庭三位一体的局面，将道德教育融入学校教育、社会教育和家庭教育中。道德教育绝不只是道德与法治课的责任，而是各科教学和活动都应承担的责任。不仅要重视正式课程的作用，也要重视隐性课程潜移默化的作用。

(四)注重课程综合化，减少分科教育的消极影响

长期以来，课程整合的理想和学科割裂的现实困扰着义务教育阶段的教育教学。学科之间相互交叉、渗透和融合，是人类知识发展本身的内在要求和客观趋势。课程综合化既是为了因避免增设新学科而造成学生课业负担，也是学生认识和把握科学知识基础的需要。学生在学习综合化课程的过程中，不仅可以初步建立合理的认知结构，而且可以形成综合思维能力以及自主创新能力。

(五)课程与现代信息技术相结合，加强课程个性化和多样化

现代信息技术的飞速发展带来了新课程理念的变革，并逐步使整个课程体系走向信息化。具体来说，在日常教学中，信息技术逐渐成为课程教学的主要辅助手段，也成了学生必备的基本技能，这进一步说明了课程与现代技术相结合的必然性。

课程既要体现共同性，又要体现差异性、层次性。课程的个性化实际上就是因材施教的问题。信息技术在学校教育中的普遍运用，为课程的个性化和教学过程的因材施教提供了技术支持。

(六)课程生活化、法治化

课程教学的最终目的是使学生把所学知识运用到实践中，践行学以致用的原则。这就需要加强课程与学生生活和社会实际需要之间的联系。

随着我国法治建设的日益完善，我国基础教育课程教材改革必然会沿着法治化的轨道健康前进。目前，我国已经制定了一系列关于课程教材建设的政策与法规。

三、我国基础教育课程改革的理念

(一)整体理念

我国基础教育课程改革的整体理念可以概括为"为了中华民族的伟大复兴，为了每个学生的发展"。这一基本的价值取向影响着我国基础教育课程体系的建设。

(二)主要内容

新课程改革的理念的主要内容是与改革的目标基本一致的，可以概括为以下六个方面。

1. 三维目标观

教学目标是由知识与技能、过程与方法、情感态度与价值观组成的三维目标。知识与技能是基础，过程与方法、情感态度与价值观是培养的重要因素。三维目标观体现了社会主义现代化建设背景下人的全面发展的重要性和素质教育的要求。

2. 综合课程观

新的课程观是生成的课程观，整合的课程观，实践的课程观。课程是教师、学生、教材、环境四个因素动态交互作用的生态系统。学生与教师的经验即课程，生活即课程，自然即课程。分门别类的教材只是课程的一个因素，只有在和其他因素整合起来，成为课程生态系统的有机构成时，这个因素才能发挥应有的作用。

3. 内容联系观

新课程不再把知识技能视为凝固起来的供人掌握和存储的东西，强调加强课程内容与学生生活以及现代社会和科技发展的联系，关注学生的学习兴趣和经验，精选终身学习必备的基础知识和技能。加强教学内容的生活化，使学习更具现实气息。

4. 学习方式观

学习者不是被动的旁观者，而是自主的参与者。学习方式观强调学生学习方式的转变，变被动学习、教条式学习为自主学习、合作学习、探究学习。培养学生学习的自主性、合作性、创造性，使学生更加适合社会发展的需要。

5. 发展评价观

评价是一个过程，评价是教育的过程，同时是发展的过程、共建的过程。新课程评价观强调发挥评价促进学生发展、促进教师提高和改进教学实践的功能，注重思维、方法、态度等方面与知识技能相结合的评价。

6. 全面发展观

以学生发展为本。发展的含义：全体学生的发展，全面和谐的发展，终身持续的发展，个性特长的发展，活泼主动的发展。以学生为本的含义：一切为了学生，高度尊重学生，全面依靠学生。

四、我国基础教育课程改革的内容

2001年，教育部决定大力推进基础教育课程改革，调整和改革基础教育的课程体系、结构、内容，构建符合素质教育要求的新的基础教育课程体系，印发了《基础教育课程改革纲要(试行)》。

(一)课程结构改革

1. 整体设置九年一贯制的义务教育课程

(1)小学阶段以综合课程为主

小学低年级开设品德与生活，语文、数学、体育、艺术(或音乐、美术)等课程；小学中高年级开设品德与社会、语文、数学、科学、外语、综合实践活动、体育、艺术(或音乐、美术)等课程。

(2)初中阶段设置分科与综合相结合的课程

主要包括思想品德、语文、数学、外语、科学(或物理、化学、生物)、历史与社会(或历史、地理)、体育与健康、艺术(或音乐、美术)以及综合实践活动。积极倡导各地选择综合课程。学校应努力创造条件开设选修课程。

2. 高中开设选修课程

为使学生在普遍达到基本要求的前提下实现有个性的发展，课程标准应有不同水平的要求，在开设必修课程的同时，设置丰富多样的选修课程，开设技术类课程。积极试行学分制管理。

3. 从小学至高中设置综合实践活动并作为必修课程

综合实践活动内容主要包括：信息技术教育、研究性学习、社区服务与社会实践以及劳动与技术教育。强调学生通过实践，增强探究和创新意识，学习科学研究的方法，发展综合运用知识的能力，增进学校与社会的密切联系，培养学生的社会责任感。在课程的实施过程中，加强信息技术教育，培养学生利用信息技术的意识和能力，了解必要的通用技术和职业分工，形成初步技术能力。

4. 农村中学课程要为当地社会经济发展服务

农村中学课程在达到国家课程基本要求的同时，可根据现代农业发展和农村产业结构的调整因地制宜地设置符合当地需要的课程，深化"农科教相结合"和"三教统筹"等项改革，试行通过"绿色证书"教育及其他技术培训获得"双证"的做法。城市普通中学也要逐步开设职业技术课程。

(二)课程标准改革

1. 国家课程标准

国家课程标准是教材编写、教学、评估和考试命题的依据，是国家管理和评价课程的基础。应体现国家对不同阶段的学生在知识与技能、过程与方法、情感态度与价值观等方面的基本要求，规定各门课程的性质、目标、内容框架，提出教学和评价建议。

制定国家课程标准要依据各门课程的特点，结合具体内容，加强德育工作的针对性、实效性和主动性，对学生进行爱国主义、集体主义和社会主义教育，加强中华民族优良传统教育和国防教育，加强思想品质和道德教育，引导学生树立正确的世界观、人生观和价值观；要倡导科学精神、科学态度和科学方法，引导学生创新与实践。

2. 幼儿园教育标准

幼儿园教育要依据幼儿身心发展的特点和教育规律，坚持保教结合和以游戏为基本活动的原则，与家庭和社区密切配合，培养幼儿良好的行为习惯，保护幼儿的好奇心和求知欲，促进幼儿身心全面和谐发展。

3. 义务教育课程标准

义务教育课程标准应适应普及义务教育的要求，体现国家对公民素质的基本要求，让绝大多数学生经过努力都能够达到，体现国家对公民素质的基本要求，着眼于培养学生终身学习的愿望和能力。

4. 普通高中课程标准

普通高中课程应在坚持使学生普遍达到基本要求的前提下，有一定的层次性和选择性，并开设选修课程以利于学生获得更多的选择和发展的机会，为培养学生的生存能力、实践能力和创造能力打下良好的基础。

(三)教学过程改革

1. 教师在教学过程中的作用

教师在教学过程中应与学生积极互动、共同发展，处理好传授知识与培养能力的关系，注重培养学生的独立性和自主性，引导学生质疑、调查、探究，在实践中学习，促进学生在教师指导下主动地、富有个性地学习。教师应尊重学生的人格，关注个体差异，满足不同学生的学习需要，创设能引导学生主动参与的教育环境，激发学生的学习积极性，提高学生运用知识的态度和能力，使每个学生都能得到充分的发展。

2. 信息技术在教学过程中的作用

大力推进信息技术在教学过程中的普遍应用，促进信息技术与学科课程的整合，逐步实现教学内容的呈现方式、学生的学习方式、教师的教学方式和师生互动方式的变革，充分发挥信息技术的优势，为学生的学习和发展提供丰富多彩的教育环境和有力的学习工具。

(四)教材开发与管理改革

1. 教材开发

教材改革应有利于引导学生利用已有的知识与经验，主动探索知识的发生与发展，同时应有利于教师创造性地进行教学。教材内容的选择应符合课程标准的要求，体现学生身心发展特点，反映社会、政治、经济、科技的发展需求。教材内容的组织应多样、生动，并提出观察、实验、操作、调查、讨论的建议，有利于学生探究。

积极开发并合理利用校内外各种课程资源。学校应充分发挥图书馆、实验室、专用教室及各类教学设施和实践基地的作用，广泛利用校外的图书馆、博物馆、展览馆、科技馆等社会资源以及丰富的自然资源，积极利用并开发信息化课程资源。

2. 教材管理

《基础教育课程改革纲要(试行)》指出，进一步完善基础教育教材管理制度，实现教材的高质量与多样化。实行国家基本要求指导下的教材多样化政策，鼓励有关机构、出版部门等依据国家课程标准组织编写中小学教材。

①建立教材编写的核准制度，教材编写者应根据教育部《关于中小学教材编写审定管理暂行办法》，向教育部申报，经资格核准通过后，方可编写。

②完善教材审查制度，除经教育部授权省级教材审查委员会外，按照国家课程标准编写的教材及跨省使用的地方课程的教材须经全国中小学教材审查委员会审查；地方教材须经省级教材审查委员会审查。教材审查实行编审分离。

3. 保证教材质量

改革中小学教材指定出版的方式和单一渠道发行的体制，严格遵循中小学教材版式的国家标准。教材的出版和发行实行公开竞标，国家免费提供的经济适用型教材实行政府采购，保证教材质量，降低价格。

4. 严格审查制度

加强对教材使用的管理。教育主管部门定期向学校和社会公布经审查通过的中小学教材目录，并逐步建立教材评价制度和在教育行政部门及专家指导下的教材选用制度。改革用行政手段指定使用教材的做法，严禁以不正当竞争手段推销教材。

(五)课程评价改革

1. 建立促进学生素质全面发展的评价体系

评价不仅要关注学生的学业成绩，而且要发现和发展学生多方面的潜能，了解学生发展中的需求，帮助学生认识自我，建立自信。发挥评价的教育功能，促进学生在原有水平上的发展。

2. 建立促进教师不断提高教学水平的评价体系

强调教师对自己教学行为的分析与反思，建立以教师自评为主，校长、教师、学生、家长共同参与的评价制度，使教师从多种渠道获得信息，不断提高教学水平。

3. 建立促进课程不断发展的评价体系

周期性地对学校课程实施的情况、课程实施中的问题进行分析评估，调整课程内容，改进教学管理，形成课程不断革新的机制。

4. 继续改革和完善考试制度

完善初中升高中的考试管理制度，考试内容应加强与社会实际和学生生活经验的联系，重视考查学生分析问题、解决问题的能力，部分学科可实行开卷考试。高中毕业会考改革方案由省级教育行政部门制定，继续实行会考的地方应突出水平考试的性质，减轻学生考试的负担。

高等学校招生考试制度改革，应与基础教育课程改革相衔接。要按照有助于高等学校选拔人才、有助于中学实施素质教育、有助于扩大高等学校办学自主权的原则，加强对学生能力和素质的考查，改革高等学校招生考试内容，探索提供多次机会、双向选择、综合评价的考试、选拔方式。

考试命题要依据课程标准，杜绝设置偏题、怪题的现象。教师应对每个学生的考试情况做出具体的分析指导。

(六)课程管理改革

为保障和促进课程适应不同地区、学校、学生的要求，实行国家、地方和学校三级课程管理。

1. 国家管理

教育部总体规划基础教育课程，制定基础教育课程管理政策，确定国家课程门类和课时。制订国家课程标准，积极试行新的课程评价制度。

2. 地方管理

省级教育行政部门依据国家课程管理政策和本地实际情况，制订本省（自治区、直辖市）实施国家课程的计划，规划地方课程，报教育部备案并组织实施。经教育部批准，省级教育行政部门可单独制订本省（自治区、直辖市）范围内使用的课程计划和课程标准。

3. 学校管理

学校在执行国家课程和地方课程的同时，应视当地社会、经济发展的具体情况，结合本校的优势、学生的兴趣和需要，开发或选用适合本校的课程。各级教育行政部门要对课程的实施和开发进行指导与监督，学校有权利和责任反映在实施国家课程与地方课程中所遇到的问题。

五、我国基础教育改革的深化

2022年，教育部颁布《义务教育课程方案（2022年版）》。从2001年《基础教育课程改革纲要（试行）》的发布，到课程方案的修订，这既是对我国基础教育改革的夯实，也是我国基础教育改革自身的深化。新方案带来的变化主要有两个方面：一是课程方案的变化，二是课程标准的变化。

(一)课程方案的变化

一是完善了培养目标。全面落实习近平总书记关于培养担当民族复兴大任时代新人的要求，结合义务教育性质及课程定位，从有理想、有本领、有担当三个方面，明确义务教育阶段时代新人培养的具体要求。

二是优化了课程设置。在保持义务教育阶段九年义务教育总课时数不变的基础上，调整并优化课程设置。将小学原品德与生活、品德与社会和初中原思想品德整合为道德与法治，进行一体化设计。改革艺术课程设置，一至七年级以音乐、美术为主线，融入舞蹈、戏剧、影视等内容，八至九年级分项选择开设。将劳动、信息科技从综合实践活动课程中独立出来。科学、综合实践活动起始年级提前至一年级。在英语的基础上，增加俄语、日语两个语种作为初中学生的选择学习语种。

三是细化了相关要求。增加了课程标准编制与教材编写基本要求，明确了省级教育行政部门和学校课程实施职责、制度规范，以及教学改革方向和评价改革重点，对培训、教科研提出了具体要求，健全了实施机制，强化了监测与督导要求。

(二)课程标准的变化

一是强化了课程育人导向。各课程标准基于义务教育培养目标，将党的教育方针具体细化为本课程应着力培养的核心素养，体现正确价值观、必备品格和关键能力的培养要求。

二是优化了课程内容结构。以习近平新时代中国特色社会主义思想为统领,基于核心素养发展要求,遴选重要观念、主题内容和基础知识,设计课程内容,增强内容与育人目标的联系,优化内容组织形式。设立跨学科主题学习活动,加强学科间相互关联,带动课程综合化实施,强化实践性要求。

三是研制了学业质量标准。各课程标准根据核心素养发展水平,结合课程内容,整体刻画不同学段学生学业成就的具体表现特征,形成学业质量标准,引导和帮助教师把握教学深度与广度,为教材编写、教学实施和考试评价等提供依据。

四是增强了指导性。各课程标准针对内容要求提出学业要求、教学提示,细化了评价与考试命题建议,注重实现"教—学—评"一致性,增加了教学、评价案例,不仅明确了"为什么教""教什么""教到什么程度",而且强化了"怎么教"的具体指导,做到好用、管用。

五是加强了学段衔接。注重幼小衔接,基于对学生在健康、语言、社会、科学、艺术领域发展水平的评估,合理设计小学一至二年级课程,注重活动化、游戏化、生活化的学习设计。依据学生从小学到初中在认知、情感、社会性等方面的发展,合理安排不同学段内容,体现学习目标的连续性和进阶性。了解高中阶段学生特点和学科特点,为学生进一步学习做好准备。

第七节　校本课程开发

校本课程开发是我国新一轮基础教育课程改革中比较热门的研究课题,它与我国三级课程管理体制的建立直接相关。

一、校本课程开发的概念

校本课程开发是依据课程管理法规,在实施国家课程和地方课程的前提下,通过对本校学生的需求进行科学的评估,充分利用当地社区和学校的课程资源,根据学校的办学思想和原则,以学校教师为主体,在学校课程范围内开发的多样化的可供学生选择学习的课程。校本课程开发既包括学校课程开发,也包括对国家课程和地方课程的再开发。

二、校本课程开发的理念

第一,促进学生全面而有个性地发展是校本课程开发的根本出发点。学校课程的实质是满足学生发展需要，促进学生全面发展的主要资源。国家课程很难顾及不同学校的特定要求，不能最大限度地关照学生的个体差异。因此，大力倡导校本课程开发是可行之举。校本课程在国家、地方课程满足学生基本知识、技能学习需求的前提下，关照了本校学生发展的差异性、多样性和独特性，为促进学生全面而有个性地发展提供了基本资源。

第二，学校及教师是校本课程开发的主体，这是校本课程开发内在的规定性要求，也是校本课程开发必须坚持的基本理念。校本课程开发应针对特定学校的实际。只有学校最了解自身发展需要、学生发展需要、教师状况、社区特征和家长需要。只有以学校为课程开发的主体，才能集中一切有利于学生发展的教育资源，形成特色的校本课程。广大教师最了解学生实际，开发出来的课程最可能贴近现实，最能满足不同学生的差异性需求。学校及教师应成为校本课程开发的主体，这体现了"教育自由权"的回归。

第三，校本课程开发必须作为基础教育课程体系中的最重要组成部分。校本课程开发是针对国家及地方课程难以关照不同学校不同学生的差异性的问题而应运而生的。它不是孤立的，而是对国家及地方课程的最重要的补充，它与国家课程、地方课程一起构成完整的基础教育课程体系。国家及地方课程是国家、地方意志的体现，反映了国家及地方的文化及教育利益，而对学校及学生独特的教育利益的维护则可通过校本课程开发来体现。

三、校本课程开发的模式

(一)情境分析模式

在情境分析模式下，校本课程开发以分析学校的具体情况和特点为主要依据和核心。在分析情境时，应考虑校内和校外两部分的因素。校内因素应考虑：学生的身心发展、兴趣、能力与需求，教师的知识、能力、态度、价值观与经验，课程现状与优缺点，学校氛围，等等。校外因素应考虑社会与文化的变迁、家长的期望、社区的价值观、教育系统中教育政策的变革等方面。

(二)学生需求模式

在学生需求模式下，校本课程开发以学生的实际发展需要为主要依据和核心。对学生发展需求进行分析时，应了解学生的年龄、社会经济背景、知识与能力的储备等情况。

(三)问题解决模式

在问题解决模式下，校本课程开发以解决课程问题为主要依据和核心。课程问题主要集中发生在教室里的教学过程中，有效的校本课程开发应当以解决教室里的实际问题为基本途径。

(四)目标主导模式

在目标主导模式下,校本课程开发以学校的办学目标为主要依据和核心。这种模式主张优先考虑学校的办学思想以及在办学思想指导下的具体办学目标,其他因素都服从于学校的办学目标。

四、校本课程开发的基本流程

根据国内外学者的研究,我们认为校本课程开发应包括以下几个基本的操作环节。

(一)组建校本课程开发队伍

在开发校本课程时,学校必须根据自身的各种资源和办学历史,依据自身独特的教育宗旨来确定本学校课程开发的方向,组建校本课程开发队伍。校本课程开发队伍包括学校内部人员与学校外部人员。学校内部人员主要包括校长、主管主任、学科教师、学生代表。外部人员包括地方当局行政主管领导、课程或学科专家、家长和社区代表等。只有内外配合,群策群力,才能保证校本课程开发各项活动的顺利开展。

(二)情境和需要分析

只有对各种校内外的情境和需要进行科学、充分地了解和分析,才能开发出适合本学校的课程。校本课程开发除了要考虑到校内的情境和需求外,也要考虑校外的情境与需要。校外的情境主要包括社会需求、社区状况、学生家庭情况等。

(三)目标拟定

校本课程开发的实质就是依据学校所制定的教育目标,建构学校的总体课程,并实施、评估、改善课程。应先明确学校的教育目标,为校本课程的建设与发展指明方向和提供依据。学校的教育目标是学校对所要培养的人才的基本要求,最终通过课程和教学来实现。学校的教育目标必须转化为课程的总体目标,并进一步细化为各学习领域的目标。教师通过教学来实现各学习领域的目标,进而最终实现教育目标。

(四)设计方案

课程编制考虑许多因素,如学校教育目标的要求、社区的实际、学校的实际等。因各学校规模、教师结构等条件不同,学校课程编制的步骤很难有相同的方法,但大体包含确认学校课程编制的基本方针、确定学校课程编制的具体组织与时间安排、课程的设置与教学节数的配置几项。

(五)讨论与实施

课程方案实施前需要听取教师、家长对实施方案的意见及建议,争取他们的支持与合作，做必要修正，以便保证实施的效果。课程实施的过程是将课程方案付诸实践的过程，也就是将书面的课程转化为教育实践的过程。实施过程中应做好充分准备，各方面协调沟通。同时，课程的实施需要足够的物质支持。

(六)评价与修订

校本课程评价一般来说要考虑四个方面的问题：在评价时机方面，既要有诊断性评价，也要有形成性评价和终结性评价；在评价主体方面，应以内部评价为主，外部评价为辅，同时评价主体应多元化，应来自多方面的领域；在评价内容方面，既要有结果评价，也要有过程评价，既要有对学生的评价，也要有对教师的评价；在评价方式方面，校本课程多是非学术的活动型或体验型课程，其学习结果不是很明显，难以用简单的量化来测量，因此采用质性评价更适宜，如档案袋评价、描述性评价等方式。

五、校本课程开发的优势及局限

(一)校本课程开发的优势

①校本课程开发强调课程多元决策，教师在课程开发中具有自主的权利，这有利于教育改革的真正进行。

②校本课程开发有利于调动教师的积极性，增强校本课程开发的实效性。

③校本课程开发中的课程规划、编制、实施、评价的一体化，能避免国家及地方课程开发中几方面相互分离的现象，有利于体现课程的一致性和连续性，还可以使学校的人力、物力、财力等现有资源得到充分利用、整合，形成育人的合力。

④校本课程开发有利于教师的专业发展，并且是教师专业发展的必经之路。

(二)校本课程开发的挑战

①校本课程开发对教师的专业精神、专业知识和专业技能要求很高，教师在这些方面的水平有可能影响其在实践中的真正落实。

②校本课程开发需要一定的资金、人力和物力的支持与保障，如果缺少这些，会影响到校本课程开发的实效性。

③校本课程开发有可能加剧各校之间教育质量的不平衡，加剧教育机会不均等。国家难以对校本课程的课程质量进行评价和控制。

思考与应用

1. 简述影响课程发展的主要因素。
2. 简述课程设计的基本原则。

3. 简述课程目标的含义及其与教育目的、培养目标、教学目标的关系。

4. 简述课程实施的影响因素。

5. 简述课程评价的功能。

6. 简述我国新一轮基础教育课程改革的具体目标。

7. 简述校本课程开发的优势与局限。

推荐阅读

1. 徐继存、徐文彬:《课程与教学论》,北京,高等教育出版社,2009。

2. 全国十二所重点师范大学:《课程论》,北京,教育科学出版社,2007。

3. 钟启泉、汪霞、王文静:《课程与教学论》,上海,华东师范大学出版社,2008。

4. 黄甫全:《现代课程与教学论学程》,北京,人民教育出版社,2006。

5. 张华:《课程与教学论》,上海,上海教育出版社,2000。

6. 施良方:《课程理论:课程的基础、原理与问题》2版,北京,教育科学出版社,2020。

7. 钟启泉、崔允漷、张华:《基础教育课程改革纲要(试行)解读》,上海:华东师范大学出版社,2001。

8. 张楚廷:《课程与课程论研究发展的十大趋势》,载《课程·教材·教法》,2002(1)。

9. 丛立新:《课程发展的决定力量——课程内部的几个基本关系》,载《教育研究与实验》,2001(3)。

10. 容中逵:《学科、授受还是活动、探究?——论上述两对课程类型在新基础教育课程改革中的地位问题》,载《教育理论与实践》,2005(21)。

11. 柳礼泉:《论精品课程的特征》,载《高等教育研究》,2009(3)。

12. 吴全华:《影响基础教育改革的几个主观因素》,载《教育发展研究》,2008(Z4)。

13. 顾明远:《课程改革的世纪回顾与瞻望》,载《教育研究》,2001(7)。

14. 马云鹏:《基础教育课程改革:实施进程、特征分析与推进策略》,载《课程·教材·教法》,2009(4)。

15. 郝文武:《课程改革与教育本质从理念到行动的转变》,载《教育理论与实践》,2005(21)。

16. 崔允漷、王少非:《学校课程实施过程中的评价监测初探》,载《教育研究》,2020(1)。

第七章

教　学

学习目标

1. 理解教学的概念、意义、任务，能够描述教学思想的发展历程以及教学与教育、智育、课程概念的区别与联系。

2. 了解教学过程的概念以及关于教学过程本质的各种观点，把握教学过程的特点和结构。

3. 理解主要的教学原则。

4. 理解教学方法的概念、选择与运用依据，能够运用常见的教学方法和典型的教学模式。

5. 理解教学策略的概念、基本特征和主要类型。

6. 熟悉教学工作的基本环节，掌握各环节的基本要求。

7. 了解教育史上较具代表性的教学组织形式。

本章导读

教学是学校教育的基本组织形式，是学校工作最核心的部分。本章从理解教学的概念、意义、任务出发，引领学生认识教学思想的起源、发展历程与发展趋势，体会教学与教育、智育、课程概念的区别与联系。教学从根本上看是一种实践过程。人们对教学过程、教学原则、教学方法、教学策略的探索，为有效教学夯实了基础。教学环节的推进和教学的组织形式皆强调有效性。透彻理解教学的基本理论，对推动有效教学颇有裨益。

本章知识结构图

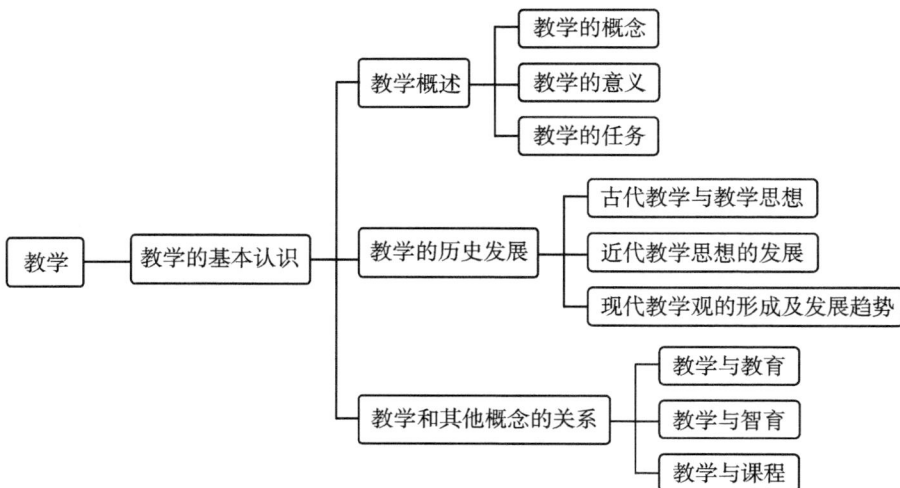

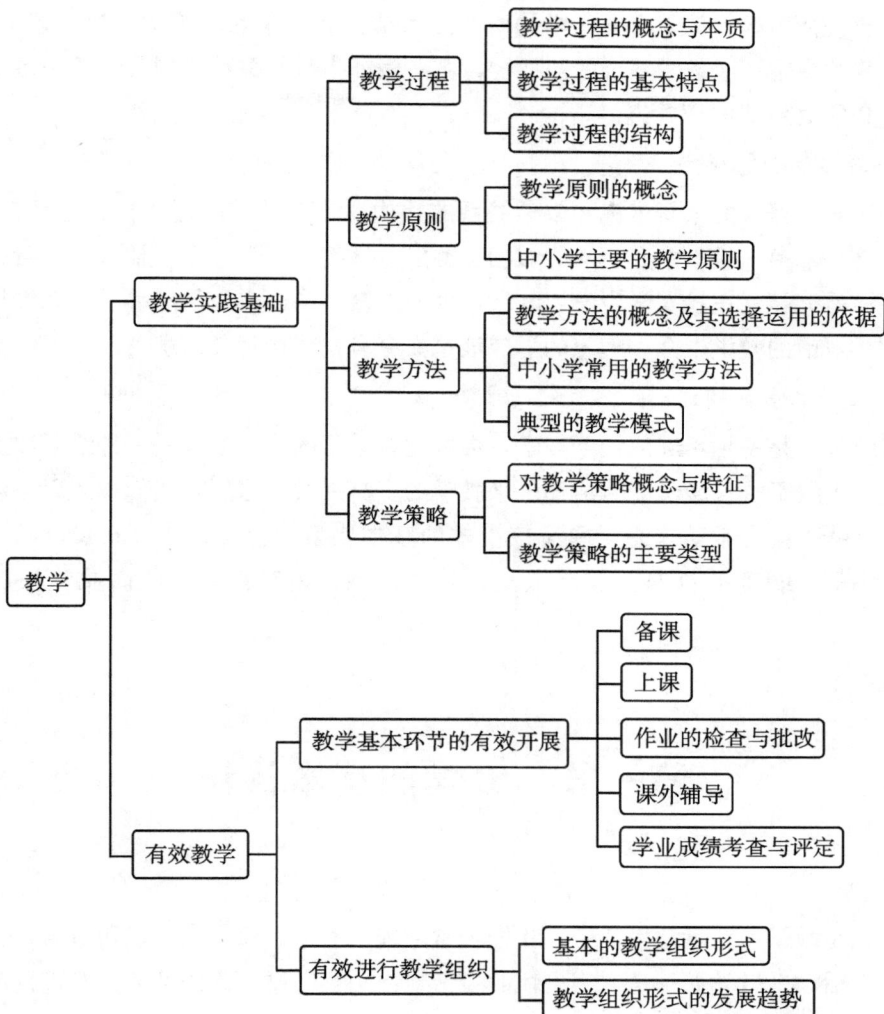

```
                                          ┌─ 教学过程的概念与本质
                              ┌─ 教学过程 ─┼─ 教学过程的基本特点
                              │            └─ 教学过程的结构
                              │
                              │            ┌─ 教学原则的概念
                              ├─ 教学原则 ─┤
                              │            └─ 中小学主要的教学原则
              ┌─ 教学实践基础 ─┤
              │               │            ┌─ 教学方法的概念及其选择运用的依据
              │               ├─ 教学方法 ─┼─ 中小学常用的教学方法
              │               │            └─ 典型的教学模式
              │               │
              │               │            ┌─ 对教学策略概念与特征
              │               └─ 教学策略 ─┤
   教学 ──────┤                            └─ 教学策略的主要类型
              │
              │                                      ┌─ 备课
              │                                      ├─ 上课
              │           ┌─ 教学基本环节的有效开展 ─┼─ 作业的检查与批改
              │           │                          ├─ 课外辅导
              └─ 有效教学 ─┤                          └─ 学业成绩考查与评定
                          │
                          │                          ┌─ 基本的教学组织形式
                          └─ 有效进行教学组织 ───────┤
                                                     └─ 教学组织形式的发展趋势
```

核心议题

1. 教学的本质内涵

主流教学观一般认为，教学是由教师的教和学生的学构成的统一活动或双边活动。这种界定在很大程度上抓住了教学的本质规定性，但同时因对教学中介缺乏应有的、足够的观照而存在局限或不足。后现代范式和复杂性科学的发展要求我们回归教学的本真，重新审视、理解和剖析教学的本质内涵。从系统科学的、生态学的和关系论的视角看，教学可以理解为教、教学中介、学相互作用而形成的关系系统。

2. 教学的关系结构

教学概念的重新审视将带来教学关系的重构，促使教学突破传统的"二元结构"，走向"三元结构"。具体来看，教、教学中介、学在系统关联中形成教学系统的母结构，主要表征为教、教学中介、学的两两互系结构和三角互动结构；教、教学中介、学在自我关联中形成教学系统的亚结构，主要表征为教的关系结构、学的关系结构和教学中介的关系结构。

3. 教学的理想样态

基于教学概念的重新审视和教学关系的重构，未来教学的理想样态是什么样的？答案应该是使教、教学中介、学能够相互触发。从教、教学中介、学分别来看，理想的教应该是能够真正触发学生学习的教，理想的教学中介应该是能够触发和维持教与学高质量对话的教学中介，理想的学应该是具有自我建构意义的学。

4. 教学的当代模式

传统教学是一种单纯的线下教学，数智化背景下的当代教学是一种线下线上混合教学，线上线下混合教学必将成为未来教学的主流模式。这要求我们深入思考和积极探索线上线下混合教学体系，厘清该模式的基本要素，包括技术、知识、师生、服务、产品等，明确各自的生态定位及其相互关系，为教育教学的高质量发展保驾护航。

第一节　教学的基本认识

什么是教学？在日常生活中，我们经常会提及教学，每个人也经历过形形色色的许多教学活动。教学似乎是司空见惯的事情，但一旦超越个人的经验进行理性的分析和总结，教学的内涵就难以说清道明了。因此，有必要对教学的概念、意义、任务以及它的历史发展、它与其他概念的关系进行一番述说。

一、教学概述

(一)教学的概念

"教学"并非一开始就是现代表达的含义，而是由"教"与"学"两个字义组成的。学，原为"斅"，觉悟的意思。长久以来，中外教育史上往往只重视教而忽视学。国外通常用 instruction 指称教学活动，凸显出教学中教师的指导作用；我国古代也只重视教授而不见学习。强调教师的教和学生的学相结合、相统一，是现代教育的必然趋势。在 20 世纪 20 年代，我国著名教育家陶行知先生大力提倡把"教授"改称为"教学"，以体现教与学的统一。

从不同的理解视角出发，我国教育界涌现出许多关于教学的定义。其中广受认可的定义是：教学是指在教育目的的规范下，教师的教和学生的学共同组成的一种双边活动。该界定有多重含义：首先，教学以培养人为根本目的；其次，教学是由教和学两方面活动组成的，不仅强调教师的教，还要重视学生的学；最后，教学具有多种形态，是共性和多样性的统一。

上述界定在很大程度上抓住了教学的本质规定性，同时，也因为对教学中介缺乏应有的观照而存在不足。从当代复杂性科学的视角看，教学概念的认知正超越教与学的二元论逻辑，而被理解为教、教学中介、学相互作用形成的关系系统。

(二)教学的意义

在我国，教育本质上以培养德智体美劳全面发展的人为根本宗旨。教学是学校教育中最基本的活动，处于整个学校教育系统的中心地位，也是教育目的得以实现的基本途径。教学具有重要意义，主要表现在以下几个方面。

其一，教学是社会经验得以再生产的一种主要活动。社会经验分为直接经验和间接经验。教学内容通常是人为组织起来的，教师通过教学传递经过加工再生产的政治、经济、文化等间接经验，使人类长期积累的科学文化知识得以传承与传播，转化为学生的个人财富。教学使人类的后代可以快速掌握前人积累的经验，在此基础上继续向前发展，而不必花费大量时间和精力重复探索已知的知识。

其二，教学能够为个人的全面发展提供科学的基础和实践。教学是系统化的、有目的的、有组织的教育活动。培养劳动者、社会主义建设者和接班人是我国社会主义教育目的精神实质的总体要求，而促进学生德智体美劳全面发展是社会主义教育的目的及教育质量标准，在教育目的的规约下，教学将为个人的社会化和全面发展奠定坚实的基础。

其三，教学是学校教育工作的主体部分。学校教育围绕教学而展开是教育领域的共识，只有围绕教学活动而展开的学校教育才符合教育发展规律。这意味着学校教育的大部分时间应该用于课堂教学活动，教学内容以间接经验为主，包括促进学生知识技能的掌握、能力的发展等。

(三)教学的任务

教学是教育发挥育人功能、实现教育目的的基本途径。为此，教学工作需要承担相应的任务。教学的首要任务在于引导学生掌握科学文化基础知识和基本技能。所谓基础知识是指各门学科的基本概念、原理、公式等，是各门学科的基本事实。基本技能则是指学生运用各门学科中的知识去完成任务或解决问题的技能。其次，教学要充分发展学生的智力、体力和创造才能。中小学时期是个体生长发育的关键时期，教育要关注学生的身心发展特点，科学合理的教学活动对学生的智力、体力和创造才能的发展具有重要意义。此外，培养社会主义品德和审美情趣，奠定学生的科学世界观基础是学校教学的一项基本任务。通过教学的引导作用塑造学生科学的世界观，可以为学生的健康成长打下坚实基础。最后，教学要关注学生个性的和谐发展。在促进学生德智体美劳全面和谐发展的同时，也要利用各种机会促进学生的才能、兴趣等个性品质充分发展。

二、教学的历史发展

(一)古代教学与教学思想

一般认为，教育活动脱胎于原始社会的生产实践，奴隶社会初期形成制度化的学校教育，从而使教学成为一种组织性的实践活动。我国自夏朝起进入有文字记载的文明时代，到商周时期，文字体系已基本成熟，这为教育的发展奠定了基础，产生了被认为是现代课程萌芽的礼、乐、射、御、书、数"六艺"教育。我国最早专门论述教育教学的著作是《学记》，比西方最早的同类型著作——古罗马教育家昆体良的《雄辩术原理》早了近三百年。公元前5世纪，孔子整理和编纂六经，即《诗》《书》《礼》《乐》《易》《春秋》。这套知识体系涉及古代政治、哲学、历史、文学、典章制度等内容，以伦理道德为内在脉络，为封建教育的教学内容提供了素材。

孔子所处的春秋战国时代，学术下移，学在四野，是一个百家争鸣、百花齐放的时代，在这一时代西周时期的"学在官府"被打破。所谓"百家"，其实指流传较广的儒家、墨家、道家、法家、阴阳家、名家、杂家、农家、纵横家、小说家。其中，孔子开创的儒家、墨子领导的墨家、以老子为鼻祖的道家和以韩非子为代表的法家，并称当时的四大"显学"。儒家是对我国教育影响最深远、最广泛的学术流派。从汉初董仲舒提倡"罢黜百家，独尊儒术"思想以来，儒学在历朝历代中得到大力弘扬，可以说，儒学贯穿了中华民族的整部教育教学史。

孔子是儒学的开创者，其教育思想大多被记载在《论语》当中。他关于"学、思、行结合"的教育主张，"不愤不启，不悱不发"的启发诱导原则，"因材施教"的教学原则等至今仍有重要的借鉴意义。儒学在孔子之后经孟子、荀子、董仲舒、朱熹等人的发展和推广，对我国教育教学持续发挥着深刻的影响。近代，受西方工业革命以及"西学东渐"浪潮的影响，儒学因思想僵化、因循守旧、不重视科学教育等固有的弱点而遭到批判。

(二)近代教学思想的发展

近代以来最深刻的社会变革当属工业革命。以蒸汽机的发明为标志的工业革命开启了人类生产方式从手工业生产到机器大工业生产的巨大转变。社会的变革极大推动着教育的变革。自16世纪开始，为适应新兴资产阶级对生产发展的迫切需要、对人权的内在诉求，国外涌现出一大批在教育史上有重大影响力的教育家、思想家。捷克教育家夸美纽斯、英国哲学家洛克、法国启蒙思想家卢梭、德国教育家赫尔巴特以及英国教育家斯宾塞等人，对教学的贡献尤为突出。

17 世纪，夸美纽斯在其著作《大教学论》中称教学为"把一切知识教给一切人"的艺术。以此为出发点，夸美纽斯系统论述了班级授课制，为提高教学效率、扩大教学规模打开了新的思路。洛克在《教育漫话》中提出了家庭教育的重要性以及绅士教育的思想。两位教育家的教育思想都饱含对封建教育的批判精神，这种批判精神在卢梭那里达到了顶峰。18 世纪，卢梭在《爱弥尔》一书中，以小说化的叙事描述了主角爱弥尔的教育经历，阐明了遵循自然、尊重儿童个性、使儿童得到解放的教育思想，严厉抨击了压抑人性的封建教育，为推动教育心理学化和儿童个性解放迈出了一大步。

裴斯泰洛奇是第一个明确提出"教育心理学化"口号的教育家。随后，赫尔巴特以心理学和伦理学为基础，构建了"明了、联想、系统、方法"的教学形式阶段理论。这一理论经赫尔巴特的弟子席勒和席勒的学生莱茵的发展，形成了由"预备、提示、比较、总括、应用"五个环节组成的"五段教学法"。以"五段教学法"为标志的赫尔巴特教育学派在教育史上被称为传统教育学派，对应以杜威为代表的现代教育学派。

(三)现代教学观的形成及发展趋势

19 世纪末 20 世纪初，在欧洲和美国分别兴起了一股批判和改造赫尔巴特"传统三中心"(教师中心、教材中心和课堂中心)教育思想的潮流，这股潮流在欧洲被称为新教育运动，而在美国则被称为进步主义运动。欧洲的新教育运动和美国的进步主义运动均视儿童为教育活动和教育内容组织的中心，从而提出了以"学生、经验、活动"为关键词的现代教育教学观。

我国教学理念和实践自 19 世纪后半叶开始，经历了从封建、传统向现代化转变的艰难历程。近代以来，我国的学校教育深受西方科学技术的冲击，在新式学堂里，班级授课制和"五段教学法"已经出现，并逐渐取代了封建社会的学校教育形式和教学方法。中华人民共和国成立以来，我国的教育教学逐步从介绍、引进西方的教学理论，过渡到探索适应我国国情的现代化教学发展道路。

三、教学和其他概念的关系

教学的内涵和特征决定了它具有其他教育形式所不具备的特点。在教育发展过程中，出现了一些易与教学相混淆的概念。

(一)教学与教育

教学和教育是部分与整体的关系，两者虽然紧密联系，却有本质的区别。教育所包含的范畴远远超过了教学。从教育的外延来看，教育包括学校教育、家庭教育和社会教育。教学通常指的是学校教育的主要形式。学校教育除了课堂教学外还有课外实践活动、班集体活动、社会实践活动等其他教育形式。必须指出的是，教学是进行教育最主要、最基本的方式和途径。

(二)教学与智育

教学的首要任务是引导学生掌握科学文化基础知识和基本技能，因此有时被误认为等同于智育。现代社会的学校教育目标是培养德智体美劳全面发展的人才，智育只是学校教育教学的一个方向。与此同时，教学是智育的主要途径，却不是唯一的途径，智育需要其他课外活动的配合。教学所包含的范畴与智育的疆界存在相互交叉的部分，但它们之间不会完全重合。如果把教学片面地等同于智育，无论是对教学还是对智育来说都实为不妥。

(三)教学与课程

在课程被视作教学内容的安排时，教学理所当然地就包含了课程。在课程不仅被看作教学科目，还被认为是教学进程的安排时，课程就包含了教学。课程与教学的关系密不可分，无论是教学包含课程还是课程包含教学，都只是关于它们之间关系的一种观点，课程与教学之间的关系在教育研究领域还处于探索当中。

第二节　教学实践基础

很显然，教学不仅是一种理念，更重要的是一种实践。我们已经了解了有关教学的初步知识，但还不足以有效开展教学实践。为开展教学实践，有必要从教学发生的过程、原则、方法和策略等方面深入探究教学的奥秘。

一、教学过程

(一)教学过程的概念与本质

教学过程指教师根据教育目的、任务和学生身心发展的特点，通过指导学生有目的、有计划地掌握系统的科学文化基础知识和基本技能，发展学生智力和体力，使其形成科学的世界观，培养其道德品质，发展其个性的过程。换言之，即学生在教师的指导下进行学习从而使自身得到发展的过程。这一过程具有人为性、整体性、实践性、历史性等特点。

对教学过程的认识是不断演变和发展的，历史上不同教育家、思想家从不同的视角、层面出发，表达了他们对教学过程的理解。譬如，我国古代教育家孔子认为教学过程是一个学思行结合的过程，强调"学而不思则罔，思而不学则殆"，强调在学思结合的基础上还要躬行，即学以致用。德国教育家赫尔巴特以其"统觉"思想为基础，通过明了、联想、系统、方法四个阶段来呈现他的教学过程思想，这一思想经席勒等人的补充发展成为"五段教学法"。美国实用主义教育家杜威主张教学就是"从做中学"的过程。经验是杜威教育思想的核心理念。基于教育即生活、教育即生长、教育即经验的不断改造的基本原则，杜威认为儿童的经验应该来自行动，儿童在活动中得到锻炼与成长。儿童主要依靠思维的作用将经验中的模糊、疑难、矛盾等纷乱的情境转化为清晰、连贯、确定等和谐的情境。为此，杜威提出了思维的五个步骤——疑难情境、确定疑难所在、提出解决问题的假设、推理能够解决问题的假设、检验假设，并依据思维的五个步骤形成了"五步教学法"。

中华人民共和国成立以来，我国的教学理念深受苏联凯洛夫教学思想的影响。凯洛夫认为，教学过程是一种认识过程。在此基础上，我国学界形成了"教学过程是一种特殊的认识过程"的理解，这一理解充分阐释了教学过程的本质。教学过程以学生在教师的指导下进行学习为基础，教师依据人类认识过程的一般规律引导学生掌握大量的人类已有知识，力求使个人的知识水平尽快达到社会所需要的水准。教学过程的特殊性主要表现在以下几个方面：①间接性，学生以间接经验为认识的主要对象，主要学习人类积累的经验；②交往性，这种认识过程是在教师的指导下完成的，即有知识和经验的人与未获得这些知识和经验的人通过交往实现知识和经验的相互流通；③简捷性，认识的过程主要是学习现成的知识，并力求在较短时间内得到较大的收获；④引导性，教师的引导是这种认识过程的根本。

(二)教学过程的基本特点

教学过程中的各种要素之间必然存在联系，各种要素在相互作用、相互依存的过程中会形成一些稳定的规律和特点，解释这些规律和特点有助于提高教学质量与教学效率。

1. 间接经验和直接经验相结合

间接经验指他人通过实践探索而获得的成果或理性认识，通常以教材的形式呈现给学生；直接经验指学生通过亲身实践、与现实环境相互作用而获得的感性的和直接的认识。直接经验和间接经验相结合，反映了教学过程的根本特点。

第一，学生的学习以间接经验为主。教学的基本任务是在有限时间内使学生尽可能多地掌握人类积累的科学文化基础知识和基本技能，学习书本知识是直接高效的目标达成路径，可以避免认识的盲目性和曲折性。若学生必通过事事躬行才能够具备认识世界和改造世界的条件，人类社会发展必将极其缓慢。教材内容一般都是通过精心编排的人类知识精华，符合知识规律和认识规律。学生通过学习教材内容就可以在短时间内获取所需要掌握的知识与技能。当然，以间接经验为主并不意味着排斥直接经验，只有两者相结合才能使学生的身心平衡、全面地发展。

第二，学生学习间接经验必须以直接经验为基础。在教学过程中将直接经验和间接经验有机结合，是提高教学效能与质量的前提条件。长期脱离实践而一味地学习书本知识无益于学生的个体社会化，没有实践的辅助，间接经验难以在学生的头脑中得到理解、巩固和消化。间接经验毕竟是他人的实践成果，与学生自身的感受存在一定的脱节，甚至令学生产生怀疑。一定的直接经验可以使学生在学习中正确而深刻地理解书本知识。

2. 掌握知识和发展智力的统一

掌握知识和发展智力是辩证统一的过程，在教学过程中不应只注重某一方面而忽略另一方面，它们是一体两面的关系。

掌握知识是发展智力的基础。在发展智力的过程中应以知识为载体，通过积极进行思考、判断、实践等活动，在知识的掌握过程中发展智力。知识的掌握过程中不可能没有心智活动，一系列心智活动就是发展智力的过程。

智力发展是掌握知识的重要条件。学生对知识的掌握程度有高有低，影响因素涉及很多方面，智力的发展水平是其中最重要的因素之一。智力的发展为进一步掌握知识奠定了坚实基础，为学生提高科学文化水平和进行实践活动提供了支撑。

掌握知识和发展智力相互依存、相互转化。多元智力理论认为人类的智力形态是多元的，掌握了知识不等于发展了智力，但掌握知识的过程可以促进智力的发展，智力的发展同时又能够反哺个体对知识信息的理解和加工。知识作为人类智慧的结晶，是人类智力成长的经验总结，其形成过程有赖于智力发挥作用。知识不断得到积累，就会推动人类智力的开发和向前发展。

3. 智力因素和非智力因素相结合

学生认识活动是智力因素和非智力因素共同作用的结果，随着对学生认识过程的认识不断深化，人们发现情感、意志、兴趣等非智力因素在学生的学习过程中发挥着不可替代的作用。学生的智力活动通常指学生对事物或知识进行认知和掌握过程中产生的思维、想象、记忆等智力活动。在学生的学习过程中，不仅产生智力活动，非智力因素在控制、调节学习行为上也非常活跃，表现为学生的学习兴趣、求知欲、意志力、情感态度等方面。一方面，学生的学习兴趣、求知欲、意志力、情感态度等非智力因素依赖于智力活动的同时又反作用于智力活动；另一方面，智力活动过程有赖于非智力因素的调节和推动。在教学中，教师应推动智力因素和非智力因素相结合，促进学生全面发展。

4. 教师主导作用和学生能动作用相结合

学生是学习的主体，教师必须发挥主导作用从而使教学系统协调运行。现代教学理论认为，仅关注教师的主导作用不利于学生主观能动性的发挥，无益于学生素质的全面发展。教师引导学生学习时要注意学生才是学习的主体这一实际情况。它包含以下几层含义：首先，教师在教学过程中处于组织者的地位，应充分发挥主导作用。教学的目的就是使学生系统掌握科学文化基础知识和基本技能，形成正确的人生观、价值观和世界观。脱离了教师的引导和组织，仅靠学生自行摸索和自我选择来发展，教学必将效能低下且产生混乱。其次，学生是教学过程的主体，应充分发挥其参与教学的主观能动性。学生的学习动机、心理状态、学习的积极主动性等深刻影响着教学的有效开展，是教学能否取得良好成效的决定性因素。没有学生积极主动、认真努力的学习，教学要取得良好成效就无从谈起。最后，要建立合作、友爱、民主、平等的师生关系。在现代教育语境下，教师不再是课堂中的权威，许多问题需要教师和学生共同探讨(尤其是在高年级)。合作友爱的师生关系有利于学习共同体的建立，民主平等的师生关系有利于知识的探讨和问题的解决。

(三)教学过程的结构

教学须依据一定的教学规律和教学原则，分步骤、分阶段、按一定顺序进行。先秦儒家教育著作《中庸》把教学过程的基本阶段分为博学、审问、慎思、明辨、笃行。国外教育家赫尔巴特把教学阶段分为明了、联想、系统、方法。在现代教育中，教学过程的基本阶段一般被概括为：激发学生的学习动机，促进学生对知识和技能的领会、巩固和运用，检查教学效果。

第一，在开展教学之前，激发学生的学习动机，给予学生心理准备的过程。创设一定的教学情境和教学氛围，使学生对将要进行的教学活动产生求知欲望和学习兴趣。学生的学习行为受到学习动机的支配，具有合适的学习动机的学生，学习积极性较高，能够取得较好的学习效果。

第二，促进学生对知识的领会。激发学生学习动机的目的在于让学生对将要呈现的内容产生兴趣。行为主义学习理论认为，如果激发动机后不能提供材料，那么激发动机的效果就会逐渐衰退。教师应提供学生学习的材料，并帮助学生领会材料内容，使学生在认识事物的关系或联系的基础上，进一步认识事物的本质和规律，让学生消化教材内容。领会知识可以说是教学过程的中心环节。

第三，巩固知识。经常性的复习、练习，可以使在感觉登记后进入短时记忆的知识内容进入长时记忆，使知识牢固地保持在学生的头脑里，以便需要时提取利用，为学生学习新知识提供建构的生长点。把领会的知识加以巩固，是进一步学习的关键。

第四，运用知识。学习知识的最终目的是能够运用，运用知识主要指知识的迁移，即学生能够通过头脑中形成的认知模型或模式来应对现实的情境和问题。换句话说，运用知识即学生运用所学的知识和技能去解决教学情境、日常生活、社会实践中的问题。运用知识的过程有利于学生检视自己的学识水平，激发学习动机，推动学生进一步巩固和领会知识。

第五，检查知识。检查知识即评价学生的学习效果。教师通过作业、提问、测验等方法检查和评定教学的效果以及学生学习的结果，及时获取教学的反馈信息，使学生清楚自己的学习状况，并提高自身教学质量、改进教学工作。检查知识是教学过程的必经环节。

二、教学原则

(一)教学原则的概念

教学原则指根据一定的教育目的和对教学过程规律的认识而制定的指导教学工作的基本准则。它既指导教师的教也指导学生的学，贯穿教学过程的始终。作为教学理论和教学实践的桥梁，科学的教学原则在一定程度上反映了教学的基本规律。教学原则一般是在实践中得出的。在长期的教学实践中，教育工作者总结出许多指导教学工作的原则。

(二)中小学主要的教学原则

在我国的中小学校里，常用的教学原则主要有直观性原则、启发性原则、巩固性原则、循序渐进原则、因材施教原则、理论联系实际原则，这些原则的贯彻实施有一定的要求。

1. 直观性原则

直观性原则指在教学中通过观察活动或运用形象化语言，帮助学生形成对所学事物及其过程的清晰表象，获得感性认识，正确理解书本知识，发展认识能力。

贯彻直观性原则需要注意一些基本要求：①正确选择直观教具和现代化教学手段。直观教具一般分为实物直观和模像直观两大类，如实物、标本、图片、图表、模型、挂画等。要结合学科教学的任务和学生的特点选择教具，并在合适的时间呈现给学生。②直观要与讲解相结合。直观的作用在于把学生要学习的内容以可视化的方式呈现出来，这一过程主要靠学生自己的理解。教师的讲解和实物直观的适当搭配可以使学生的形象思维得到最大限度的发挥，加深学生对所看到、所听到和所接触到的事物的理解。③充分运用语言直观。语言直观具有实物直观没有的优势，可以摆脱实物的限制，在更广泛的范围内使用，对时间、地点、设备、环境等的依赖性较低。教师通过生动形象的语言，如对教学材料的直观渲染，可引导学生透过现象深入认识事物的本质。

2. 启发性原则

启发性原则指在教学中教师要以学生为主体，充分调动学生的学习主动性，引导他们独立思考，积极探索，自觉掌握科学知识，提高分析问题和解决问题的能力。启发性原则即教师应正确处理教学过程中教与学的关系，把自身的引导作用和学生的积极主动性有效结合起来。

中外教育家都十分重视教学过程的启发性。孔子主张"不愤不启，不悱不发"，《学记》提出"道而弗牵，强而弗抑，开而弗达"的启发诱导原则。古希腊哲学家苏格拉底的"产婆术"则通过引导学生对自己原本的见解产生怀疑，最终使疑难得到正确解决，可谓启发诱导的典范。一般来讲，贯彻启发性原则需要注意以下基本要求：①调动学生学习的积极主动性。激发学生的求知欲、使学生自觉、自主地学习是提高课堂教学效率的前提条件。具有积极主动性的学生会积极进取、发展创造性思维、主动探索新知、独立分析问题和解决问题。②启发学生独立思考，发展学生的思维能力。现代社会是一个终身学习的社会，学校教育只是终身学习的阶段之一，学会认知、学会做事、学会共同生活、学会做人是终身教育的四大支柱。培养学生的独立思考能力和发展学生的思维能力是学校教育的基本要求，也是学生未来继续学习的基本条件，为使学生具备这些能力，教师应对学生进行有效引导。③让学生动手，培养其独立解决问题的能力。培养学生的动手实践能力是学校教育的重要任务，有利于促进学生学习技能的发展。教师通过启发诱导可以让学生把所学的理论知识应用到实践当中，使学生产生成就感，加深学生对间接经验的了解。④发扬教学民主。没有民主精神就没有真正意义上的启发诱导，甚至使启发偏离引导的轨道，使教学转变为灌输。建立民主平等的师生关系、营造开放包容的课堂氛围、鼓励不同见解、允许学生进行质疑等教学民主行为有利于发展学生的创造性思维和创造性能力。

3. 巩固性原则

巩固性原则指的是在教学中教师要引导学生牢固地掌握知识和技能，将其长久保持在记忆中，能够在需要时提取出来。这一原则主要是针对学生对知识的遗忘而提出来的。德国实验心理学家艾宾浩斯认为人类的遗忘过程先快后慢，因此刚学习的知识需要及时地复习巩固。美国教育心理学家加涅的信息加工理论认为，知识的巩固为长久的保持提供了便利，是知识在需要时能够迅速提取的前提。贯彻巩固性原则需要注意以下基本要求：①在理解的基础上巩固知识。"死记硬背"的知识往往记不牢，容易忘记。不经理解加工的信息和内容拥塞在记忆库当中，容易造成思维僵化，不利于继续学习，毕竟人类能够清楚记忆的知识容量被认为是十分有限的。②重视组织复习巩固。引导学生掌握科学的记忆方法，及时复习，合理地组织知识，进行信息内容的加工，努力与遗忘做斗争。③在扩充、改组和运用知识过程中积极巩固。知识的运用是最好的巩固知识的方式，通过加工后的知识组块合理地放置在记忆库当中，需要使用时就能够及时地调取，从而顺利应用到实践当中。那么，应该如何组织学生复习？复习要注意方法，如向学生提出复习与记忆的任务，安排好复习的时间，注意复习方法的多样化。注意指导学生掌握记忆方法，如通过整理编排知识、写提纲、编口诀等帮助记忆。

4. 循序渐进原则

循序渐进原则指的是教学要按照学科逻辑和学生认知逻辑进行，使学生系统地掌握基础知识和基本技能，形成严密的逻辑思维能力。教学的循序渐进原则又称系统性原则，我国古代专门论述教育教学的著作《学记》提出的"学不躐等""不陵节而施""杂施而不孙，则坏乱而不修"等都体现了循序渐进原则。贯彻循序渐进原则要注意：①按教材的体系进行教学。教材的编写都会根据内在的逻辑联系进行知识内容的组织编排，同时考虑学生的身心发展规律。按教材的体系进行教学，不是说教师要照本宣科，而是要求教师在深刻理解教材要求的基础上，结合实际情况安排教学进程。②抓住主要矛盾，解决好教学的重点和难点。教学的重点指概念、原理、定律等反映学科体系脉络的基本部分。教学的难点指教材中难以理解和掌握的知识点。重点不一定是难点，难点也不一定是重点，但既是重点又是难点的内容必定是教学关注的焦点。教师在教学中要把较多的精力和时间放在重难点上面，以达成问题的解决。③由浅入深，由易到难，由简到繁。这一原则反映的是学生的身心发展规律和认识发展的特点，学生对事物的认识是由浅到深、由易到难、由简到繁的发展过程。

5. 因材施教原则

因材施教原则指教师要从学生的实际情况出发，有的放矢地进行有差别的教学，使每个学生都能获得最佳的发展。孔子曾就同一件事情使用不同的方法对学生进行教导，根据学生的不同特点开展有针对性的教学，这成为因材施教的始源。因材施教是教学的理想目标，对教师提出了较高要求，事实上，这是致力于使每名学生都得到良好发展的教师对自身的基本要求。因材施教原则的贯彻有两个要点：①依据学生的个体情况进行有区别的教学。有区别的教学必须建立在学生之间的平等地位以及教师对每名学生都充分了解的基础上。只有充分了解学生的学习情况、身心状况、兴趣爱好以及优缺点，并且从实际出发进行的因材施教才不会造成偏向。②采取有效措施，让有才能的学生充分发展。因材施教意味着不"一刀切"，不以统一的标准评价学生，而是使在某些方面具有优秀才能的学生能够发展自己的长处。

6. 理论联系实际原则

理论联系实际原则指教学要以理论知识的学习为主导，帮助学生通过理论与实际的联系理解知识，并注重运用知识分析和解决问题，学以致用。该原则的贯彻要点是：①教师在教学过程中要有意识地引导学生理论联系实际。我国著名幼儿教育专家陈鹤琴曾说，生活和自然都是一本大教材。联系生活实际或者把理论知识运用到实际生活当中，都是可以调动学生学习积极性、验证知识的实际价值、增强知识内容说服力的方式，同时是使学生获得广泛的知识的方式。②重视培养学生运用知识的能力。理论联系实际的最好方法是让学生置身现实的情境，如参观、访问、社会调查、社会实践活动、参加兴趣小组等，这有利于知识的巩固。③正确处理知识教学和技能训练之间的关系。知识教学和技能训练之间并没有冲突，学习知识和培养技能具有相辅相成的作用，都有利于为学生的全面发展做出贡献。④补充必要的校本教材。我国现今实行国家、地方、学校三级课程管理和开发制度，为课程吸纳各种具有地方特色的知识敞开了大门，大大丰富了教学内容。

三、教学方法

(一)教学方法的概念及其选择运用的依据

我们通常把为完成一定的教学任务、实现教学目的，教师在教学活动中所采用的教学手段及其与学生的学相互作用的方法称为教学方法。教学方法的选用应讲究依据。首先，教学方法产生于追求教学目的、完成教学任务或解决教学问题的实践当中，为教学目的和任务服务。其次，每种教学方法的适用条件和特点决定了教学方法的选用要依据课程的性质和教材的特点。比如，要加深学生对某些概念和原理的理解，可采用演示法或实验法等。最后，教学方法的选用要注意学生的身心发展特点。教师应该先了解和把握学生的知识水平、年龄阶段和个性特点等基本情况，据此选用合适的方法。此外，教学时间、设备、条件以及教师业务水平、实际经验和个性特点也是影响教学方法选用的重要因素。

(二)中小学常用的教学方法

中小学常用的教学方法有讲授法、谈话法、讨论法、演示法、实验法、参观法、练习法、读书指导法。在中小学采用的教学方法，具有互动性强、强调自主和合作学习方法以及多种方法综合使用的特点。

1. 讲授法

讲授法是教师通过语言系统、连贯地向学生传授科学文化知识的方法，包括讲述、讲解和讲演三种。讲述即教师向学生描绘学习的对象和材料、叙述事物发展变化过程；讲解即教师向学生解释、分析教材的概念、原理、规律和公式等；讲演则要求教师系统、全面地描述事实，通过深入分析推理来对概念和结论进行科学的归纳和概括。

使用讲授法的要求在于：讲授内容要有科学性、系统性和思想性；对基本概念、原理的讲授要以事实为依据，讲授内容条理清晰；讲授时要注意策略和方法，根据情境选用合适的讲授策略；讲究语言艺术，力求语言清晰简练、准确表达。

2. 谈话法

谈话法亦称问答法，是教师根据一定的教学要求向学生提出问题并要求学生回答，通过问答的形式引导学生思考与探究，促进学生获取和巩固知识的方法。谈话法分为复习谈话和启发谈话两种。复习谈话指以学生已学的知识内容为问答的材料，在师生问答的实践过程中帮助学生系统化地复习已学知识的方法。启发谈话则是通过向学生提出尚未解决的问题，引导学生去探索新知识的方法。使用谈话法前要准备好谈话问题和谈话的纲要，理清问题的顺序和过渡。教师要善问，问题不仅要有启发性和趣味性，更要具体明确，能激发学生回答问题的积极性。此外，谈话后要做好问题的归纳和总结，引导学生反思问题。

3. 讨论法

讨论法是学生在教师指导下为解决某个问题而展开探讨以获得知识的方法。讨论的形式有很多种，可以是专门的讨论课，也可以是课上针对某一个问题的短暂讨论；既可以是小组讨论，也可以是全班讨论。近年来，中小学校极力倡导小组合作讨论，发挥学生的积极主动性。学生在合作讨论中相互启发，实现知识的升华。采用讨论法，应确保讨论的问题有科学性和合理性，也就是某一问题具有讨论的必要性。当然，讨论的内容要有吸引力，能够吸引学生的注意力，激发学生思考和解决问题的兴趣。教师要善于启发和诱导，把学生的注意力集中到讨论的主题和争论的焦点上面，引导学生深入思考问题，使问题逐步得到深化和解决。

4. 演示法

演示法指教师通过展示实物、教具，播放关于教学内容的课件等方式使学生认识事物、获得知识和巩固知识的方法。演示法能够加强教学的直观性，为学生学习新内容提供丰富的感性材料，以视觉、听觉、视听结合等方式刺激学生的感觉通道，加深学生的理解和记忆。这种方法突破了时空的限制，使教学内容能够在课堂上清晰呈现，方便了教学。使用演示法前应做好准备工作，要根据教学的需要在演示之前准备好需要演示的材料，模拟演示的过程，力求演示能够突出重点，达到表达课程内容的需要，在课堂上顺利进行。同时，在演示前要向学生说明演示的目的、要求和过程，让学生知道要观察什么现象、以什么方法观察、进行怎样的思考等。教师进行演示时还要讲究演示的方法，将演示与知识教学紧密配合，在适当的时间进行演示，以获得良好效果。

5. 实验法

实验法即在教师指导下学生运用一定的仪器设备进行实验并观察事物或现象的发生发展过程，以探求事物的规律、获得知识和技能的方法。实验法的优点在于通过人为设置的环境，让在自然中发生发展的现象和问题能够在课堂中展现，使事物发生的变化过程、事物之间的因果联系在学生动手操作过程中呈现出来，培养学生实事求是的科学精神和对科学实验的兴趣。

课堂中的实验分为探索性实验和验证性实验两大类。探索性实验讲究探求新知，为学生学习新知识、探索他们未知的新经验和新内容服务，一般在教授新课时进行。验证性实验是在讲完新知识后为检验所学知识或加深学生的理解而进行。使用实验法前要做好准备，如制订好实验的计划、分配好实验用品、向学生讲明实验的要求等。要明确实验的目的、要求和做法，让学生掌握实验操作步骤、仪器设备的使用方法，提醒学生注意安全。教师要做好实验过程的指导，最好有专门负责实验管理的教师对实验过程进行巡视，引导和帮助每一名学生投入实验当中。实验结束后要对实验进行总结，分析实验过程，反思实验进展，以便于下一次实验的开展。

6. 参观法

参观法是教师为了配合教学的要求而组织学生到校外一定场所对事物、现象等进行直接观察以使学生获得知识的方法。参观法的优点在于超越了课堂和书本知识的限制，把大自然和实际生产生活作为一种"活教材"，使书本知识成为活性的知识。教师使用参观法，要在参观之前根据教学要求和现实条件确定参观的目的、时间、地点和对象等，做好参观的安排。在参观的过程中，教师要加强引导和管理，向学生明示观察的对象，组织学生有效率、有目的地观察事物和现象，以免没有观察到重点或者使参观流于形式。要及时做好参观后的总结，帮助学生反思参观时的所见所闻，正确理解和巩固知识。

7. 练习法

练习法是学生按照教师的安排和指导，有意识地运用知识去反复进行一定的操作，完成作业或习题，以促进知识理解和技能形成的方法。练习的目的是使学生将所学知识运用到具体情境中，加深理解，提高解决问题的能力。练习有一定的方法，足够数量、讲求质量、合理安排都是提高练习效率的技巧。练习分很多种类，有口头练习、书面练习、技能操作练习等形式。使用练习法要遵循一定的要求。学生要提高练习的自觉性，在明确练习的目的、方法、程序和关键要领的前提下科学合理练习。练习不能贪求难度和速度，而要循序渐进、逐步提高。教师在了解练习的内容难度、学生对知识的掌握程度等条件下，对学生提出合理的练习要求，由易到难逐步深入。此外，在练习过程中要严格要求学生、提醒学生认真对待练习，如此才能获得更好的效果。

8. 读书指导法

读书指导法是教师指导学生通过阅读教科书、参考书等材料获取或巩固知识、发展智力和提高自学能力的方法。读书指导法包括指导学生预习、复习以及自学教材等。我国历史上，许多著名学者都有自己独特的读书方法，如宋代朱熹的"朱子读书法"——循序渐进、熟读精思、虚心涵泳、切身体察、着紧用力、居敬持志，至今仍具有借鉴价值。教师要有意识地指导学生阅读教科书和参考书，让学生自己去领会、消化、巩固知识，扩大知识视野。自学能力是当今社会终身教育的基本要求，教师在指导学生阅读时，要有意识地培养学生的自学能力。

(三)典型的教学模式

教学模式指在教学实践中形成的具有相对稳定性的教学活动框架和程序。它属于方法的范畴，但又不同于一般的方法，它是在一定理念指导下的多种方法的组合，包含理论依据、教学目标、操作程序、实现条件、教学评价等基本因素，具有指向性、操作性、稳定性、灵活性等特点。在中外教学实践史上，人们归纳了许多可以作为教学模板的教学范式，较具代表性的如发现教学、程序教学、范例教学、暗示教学。

1. 发现教学

发现教学是美国著名教育家布鲁纳提出的。布鲁纳强调学科的基本结构，认为无论教什么学科，务必使学生理解学科的基本结构，为此教学应该使用发现法，使学生通过自己的头脑去探索人类已知的事物的基本原理和内在联系，这便是一种发现。根据布鲁纳的这一教学理念，为人所熟知的发现教学模式形成了。

发现教学模式的主要理论基础是结构主义、学科基本结构和发现法。布鲁纳是结构主义的倡导者，结构主义强调认识事物的内部联系、进行整体性的研究和系统地把握事物的性质。学科基本结构即学科的基本概念、基本原理以及它们之间的普遍联系。在此基础上，发现法认为学生的认识过程类似于人类的认识过程，教学过程是教师指导下的学生的发现过程，学生要主动地去发现新事物，而不是消极被动地接受知识。

2. 程序教学

程序教学是美国行为主义心理学家斯金纳提出的操作性条件作用说在教学领域的运用。斯金纳在大量实验的基础上将人和动物的行为分成应答行为和操作行为两大类。应答行为是由特定刺激引起的、不随意的反射性反应，操作行为则是不与任何特定刺激相联系的有机体自发的随意行为。斯金纳认为，日常生活中人的行为大部分属于操作行为，而这些操作行为受强化规律的制约。所谓强化，指在有机体的环境中呈现或撤掉某种刺激以达到增加反应发生概率的一种操作。斯金纳的操作性条件作用说在教学领域得到了广泛应用，即程序教学。

程序教学是20世纪具有世界影响力的教学模式。随着技术的发展而出现的教学机器的使用深刻地影响了世界各国的教学改革。简而言之，程序教学是这样一种模式，它将一门课程的总目标分成较为具体的几个单元内容，再进一步将这些具体单元分成许多小目标，每个小目标就是一小步。程序教学通过教学机器逐步呈现程序化的一个个小目标，在学生学习完每一小步的课程内容之后会及时地提供反馈，形成一种强化的操作。学生完成了一小步内容的学习之后，教学机器会呈现下一步的学习内容，直到完成全部课程单元的学习。通过程序教学，学生可以根据自身需要，自定步调，自主学习，逐步完成课程学习任务。

3. 范例教学

20世纪50年代，针对学校课程知识量骤增造成的学生压力巨大、教学质量下降等问题，德国教育家瓦根舍因、克拉夫基等人提出，教学中应精选那些对进一步学习事物本质和规律具有启发性与示例性的内容，使学生借助这些典型范例理解普遍性的事理。这一思想后来发展成为一种教学模式——范例教学。

范例教学遵循认知规律，以启发性的原理，从范例性阐明"个"的阶段到范例性阐明"类"的阶段，即从个别到一般，从具体到抽象的过程。学生通过掌握规律和范畴的相互关系，获得有关世界与生活的经验。以范例引导学生掌握问题，符合现代教学发展规律，有助于增强教学实效、减轻学生学业负担。

4. 暗示教学

暗示教学是由保加利亚教育家洛扎诺夫提出的一种教学模式。暗示教学主要强调无意识心理活动和情感在学习中的作用，以多种暗示手段来充分调动学生的无意识心理，激发学生生理和心理方面潜力的发展。暗示教学模式有三个基本条件：首先，要创设有利于进行暗示的外部环境，如优雅、安静、舒适的环境；其次，在暗示之前要有必要的提醒，使学生自觉地进入学习情境；最后，要用各种暗示手段和方法，激发学生的无意识心理倾向。

暗示教学模式让学生处于宁静与愉悦的学习环境当中，利用情境陶冶的力量暗示学生，使学生产生内在的学习需要和兴趣。在这种条件下，学生的有意识和无意识心理活动能够发挥极大的心理力量，提高学习效率。

我国教育学者在长期教学实践中总结了许多极具特色的教学模式，如传递—接受模式、引导—发现模式、情境—陶冶模式、自学—辅导模式等。值得一提的是，无论哪一种模式都有其适用性，应该根据教学的实际需要选用合适的教学模式。

四、教学策略

(一)教学策略的概念与特征

教学策略是为达到某种预期效果所采取的多种教学行动的综合方案，即在教学目标确定之后，根据教学任务和学生的特征，有针对性地选择与组合有关的教学内容、教学组织形式、教学方法和技术，形成特定的教学方案。由教学策略的基本内涵可知，教学策略具有综合性、可操作性、灵活性以及指向性特征。

综合性指的是教学策略需要综合考虑教学内容、方法、媒介、步骤、组织形式等要素。教学活动的元认知、调控和教学方法的执行，三个过程是一个相互作用、相互关联、不可分割的有机整体，这三个过程中的任意一个过程会随着其他两个过程的变化而变化，三者构成一个统一的整体。可操作性表现为教学策略能够根据教学目标的需要将相应的方法和技术转化为具体的教学实践，而非抽象的教学原则或教学模式，实用性是教学策略的特点。与此同时，教学策略在操作、实施的过程中需要根据不同的教学目标和任务针对教学方法、媒体、组织形式进行组合调适，使教学策略适用于具体的环境，这充分体现了教学策略的灵活性。教学策略是为了解决具体的教学问题、实现预期的教学效果而制定的，它具有明确的指向性。

(二)教学策略的主要类型

根据构成元素的主要成分，大致可以将教学策略分为内容型策略、形式型策略、方法型策略和综合型策略。

内容型策略即以教学内容为核心的课堂教学策略。一直以来，在教学过程中如何有效地呈现学习内容是教学策略的核心内容。内容型策略分为结构化和问题化两种策略，即以教学内容的性质及其内在逻辑结构为依据，对教学活动的步骤、方式、方法等要素进行安排。结构化策略一般可以分为直线式、分支并行式、螺旋式、综合式等。直线式策略即按照教学内容的内在逻辑结构，将教学过程划分成几个阶段，并按一定的顺序步步推进。分支并行式策略即将教学内容分成几个并行的内容单元，并采用适宜的方式分别展开教学，最终达到将教学内容完整完美呈现的结果。螺旋式策略即根据不同年龄学生的特点，螺旋式地扩展和加深教学内容。综合式则是上述几种方式的综合。

形式型策略就是以教学组织形式为中心的教学策略，有集体教学（班级授课制）、小组教学和个别学习三种类别。班级授课制自诞生以来就成了最主要的教学组织形式，对扩大教育规模和提高教学效率起到不可忽视的作用。但随着对教学质量要求的不断攀升，这种按固定班级进行教学组织的集体教育形式越来越难以适应社会需求。班级授课制的改革实践非常活跃。譬如，美国教学设计专家肯普提出集体教学的形式、个别教学的形式和小组教学的形式。英国教育技术学家波西瓦尔提出以教师或学校为中心的教学策略和以学生为中心的教学策略，尤其是以学生为中心进行教学组织的策略在当今强调个性化发展的时代潮流中具有很大的吸引力。以学生为中心进行教学组织的策略提供了高度灵活的学习系统，教师或学校在这个系统中只起辅助作用。实施该策略最重要的是考虑学生的实际需要，综合利用各种教学资源，让学生积极投入学习，通过自身的努力去实现目标。

方法型策略顾名思义即以教学方法和技术为中心的策略，包含多种多样的方法、技术、程序、模式的集合。"教无定法，各有各法"是人们最初对教学方法使用策略的认识，即教学方法不应该也没必要使用统一的规范性套路，每一位教师可根据自身教学特点选用熟悉的方法。在新时代，教师还应深入探索各种教学方法的共性和个性特征，做出科学合理的分类，建立起方法型策略的体系。当然，建立教学方法分类体系不是一项容易的工作。法国的德雷维伦对教学方法的科学分类进行了尝试，以两条轴线为框架，归纳了灵活而主动的方法、系统而主动的方法、灵活而强制的方法、系统而强制的方法、混合方法共五种不同的教学方法。这是对教学方法科学分类的一次有益尝试，成熟的教学方法科学分类还有待进一步完善。

综合型策略是以教学目的、任务、经验等为依据，综合性考虑多方面因素的教学策略。其中，最具代表性的当数加涅基于累积性学习理论而提出的策略。加涅在学习的信息加工理论中，按照信息加工的阶段性有特点针对性地提出了九项相应的教学事项，包括引起学生注意、提示教学目标、唤起旧有经验、提供教材内容、指导学生学习、展现学习行为、适时给予反馈、判定学习结果、加强记忆与学习迁移。

第三节 有效教学

一、教学基本环节的有效开展

教学工作包括备课、上课、作业的检查与批改、课外辅导以及学业考查与评定这些基本环节。教学工作的每一个环节都是教学系统的组成部分，它们之间相互配合，协调运行，从而确保教学的有效开展。

(一)备课

备课是教学工作的起始环节，是教师为上课所做的准备工作，是上好一节课的先决条件。教师备课需要完成三项基本任务：钻研教材、了解学生和制定教学方案。

1. 钻研教材

熟悉教材是教师上课的必备条件。课程计划、课程标准和教科书一脉相承，都属于教材的范畴。教师要对教材有足够的认识，了解课程计划，熟知课程标准，透彻理解教科书内容。课程计划对某一学科在某一阶段做出了总体安排。钻研课程计划，有利于教师整体把握备课的方向和规划。课程标准规定了某一学科的教学准绳，基于课程标准进行教学，是当代教学的发展趋势。教科书是依据课程标准编制的系统反映学科基本内容的教学用书，又称课本。

教科书是教师备课和上课最主要的材料，教师钻研教科书一般要经过"懂""透""化"三个阶段。"懂"，即弄懂教材的基本结构及其呈现的学科知识的体系脉络；"透"，即深刻理解每一个知识点，融会贯通，深入挖掘教材的内涵；"化"，即把教材知识融入自己的认知图式当中，使其成为自身知识体系的有机组成部分。

2. 了解学生

教学是教师和学生共同参与的教育实践活动，教师在这一活动中占据主导地位，而学生是这一活动的主体，了解学生可以让教师的主导行为有的放矢。可以通过查阅学生的档案、进行测试等方式获取学生的初步信息。在深入接触后，可以采用课堂观察、交谈等方式了解学生的学习基础、学习态度、兴趣爱好、个性特点等情况，不断深化对每一名学生的认识。

3. 制定教学方案

在钻研教材和了解学生的基础上，教师应生成具体的操作方案，也就是要对每一学期或学年做出具体的规划。首先，制定学期或学年的教学方案。这种方案是对学期或学年教学工作的总体策划，是先于每一学期或学年而制订的指导教师教学的行动计划。其次，教师在制定好学期或学年的教学方案后还要予以分解，形成具体的单元教学计划或章节教学计划。最后，章节教学计划要进一步分解为课时计划，形成教学方案。

(二)上课

上课通常指的是课堂教学，是教学工作的中心环节，也是有效教学的根本，表现为师生之间的信息沟通、情感交流和互动交往过程。

1. 课的类型和结构

课的类型指的是课的分类，一般有两种分类方法。一种是根据教学的任务进行划分，把课分为传授新知识的新授课和进行知识巩固的巩固课。不论是新授课还是巩固课，一堂课上学生既可以只完成一项任务，也可以完成多项任务，因而又可以根据一堂课所完成的任务量分为单一课和综合课。另一种分类方法是根据主要采用的教学手段，把课分为讲授课、演示课、练习课、实验课等。

课的结构指的是课的基本环节及其展开的步骤或程序，一般包括组织教学、检查复习、讲授新教材、巩固新教材和布置课外作业等部分。组织教学的目的，在于使学生做好上课前的各种准备，为课堂教学创设良好的情境。正式上课的过程中，教师一般会先带领学生回顾已经学过的内容，了解学生对已学内容的掌握程度，引导学生对旧知识进行巩固，同时为讲授新教材做好过渡。讲授新教材是一堂课中最基本、最核心和最重要的环节，旨在引导学生学习新知识和新技能。巩固新教材指运用问答、复述、练习等策略促进学生对当堂课所学内容的理解和消化。此外，为使学生加深记忆、进一步巩固和消化所学内容，还需要布置适量的课后作业。

2. 上好一堂课的具体要求

一堂课的好坏需要一个衡量的标准，中小学课堂里，一堂好课需要目标明确、内容正确、方法得当、表达清晰和氛围良好。教学目标要明确，即确定要使学生掌握什么知识与技能，培养什么样的情感、态度和价值观等。内容正确指教师教授的知识必须是具有科学依据和符合逻辑的内容，而非与科学原理或事实相悖的内容。方法得当指的是教师应结合教学任务、教学内容、学生特点等选用合适的方法帮助学生掌握本堂课的内容。教师充分调动其智慧和主观能动性，创造性地对方法进行选择与加工，以取得良好效果为基本标准。表达清晰是对教师个人素质的基本要求，具体体现为标准的语言、合适的音量与语速、板书和课件的清晰呈现、描述准确得当等。此外，良好的课堂气氛和环境对一堂好课颇有助益，有利于学生积极参与课堂发言与讨论，使学生产生智慧的火花，获得良好的教学效果。

(三)作业的检查与批改

作业是帮助学生进一步消化和吸收新学内容的形式，可以培养学生独立运用所学知识与技能进行操作的能力。尤其是课外作业，它是课内练习的延展，是教学活动的有机组成部分。教师对课后作业的布置、检查、批改和讲评需要遵循一些要求。首先，作业内容要符合课程标准和教科书的要求。作业要有针对性，教师应根据课程标准和教科书的基本要求布置相应的作业，要理论联系实际，注意发挥作业的启发性。其次，作业的分量要适当，难度要适度。适当的作业量是必需的，但仅重视作业数量而忽视作业内容、题型等质量问题，容易造成低效的作业任务，耗费大量时间，效果却不显著。作业的难度要根据学生的水平来确定，难、中、易的比例要适当。最后，要向学生提出明确的要求，规定作业完成的时间，培养学生按时完成作业的好习惯。教师要及时批改和讲评作业，及时给予学生反馈。

(四)课外辅导

课外辅导是教学的一种重要补充形式。课后，师生之间的教学活动并未终结，而是换另一种形式进行。此时，学生主要独立做作业以及进行复习和预习活动，教师的作用在于根据学生的差异性辅助他们进行这些学习活动。教师的工作主要有两方面：做好学生的思想工作和学业上的具体帮扶。学生在不同程度上缺乏自控和自制能力，可能难以独立完成作业或缺乏规划性，教师要抓好思想教育工作，鼓励学生独立按时完成作业以及合理地规划自身的学习过程。学业上最主要的工作是给予学生有针对性的帮助，增强其学习的信心。

(五)学业考查与评定

要想教学过程和学习过程持续、有效地推进，需要对学生学业持续进行考查与评定，以了解学生的学习效果，从而不断改善教学实践和提高教学质量。

1. 测验与目标

《基础教育课程改革纲要(试行)》明确指出，中小学校课程改革目标在于改变课程过于注重知识传授的倾向，强调培养学生积极主动的态度，使获得基础知识与基本技能的过程，同时成为学会学习和形成正确价值观的过程。这要求教学应注重知识与技能、过程与方法、情感态度价值观三维目标。对目标达成情况的评定通常借助测验来实现。测验是考查与评定学生学业成绩的基本形式，即让学生就一系列与教学目标密切相关的问题进行作答，针对学生的回答，使用一定的标准对学生掌握学习内容的程度做出基本判断。测验不仅简单易行，而且其结果比较可靠，可以在一定程度上反映学生的能力和水平。测验能够在同一时间内考查众多对象，效率高，因而被普遍推广。

2. 试题类型

试题类型可以分为供答题和选答题两大类。供答型试题指的是让学生根据自己的理解，用自己的语言对教师规定的问答题、解答题等予以回答的试题类型。供答型试题又叫作主观性试题，强调学生答题的思考过程，需要学生填写重要的事实、关键的问题、证明的方法、词语的解释等,考查较为高级的思维能力。这类试题的特点是主观性较强、评分标准不一、题量小、覆盖面较窄,学生在测验中需要大量时间解答。选答型试题指的是学生要从教师事先提供的答案项中挑选一个或多个作为正确答案。选答型试题又叫作客观性试题,题型主要有单项选择题、多项选择题、是非题、匹配题等。选答题强调答案的确定性,评分标准统一,评阅方便,可以使用机器进行评分,大大降低了人工操作的失误概率。同时,选答型试题答题的方式简单,学生作答花费时间短。选答题往往题量较大,试题的知识覆盖面大。

3. 测验的效度、信度、难度和区分度

测验是对学生学业考查和评定的重要手段。要确保测验的效果,就必须组织好测验的编制工作。测验主要有信度、效度、难度和区分度四个基本指标。

信度指测验的稳定性,即一个测验经过多次不同条件的测试后所得结果的一致性程度。如果经过多次测验,所得结果差异较小,则表示这个测验信度高,测验结果有很好的稳定性。如果所得结果差异较大,则表示测验结果不稳定,信度低。通常以1为信度的最高值,标准化测验中的信度要达到 0.9 以上,否则测验就没有意义。测验编制过程中可以通过调整试题的数量、难度和内容等方法提高测验的信度。

效度指的是测验的可靠性程度,表明测验结果能够在多大程度上反映真实的情况,即学生的真实学业水平。测验的编制必须同时考虑信度和效度,具有较高效度的测验信度也必然较高,反之则不然。

难度指测验题目的难易程度,通常用通过率来表示。试题太难或太易都不能很好地测试学生对知识的掌握情况,因此高、中、低档难度的试题要合理分配比例。一般用1表示难度,用 P 表示通过率,测验的真实难度可以表示为 $1-P$。通过率高一般说明试题难度较低,通过率低一般说明试题难度较高。

区分度指测验对不同水平学生的区分程度。它与试题难度密切相关,只有包含合理比例的不同难度的试题,才能够有效评价学生的学业水平及其差距,提高测验的鉴别力,使学业水平高的学生获得高的分数,学业水平低的学生获得低的分数。

4. 评价

对学生进行评价指以学生的学业成就为评价对象,采用一定的标准、方法和技术对学业的学业水平进行判断。学生评价是教育教学领域的评价重点和学校教育评价的核心内容。为了使学生评价规范、合理、高效地运行,要建立具体的目标体系作为学生评价的标准。学生评价方法是多种多样的。按照评价在教学活动中的作用,可以分为诊断性评价、形成性评价和终结性评价;按照评价的价值标准,可以分为相对性评价、绝对性评价和个体内部差异评价。评价在有效判断学生发展、引导和促进学生发展方面发挥着重要作用。

二、有效进行教学组织

为完成特定的教学任务，教师需要对学生、教学内容、时间和空间等要素进行合理的组织。教学活动的有效开展，有赖于高效而先进的教学组织形式。教学组织形式不是一成不变的，而是在不断发生变化的。

(一)基本的教学组织形式

1. 个别教学制

在古代，受教育的人数不但少，而且在知识水平、年龄特征等方面都相去甚远，这决定了教师只能根据学生的个体特征分别施教，个别教学制成为最初的教学组织形式。个别教学制是这样一种形式：各具特点的学生都集中在同一个教室内，教师一个一个地辅导学生，教授学生知识以及布置、检查和批改作业。此时，没有轮到的学生按照教师的要求进行复习或做作业。个别教学制最突出的优点在于教师能够根据每名学生的特点针对教学内容和教学进度做出灵活的安排，因材施教。缺点主要在于规模小、效率低。

2. 班级授课制

班级授课制又称班级上课制，是一种集体教学形式。它是以固定班级为组织单位，把一定数量的年龄相仿、水平相近的学生安排在一起，由教师根据固定的课程表和统一的教学进度进行教学的形式。班级授课制的出现有其历史背景，是在资本主义工商业发展、科学技术繁荣，社会对劳动者产生新要求的背景下产生的。班级授课制萌芽于16世纪西欧的一些国家，当时恰逢资本主义的兴起时期。后来，夸美纽斯基于创办兄弟会学校的经验总结，从理论上论证了班级授课制，正式确立其为一种基本的教学组织形式。赫尔巴特结合他的教学过程阶段理论，即明了、联想、系统和方法，深入阐述了班级授课的教学过程，使班级授课的程序更加清晰，增强了班级授课制的影响力。苏联教学论专家在总结前人思想的基础上，提出了课的类型与结构的概念，从此，班级授课制走向成熟和完善，只不过在推广和普及上还相对缓慢，直到19世纪中叶才逐渐发展成为现代教学的基本形式。我国于1862年开办的京师同文馆率先使用了班级授课制，开创了我国集体教学的先河。

班级授课制的优点如下：统一开设课程，由不同专业的教师分别教授特定科目，教师面对十几或几十名学生同时开展教学，有利于有效培养人才；拥有相似的学识水平、知识基础的学生聚集在一起，有利于释放集体教育效应。但是，班级授课制也有其内在的缺陷。一位教师面对十几名甚至几十名学生进行教学时，显然难以照顾到每一名学生的个性特点，不利于挖掘学生的天赋潜能，不利于因材施教。随着时代的发展以及教育观念的更新，班级授课制暴露出越来越多的问题，许多国家都开始着手对班级授课制进行改革，产生了许多新型的教学组织形式，如分组教学制、设计教学法、道尔顿制。

3. 分组教学制

为解决班级授课难以照顾学生个体差异和难以因材施教的弊端，人们对班级授课制进行了改造。在此背景下，分组教学于 19 世纪末 20 世纪初在一些国家出现。分组教学指按照学生的学习能力或学习成绩把学生分成学业水平不同的组进行教学，也属于集体教学的一种形式。依据是否打乱原来的班级组织，分组教学分为内部分组和外部分组两大类。内部分组即不打破传统的按照年龄编排的班级，根据学生学习能力或学习水平将其分成教学内容、学习进度有差异的小组；外部分组即打破已有的年龄编班，重新编组。

分组教学制便于因材施教和分门别类地培养学生，但也产生了不少问题。加德纳的多元智力理论阐述了人类智力有多种形式，单凭学生某一方面的能力水平进行分担，不利于学生的全面发展。而且，将学生分成所谓能力和水平有高低差异的班级，有悖教育公平原则，容易使学生产生优越感或学习积极性下降。

4. 设计教学法和道尔顿制

设计教学法和道尔顿制都是美国进步教育运动进行学校教育改革试验的产物。设计教学法是实用主义教育家杜威的学生克伯屈所创立的一种教学方法。克伯屈根据杜威的"五步教学法"，提出了包含决定目的、制定计划、实施计划、评判结果四个步骤的设计教学法。设计教学法主张废除班级授课制和教科书，打破传统的学科界限，教师不直接向学生传授知识和技能，而是指导学生根据自身兴趣和已有的知识，自行组成以生活中的问题为中心的综合性学习单元进行教学。克伯屈认为，儿童自动自发地学习是设计教学法的本质，教师应通过让学生在社会环境中主动操作和学习实际知识来激发其学习兴趣和学习动机。设计教学法在 20 世纪 20 年代传入我国，许多学校竞相效仿，其充分发挥学生主动性和合作精神、加强知识与实际生活相联系的作用得到肯定，同时因一些教师不按照学科知识的内在逻辑性和系统性组织教学，使学生难以形成系统化的认知而遭到批判。

道尔顿制是由美国进步主义教育家帕克赫斯特于 1920 年在马萨诸塞州道尔顿中学进行的教育改革试验而得名的。道尔顿制是针对班级授课制下教师易忽视学生主体性、主动性和个体差异等弊端而提出的一种教学组织形式。它废除了课程表和年级制，将课室改为自习室或实验室，陈列各种图书和仪器，学生根据自身需求和学习进度从教师那里领取任务，教师的作用只是为学生指定自学参考书、布置作业和疑难解答，而不再面向全体学生进行授课。道尔顿制重视培养学生的学习主动性和自学能力，在理想的情况下，确实能够培养学生主动学习的习惯和塑造学生的创造才能。但是，能够很好地自我管理、独立学习和作业的学生毕竟只占少数。没有教师系统传授和讲解新知识，学生会把大量时间浪费在盲目摸索上。在这样的情况下，教学很容易产生混乱，学生得不到系统化的培养。

（二）教学组织形式的发展趋势

随着时代的发展而发生变化是教学组织形式的显著特点，科技的发展尤其是通信和网络技术的出现，对学生个性的关注以及重视学生人际互动等时代教学特点，使教学组织产生了许多新形式，如个别化教学、合作学习、计算机辅助教学等。

早在 19 世纪末期，西方现代教育学派认为，采用班级授课制的班级，学生在学习起点、各方面才能上仍存在较大差异，应针对这种差异进行个别化教学。最初，根据学生特点调整班级的组成，如按照能力分班、分流教学等。随后，通过调适教学设计来适应学生差异成为个别化教学的主流，如斯金纳的程序教学和凯勒的个人教学计划。个别化教学强调学生在教学过程中的自我指导、自我发展，培养学生的学习自主性，可以同班级授课结合起来，如班级授课基础上的小组学习、合作学习。

合作学习着眼于课堂上的人际互动，试图通过促进学生的合作性交往，促成学生在认知、情感、态度、社会人际交流等方面的发展。合作学习理论认为，合作可以唤起学生在学习中的积极主动性。通过沟通与交流，具有不同观念、倾向和思考方式的学生相互启发与借鉴。计算机辅助教学丰富了当今的教学组织形式，拓展了课堂教学的方式、人员的组织形式、教师教学和学生学习的时空场域。

思考与应用

1. 简述教学的概念、意义和任务。
2. 试述教学过程及其基本特点。
3. 描述教学过程的基本结构。
4. 试列举三种主要的教学原则，并论述这些教学原则的实施要求。
5. 简述选择和运用教学方法的依据。
6. 中小学常用的教学方法有哪些？试列举分析。
7. 比较分析中小学常用的三种教学方法，并说明它们的优缺点。
8. 教学工作有哪些基本环节？简要说明有效开展这些基本环节的基本要求。
9. 简析教学策略的概念和基本类型。
10. 历史上出现过哪些教学组织形式？试列举三种，并说明它们的优缺点。

推荐阅读

1. 黄甫全、王本陆：《现代教学论学程》2 版，北京，教育科学出版社，2003。

2. 王策三：《教学论稿》2 版，北京，人民教育出版社，2005。

3. 李秉德：《教学论》，北京，人民教育出版社，2000。

4. 张楚廷：《教学论纲》，北京，高等教育出版社，1999。

5. 裴娣娜：《教学论》，北京，教育科学出版社，2007。

6. 李朝辉：《教学论》3版，北京，清华大学出版社，2022。

7. 杨小微、张天宝：《教学论》，北京，人民教育出版社，2019。

8.［苏联］赞科夫：《教学论与生活》，耿丽萍译，武汉，长江文艺出版社，2017。

9.［捷］夸美纽斯：《大教学论》2版，傅任敢译，北京，教育科学出版社，2014。

第八章

班级管理

学习目标

1. 了解班级的形成与发展，熟悉班集体的发展阶段。

2. 了解课堂管理的原则，理解影响课堂管理的因素；了解课堂气氛的类型，理解影响课堂气氛的因素，掌握创设良好课堂气氛的条件。

3. 了解课堂纪律的类型，理解课堂教学结构，能有效管理课堂；了解课堂问题行为的性质、类型，分析课堂问题行为产生的主要原因，掌握处置与矫正课堂问题行为的方法。

4. 了解班主任工作的内容和方法，掌握促进班集体的形成的方法。

5. 了解课外活动组织和管理的有关知识，包括课外活动的意义、主要内容、特点、组织形式及课外活动组织管理的要求。

6. 理解协调学校与家庭联系的基本内容和方式，了解协调学校与社会教育机构联系的方式等。

本章导读

本章主要阐述了班级与班集体、课堂管理、班主任工作、课外活动，以及学校与家庭、社会的联系等班级管理方面的内容，有利于学生通过学习班级管理工作的基础知识，初步形成从事班主任工作的实际技能。本章贯穿一条主线：班级与班集体—课堂管理—班主任工作—课外活动的组织与管理—学校与家庭、社会的联系。在学习时可按上述线索进行，将重点放在课堂管理、班主任工作的内容和方法的掌握上。

本章知识结构图

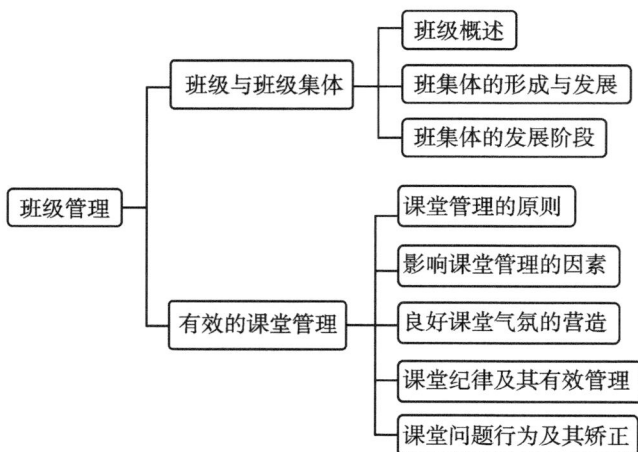

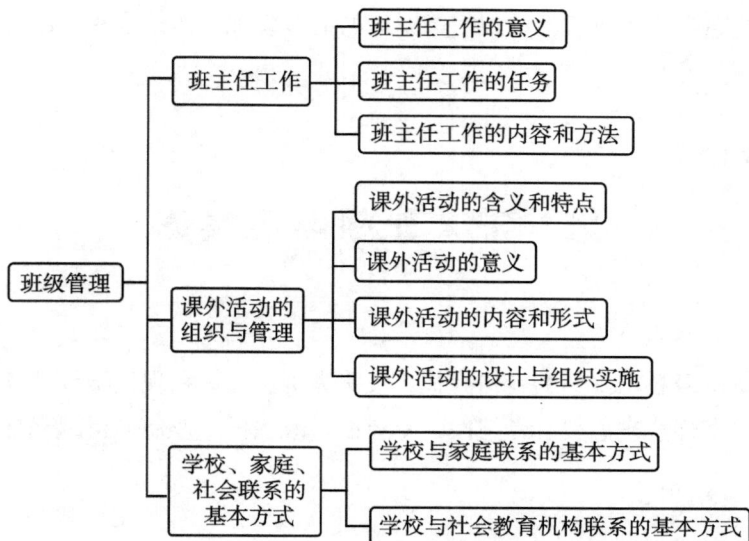

核心议题

1. 班级的内涵与要素

班级既是班级管理的对象，也是班级管理发生的场所。学习班级管理的有关内容，要先理解班级的内涵。所谓班级，指在学校教育制度之内，按照班级授课制的培养目标和教育规范组织起来的、以共同学习活动和直接人际交往为特征的社会心理共同体。构成班级的要素多种多样，除了最基本的管理者（教育者）和被管理者（受教育者）之外，班级目标、班级规范、班级活动等常被视为班级的组成部分。

2. 班级管理的功能与选择

班级管理的含义较为复杂，其历史最早可以追溯到夸美纽斯在《大教学论》中对班级授课制的阐释。此后数年，班级管理始终围绕监督和管制进行，惩罚更是时有发生。直到 19 世纪后期，在以卢梭、杜威等为代表的儿童中心论者的倡导下，班级管理的重心才逐渐由管理转向教育和服务。作为现代教育制度发展的重要成果，班级管理对学校教育的意义和影响体现在哪些方面？班级管理的育人功能、社会化功能、个性化功能等多种功能在实践中是怎样平衡的？在当前以学生为中心的课堂教学中，如何充分发挥班级管理的作用，才能更好地促进学生的全面发展？

3. 班主任的多重角色与特殊职责

班主任既是班级的组织者和教育者，也是班级管理的核心，对班级管理发挥主导作用。班主任的工作往往复杂而琐碎，不但要协调好任课教师与学生、学生与学生、各学科任课教师之间的人际关系，还要做好教学资源调度、班级组织建设、班级目标引领、班级规范设定、班级活动组织等方面的诸多管理工作。这些工作将班主任与普通任课教师区分开来。

第一节　班级与班集体

全面负责班级各项工作的专门教师，被称为班主任。在现代学校教育制度和运作体系下，班级管理愈来愈具有专门性、专业性，班主任工作便显得越来越重要。

一、班级概述

(一)班级的含义

班级是学校为实现一定的教育目的，将年龄相同、文化程度大体相同的学生按一定的人数、规模组织起来的教育组织。班级是学校进行教育活动的基本单位，也是学校行政管理的最基层组织，整个学校教育功能主要是在班级活动中得以发挥的。

(二)班级的产生与发展

班级的产生与发展是一个漫长的过程。在古代社会，无论是东方还是西方，学校教育部采用个别教学的方式，对学生的学习内容、学习年限没有统一的安排，受教育者是一个结构松散的群体，没有统一的组织，由此导致了教学的局限性和低效率。

16世纪，资本主义工商业的发展和科学技术的进步要求扩大教育对象的范围并增加教育内容，于是新的教学组织形式即班级授课制应运而生。它是根据教学目的与计划，把学生按年龄和学习程度编成固定人数的班级，教师按固定时间、地点进行集体授课的教学组织形式。最早使用班级一词的是文艺复兴时期的著名教育家埃拉斯莫斯。1519年，他描述了伦敦保罗大教堂的学校情形：在一个圆形的教室里，将学生分成几个部分，分别安排在阶梯式的座位上学习。进行这种描述时，他借用了昆体良的《关于学生的制度论》中的班级一词。后来，西欧一些国家创办的古典中学开始以班级的形式开展教育活动。

17世纪，捷克教育家夸美纽斯总结了前人和自己的实践经验，在其所著的《大教育论》一书中对班级教学这一教学思想进行了分析和探讨，并对班级教学的价值、特点、开展等问题进行了深入的论证和阐述，第一次从理论上对班级授课制进行了论证，从而奠定了班级的理论基础。事实上，在此之前，欧洲的一些教会学校、古典中学已经开始进行一系列班级教学的尝试。在夸美纽斯论证这一观点之后，班级教学开始在世界范围内逐步推广，被各国采用。

1862 年，清政府在北京开办了京师同文馆，我国班级授课制的雏形形成于此。20 世纪初"废科举、兴学堂"后，全国开始采用此教学形式。随着学校教育的不断发展，班级逐渐成为学校教育的基本单位。班级的发展水平不仅对学生的发展产生越来越大的作用，而且直接影响学校的办学质量。

二、班集体的形成与发展

(一)班集体的含义

班级和班集体是两个极易被混淆的概念。班集体不同于传统意义上的班级，并不是所有的班级都是班集体。班集体是班级群体进一步发展的高级形式，班集体的形成需全班学生、班主任以及各学科教师的共同努力。班集体具有巨大的教育力量，是学生进行自我教育的力量源泉，也是促进学生个性发展的重要因素，其建设水平直接影响学生的成长。

(二)班集体的基本特征

1. 共同的奋斗目标

共同的奋斗目标指班集体成员所具有的共同的理想、追求和希望达到的预期目标。一个成熟的班集体应该具有共同的目标，这是班集体形成的基础。有了共同的目标，全班学生就有了明确的奋斗方向，就会在实现目标的过程中保持行动的一致性，相互配合，团结奋进。

2. 健全的组织机构和核心

班集体中健全的组织系统构成班集体的核心，通过这个核心的组织系统，班级内部的每一个成员都可以被动员起来。

3. 严格的规章制度与纪律

一个正常运行的组织必须具有制度与纪律的约束，否则就是松散的团体。一个良好的班集体一般都有相应的规章制度和纪律，全体成员都必须自觉遵守。

4. 正确的舆论和良好的班风

正确的舆论是衡量机体觉悟水平的重要标准。形成正确的班集体舆论，有利于促进团结，鼓舞学生的上进心，发扬正气，有利于班级良好人际关系的建设和组织机构的健全与完善。正确的舆论是学生自我教育的重要手段，也是班集体形成的重要标志。

班风是班级成员的思想、言行、风格、习惯等方面表现出来的班集体特有的一种精神面貌，是班级个性特征的体现。良好班风有很强的制约功能和教育功能，并主要以舆论或规范的形式体现。良好的班风是班集体构成要素长期相互作用、不断发展的结果，是班集体形成的综合标志。

5. 学生个性的充分发展

班集体的形成虽然强调共同的奋斗目标和集体的规章制度,但并非以压制学生的个性为代价。一个班级几十名学生一定会有不同的兴趣爱好,也会有不同的学习方式和审美情趣,必然也有不同的人生目标与理想追求。班集体建设成功与否,很大程度上取决于学生是否有参与班集体建设的积极性,也取决于学生的个性是否全面和谐发展。

三、班集体的发展阶段

一般认为,新组建的班级,由松散的学生群体发展为健全的班集体,需要经历组建、形成、发展和成熟四个阶段。

(一)组建阶段

这一阶段通常指的是开学初期的松散群体时期。一个新的班级刚刚形成,师生之间、学生之间尚不熟悉。学生们只是按照课表进入同一教室或根据班主任统一安排参与共同活动而已,班级共同目标和行为规范尚未形成。这一时期是班主任工作最繁忙的时期,也是班主任工作能力经受考验的关键期。

(二)形成阶段

这一阶段是群体逐渐聚合的时期。学生们开始彼此熟悉,并产生了一定的人际关系。班级积极分子已涌现出来,开始建立班干部组织机构,班级核心初步形成。但是,这时的班集体还十分脆弱,班级共同目标还未成为全班学生行动的动力,正确的舆论与良好的班风尚未形成。这一时期是班主任培养班干部的重要时期。

(三)发展阶段

这一阶段是班集体形成雏形的时期。班集体有了一个比较稳定的、团结的领导核心,班干部能独立开展各项工作。班级目标已成为学生个体的奋斗目标,正确的集体舆论和班风已形成。

(四)成熟阶段

这一阶段是班集体趋向成熟的时期。集体的特征得到充分体现,并为集体成员所内化,全班已成为一个组织健全的有机整体。整个班级洋溢着一种平等、和谐、向上、合作的心理氛围,学生积极参与活动,并使自己的个性、特长得到发展。

班集体的形成过程很复杂,四个阶段往往很难截然分开。掌握班集体的发展阶段有助于我们掌握班集体形成的基本规律,不断促进班集体的逐步形成。

第二节 有效的课堂管理

自从 17 世纪夸美纽斯创造出班级授课制的教学组织形式以来，课堂管理就客观地存在于教学组织过程中。课堂是学习活动发生的主要场所，教师则是课堂活动的组织者和管理者，成功的课堂管理是推进教学活动开展的最有利因素之一。

一、课堂管理的原则

(一)课堂管理的概念及意义

课堂管理指教师在教学活动中通过协调课堂内各种人际关系，吸引学生积极参与课堂活动，使课堂环境达到最优化的状态，从而实现预定教学目标的过程。课堂管理是影响课堂活动效率和质量的重要因素，良好的课堂管理是课堂活动顺利进行的保证。课堂管理具有重要的意义，具体体现在以下几方面。

第一，教师通过课堂管理，可以创设良好的课堂环境，保证课堂活动的顺利进行。良好的课堂环境有助于外在控制向内在控制转化，为学生形成自律心理机制和促进他人标准与自我标准的统一创造条件，因而可以减少产生矛盾与冲突的可能性，并消解许多潜在的矛盾与冲突。

第二，教师通过课堂管理，促进交流与互动，促进课堂活动的有效展开。课堂中人与人之间、人与环境之间的相互作用或相互影响构成课堂情境中的互动。有效的课堂管理可以促进师生及学生之间的对话与信息交流。这种对话与信息交流使课堂活动得以充分地展开，从而促进学生知识经验的获得、心智的开启、能力的发展，以及教师课堂教育教学质量的提高。只有实现了人与人之间、人与环境之间自由的信息交流，才能使课堂活动不流于形式或表面化。

第三，教师课堂通过管理，激发课堂活力和促进课堂生长，为学生的持久发展创造条件。课堂活动对于学生具有个体生命价值，蕴含着巨大的生命活力。只有生命活力在课堂上得到有效发掘，才能有真正的课堂生活，课堂上人的生长才能真正实现。课堂管理就是要调动各种可能的因素，发掘课堂的活力，使课堂的资源不断再生。这样，课堂便得以生长，课堂的生长又进一步为学生的持续发展奠定基石。

(二)课堂管理的原则

基于课堂管理提出的争取更多的时间，让更多的学生投入学习以及帮助学生自我管理的目标，现代课堂管理一般遵循以下几条原则。

1. 目标原则

课堂管理应当有正确而明晰的目标，它为教学目标的实现提供保证，最终指向教学目标。为了有效地贯彻目标原则，教师在课堂上应当运用恰当的方式，使全体学生明确每堂课的教学目标，让师生双方都能明确共同努力和前进的方向。目标本身具有管理功能，直接影响和制约师生的课堂活动，能起积极的导向作用。目标使学生成为积极的管理参与者，对于激发学生自觉的求知热情，培养学生自我管理能力具有积极意义。

作为课堂管理者的教师，课堂上所实施的一切管理措施，包括组织、协调、激励、评价等，都应当努力服务于教学目标。课堂管理的成败得失，应当以教学目标的实现为衡量依据。有的教师忽视教学目标，片面追求课堂管理的表面现象，如过分强调安静的气氛，统一的坐姿、行动等。如果这些管理要求脱离了教学目标，就可能成为抑制学生学习积极性、思维发展的不良因素。实际上，教师在课堂管理中主动激起师生之间、同学之间的讨论、争论等，不仅不会影响课堂教学的成功进行，而且会促进教学目标的实现。我们只有在目标原则的指导下，才能避免课堂管理的形式主义，实施合适的课堂管理。

2. 激励原则

教师在课堂管理时，应通过各种有效手段，最大限度地激起学生内在的学习积极性和求知热情。贯彻激励原则，教师应在课堂上努力创设和谐愉悦的教学气氛，营造有利于学生思维发展、有利于教学顺利进行的民主气氛，而不应把学生课堂上的紧张与畏惧看作自身管理能力强的表现。

激励原则还要求教师在课堂管理中发扬教学民主，鼓励学生主动发问、质询和讨论。教师"一统天下"，不让学生的思维越雷池半步的课堂管理方式，不利于学生个性的充分发展。

当然，激励原则并不排除严格要求和必要的批评。有说服力的批评其实也是对学生的激励。我们应当正确运用激励手段，强化课堂管理，使学生主动积极地进行课堂学习。

3. 反馈原则

运用信息反馈原理，对课堂管理进行主动而自觉的调节和修正，是反馈原则的基本思想。

课堂管理的具体要求和措施只有建立在班级学生思想、学习特点的基础上，才能具有针对性和有效性。这要求教师在教学工作的起始环节——备课过程中，认真调查教育对象的具体状况，分析研究必要的管理对策。我们发现在备课过程中，教师对于课堂管理的设计是普遍忽视的，从而在管理环节上出现问题时措手不及，继而影响教学进程或削弱教学效果。

课堂管理的反馈原则要求教师在课堂教学的过程中，不断运用即时信息来调整管理活动。课堂教学是在特定的时空内的，面对着的是几十名活生生的学生，这是一个多因素彼此影响和制约的复杂动态过程，总可能出现各种偶发情况。因此，教师应当不断分析并把握教学计划与课堂管理现状之间存在的偏差，运用自己的教育机智，因势利导，应善于在变化的教学过程中寻求优化的管理对策，而不应拘泥于一成不变的管理方案。

二、影响课堂管理的因素

影响课堂管理的因素是多方面的，有学校的因素、教师的因素、班级的状况、学生的因素，这些因素共同作用于课堂管理的过程与结果。

(一)学校的因素

学校对课堂管理的影响主要是通过学校领导对教师的管理来实现的。学校领导采取较自由民主的管理方式，还是采取较专制的管理方式，影响着教师教学能动性的发挥，从而影响教师课堂管理的风格。

(二)教师的因素

1. 教师的领导风格

教师的领导风格对课堂管理有直接的影响。参与式领导和监督式领导对课堂管理有不同的影响。参与式领导注意营造自由风气，鼓励自由发表意见，不把自己的意见强加于人。监督式领导注重集体讨论的进程，经常监督人的行为有无越轨。教师如果选择参与式领导风格，那么课堂管理的氛围常常会轻松、愉快。如果选择监督式领导，就会形成一种假象：表面上课堂被管理得井然有序，实际上学生可能并非自愿接受管理。

2. 教师的语言、声调、动作、表情

语言对集中学生的注意力起直接作用。教师要提升自身教学语言使用水平，说话要清晰准确、生动形象、富有启发性和感染力，同时还要善于运用音调的变化(包括音调的高低、强弱、速度、节奏、停顿等)、动作和表情来组织教学。

3. 教师的教育机智

教师的教育机智是教师在教育、教学过程中的一种特殊定向能力，指教师能够根据学生新的特别是意外的情况，迅速而正确地做出判断，随机应变地及时采取恰当而有效的教育措施解决问题的能力。教师对课堂教学偶发事件的处理情况既关系到课堂秩序，又影响到教师的教学威信，对教师课堂教学管理的效力产生连带影响。教师若缺乏教育机智，就会在千变万化的课堂中束手无策。

4. 教师的威信

教师的威信是教师具有的一种使学生感到尊敬和信服的精神感召力量。教师威信

的形成必须经历一定的过程，开始只在某一方面(某一学科的教学)具有威信，以后逐步发展到各个方面(品德、学识、能力等)。开始只在一部分或少数学生中威信很高，然后逐渐发展到在全体学生或绝大多数学生中享有威信。教师威信的建立有赖于一系列的主客观因素，但最主要还是有赖于教师自身的主观因素。教师要努力提高学识、能力水平和品行修养，以此树立威信，增强课堂教学管理的威信和影响力。教师的威信从根本上说来自教师高尚的教育人格。

(三)班级的状况

课堂管理的效果很大程度上取决于班级的状况。班级的状况包括班级规模的大小和班级的性质这两个方面。

班级规模的大小是影响课堂管理的重要因素。一般来说，班级规模越大，教师课堂管理的过程越困难。规模越大的班级，人数也越多，不同个体之间存在差异，同时班级内部越容易形成更多非正式的小团体。总而言之，班级规模的大小会影响学生参与课堂活动的机会和程度，也会影响课堂管理和学习纪律，从而导致课堂教学目标不能顺利实现。

每一个班级都有自身的独特性，班级的性质对于课堂管理有不容忽视的作用。班级的性质主要体现在班风和学风上，教师应该根据班风和学风的不同，采取相应的教学手段和课堂管理模式对学进行指导，以期获得良好的管理效果。

(四)学生的因素

1. 学生对教师的定型期望

所谓定型期望指人们对于某种职业和职务类型的人在行为表现、动机和意向方面存在某种固定的期望。对于教师来说，这种期望是教师长期交往方式和一般行为带来的结果。班级的学生在长期的学习过程和与教师的接触过程中，会对教师的课堂行为形成定型期望。他们希望教师以某种方式进行教学活动和课堂管理，这种期望必然会影响课堂管理的效果。

2. 学生学习行为

学生既是课堂管理的对象，又是课堂管理的主体。学生如果学习目的明确，态度端正，基础知识扎实，学习能力强，行为规范，自我管理能力强，课堂管理自然就容易。反之，课堂管理难度则会提高。

3. 学生的上课风气

在一个上课风气和纪律状况较差的班级中，教师进行课堂管理时会感到吃力，而在一个上课风气和纪律状况较好的班级中，教师会感到轻松愉快。班级的上课风气是班集体长期努力奋斗的结果。教师应采取有效的方式使班级形成良好的课堂群体规范和上课风气。

三、良好课堂气氛的营造

(一)课堂气氛的含义

现代教育心理学和教学论的研究告诉我们：课堂教学的效果不但取决于教师如何教、学生如何学，还取决于一定的教学环境。这里的教学环境包括教学的物质环境和精神环境，精神环境就是指课堂气氛。具体而言，课堂气氛体现在方方面面，如课堂活动中师生在相互交往过程中所表现出来的相对稳定的知觉、注意、情感、意志和思维等，即教师与学生在教学活动中形成的某种稳定的情感体验及对待教学活动的态度和行为的综合反映，它具有认知和情感的特征。课堂气氛总与教学过程密切联系在一起，既具有稳定性，也具有可变性。在一定条件下，课堂气氛会形成某种稳定状态，但同时在教学过程中始终会受到教师、学生、教学内容等诸多因素的影响。

(二)课堂气氛的类型

课堂气氛可以通过知觉水平、思维状态、情感状态、意志状态、注意状态等指标反映出来。根据上述指标在课堂中的不同情况，课堂气氛可划分为积极的、消极的和对抗的三种类型。

积极的课堂气氛的基本特征：恬静与活跃、热烈与深沉、宽松与严格的有机统一。也就是说，课堂纪律良好，学生注意力高度集中，思维活跃，师生双方都有饱满的热情。学生课堂发言踊跃，在热烈的课堂气氛中，保持冷静的头脑，注意听取同学的发言，并积极地思考。师生关系融洽，配合默契。课堂上听不见教师的呵斥，有的是教师适时的提醒、恰当的点拨、积极的引导。课堂气氛宽松而不涣散，严谨而不紧张。积极的课堂气氛实质上是一种理想的课堂气氛。

消极的课堂气氛的基本特征：学生紧张拘谨、心不在焉、反应迟钝。在课堂学习过程中，学生情绪压抑、无精打采、注意力分散、小动作多，有的甚至打瞌睡。对教师的要求，学生一般采取应付态度，很少主动发言。有时，学生害怕上课或提心吊胆地上课。教师不善于组织教学，不能有效地引导学生思考，多数学生被动回答教师提问，甚至有的学生上课时提心吊胆，以致教师的课堂教学效果不佳。

对抗的课堂气氛的基本特征：学生不认真听课，故意捣乱，课堂纪律极差；教师失去了对课堂的驾驭和控制能力，不能集中精力讲课，时常为了维持课堂纪律而中断讲课，实现不了教学目标。对抗的课堂气氛实质上是一种失控的课堂气氛。

(三)影响课堂气氛的因素

1. 教师的因素

教师是课堂教学中的主导者，教师的领导方式、教师的移情能力、教师的期望、教师的情绪状态、教师的教学能力是课堂气氛的决定性因素。

（1）教师的领导方式

教师的领导方式是教师发挥其领导作用的行为方式。教师的领导方式对课堂管理有直接的影响。勒温曾于1939年将教师的领导方式分为权威式、民主式与放任式三种。不同的领导方式对课堂气氛的影响是不同的。采取民主式领导的教师在课堂上能够营造比较宽松、自由、积极向上的气氛，鼓励自由发表意见，从而使学生更好地参与到课堂中。采取权威式领导的教师，比较专横、独断，其注意力更多地放在学生的问题行为上。就对学习效率的影响看，放任式领导是最差的，民主式领导与权威式领导各有所长。民主式领导有利于学生积极主动学习，保持良好的学习态度；权威式领导有利于教师控制局面，尤其在课堂秩序混乱时能使课堂走上正轨。

（2）教师的移情能力

移情指在人际交往中，一个人感知到对方的某种情绪时，他自己也能体验到相应的情绪，即设身处地从对方的角度去体察其心情。在课堂管理中，教师要有体察情感反应的能力，使自己在情感上和理解上都能处于学生的位置，多为学生着想。移情是师生之间的一座桥梁，它可将教师和学生的意图、观点和情感连接起来，营造良好的课堂气氛。

（3）教师的期望

期望是人们在对外界信息不断反应的经验基础上，或在内在力量的推动下，所产生的对自己或他人行为结果的某种预测性认知。教师如果能充分了解每个学生的认知能力和人格特征，形成对每个学生恰如其分的期望，就可能对学生产生良好的自我实现预言效应，促使学生向好的方向发展，并形成和谐的课堂气氛。如果教师对学生带有偏见，看不到他们的优点而形成低期望，那么学生就可能自暴自弃，学习兴趣下降，并严重影响课堂气氛。

（4）教师的情绪状态

教师的积极情绪状态往往会投射到学生身上，使教师与学生的意图、观点和情感联结起来，从而在师生间产生共鸣性的情感反应。适度的焦虑能够促使教师努力改变课堂现状，从而推动教师不断努力以谋求最佳课堂气氛的出现，但过度焦虑会对课堂气氛产生不良影响。

（5）教师的教学能力

教师的教学能力主要指教师对课堂的驾驭能力，具体包括洞悉、兼顾、分段教学的顺利过渡、集中全班学生的注意力、创设多样而有效的教学情境等，还包括教师的有声语言表达和无声的体态表达。课堂气氛与教师的教学能力密切相关。例如，教师的表达能力在很大程度上影响着教学效果，进而影响着课堂气氛。如果教师语言表达清晰，语速适度，语调抑扬顿挫，富有感染力，就更容易营造积极的课堂气氛。

2. 学生的因素

课堂气氛是师生共同营造的，学生是课堂活动的主体。因此，学生的因素是影响课堂气氛的重要因素。一般来讲，就学生而言，影响课堂气氛的学生因素主要包括学生的心理、班集体的凝聚力、学生的情感、师生关系。

（1）学生的心理

学生在课堂中的心理，是在课堂教学过程中不容忽视的一个话题。学生在课堂学习过程中产生的不同心理，不仅会影响课堂心理气氛，而且会影响学生的身心健康，抑制学生的创新思维和创新精神，还会阻碍学生知识和技能的发展，从而给教育教学工作带来许多意想不到的困难。学生心理主要有成就心理和期待心理。

（2）班集体的凝聚力

班集体的凝聚力影响着课堂气氛。一个班级由几十名学生组成。凝聚力强，彼此团结，心理相容，相互制约性就强，个人会以集体为重，学生在个人目标或需求同整体目标不一致时，会为了集体而修改自己的目标。如果一个人的表现不符合群体的规范，如上课讲话或做小动作，就会受到其他同学的批评。为了维护集体利益，学生会主动改变自己不利于班集体的行为。凝聚力低的班级，没有统一的行动，即使有共同的目标，也难以实现。

（3）学生的情感

情感是人对外界刺激肯定或否定的心理反应。情感因素是影响教学质量的一个主要心理因素。在其他情况相同的条件下，课堂教学效果直接受课堂气氛的影响。在愉快的气氛中，人容易产生快乐的情感；反之，则感到压抑、痛苦。对课堂气氛起重要作用的是学生的情感。有的学生无视自己对课堂气氛的影响，课堂上漫不经心地听课，有时甚至无视课堂纪律，在课堂上随便讲话，做与上课无关的事情，这会影响其他同学。有的教师过分强调"严师出高徒"，对学生采取简单粗暴的做法，造成课堂气氛紧张，学生感到压抑，教学效果必然不佳。教师要对学生充满爱，以赢得学生对教师的爱，从而促进师生间的情感交流，这有助于形成良好的课堂气氛，提高课堂教学的效率和质量。

（4）师生关系

师生关系既是一种特殊的社会关系，又是一种特定的心理交流关系，它在很大程度上影响着课堂心理气氛和教学效果。师生关系融洽，教师热爱、信任学生，学生尊重、敬仰教师，可以促进积极、健康、愉快、活跃的课堂气氛的形成；不和谐、僵化、紧张的师生关系则容易带来消极、紧张的课堂气氛。从生生关系来看，也有类似的情况。学生之间团结友爱，容易使课堂形成互相尊重、体谅、友好的学习风气；学生之间如果不和睦，矛盾重重，钩心斗角，课堂上就容易出现紧张、压抑等不良气氛。

3. 教学的时空环境

教学的时空环境，又称作课堂内部环境，主要指由教学时间和空间因素构成的特定的教学环境。教学场所的位置、大小都会影响课堂气氛。环境幽静，场所空间大，光线明亮，空气新鲜，温度适中，这些会使人心情愉快，有利于学生保持良好的心境，集中精力学习。违背学生生理、心理规律布置的教学环境则适得其反。噪声不断、光线暗淡、拥挤不堪的令人窒息的环境，必然会影响课堂气氛。

(四)创设良好课堂气氛的条件

课堂气氛影响学生的学习效率和人格发展。教师是课堂教学的组织者、领导者和管理者，教师需要精心组织与主动创设良好课堂气氛。

教师要创设良好的课堂气氛，必须具备课堂运作的能力。美国教育心理学家库尼经过多年的研究后提出，教师要实现良好的课堂运作，必须具备以下六个方面的能力。

(1)洞悉

洞悉指教师在教学的同时，能注意到课堂上发生的所有情况并予以适当处理的能力。例如，一位教师在讲植物各个部分的功能时，同时注意到两个学生在小声说话，这时教师就提出"植物什么部分结果实"的问题，同时迅速走到那两个学生的桌子旁，平静而严肃地说"把手放在自己身边"，然后走到教室前面的讲台上，向其中一个学生提出进一步的问题："你看挂图上结果实的部分在哪儿?"教师的这种洞悉力，有助于避免学生不良行为的产生，使课堂保持良好的秩序。这位教师一方面提出问题，以教学内容吸引全班学生的注意力，另一方面及时用言语制止了个别学生的违纪行为，将他们的注意力转移到教学中来，使教学活动顺利进行。库尼把洞悉描述为教师"脑后有眼"。它使学生在课堂上不轻举妄动，从而避免可能发生的扰乱课堂秩序的行为。

(2)兼顾

兼顾是教师在同一时间内能注意或处理两个以上事件的能力。比如，在同一时间内，既能照顾到全班学生的学习活动，又能回答个别学生的问题。又如，教师在指导小组学习时，一方面指导全组学生读课文，另一方面迅速地回答个别学生的问题而不影响小组活动的顺利进行。缺乏经验的教师有时会因为处理个别学生的问题而拖延时间过久，使大多数学生精神涣散而影响学习。

(3)把握教学环节之间的顺利过渡

在教学过程中，有时教学活动必须分段进行。在分段教学中，教师要具有能按计划组织学生，使他们迅速而有序地从一个阶段向另一个阶段过渡的能力。这要求教师向学生提出的要求明确、具体，如分组讨论时座位较近的学生组成一组，搬动桌椅时要轻，讨论时声音不要影响其他小组，以及讨论多长时间，等等，使学生做到心中有数，使教学能按部就班、有条不紊地进行。

(4)使全班学生始终参与学习活动

在课堂教学过程中，使学生在45分钟内都保持一种积极参与的状态不是一件容易的事情，这需要教师在教学过程中采取必要的教学组织形式。一般在教学过程中采取以下策略：教师讲解时可以结合教学内容向全班学生提出问题；指定某个学生在黑板上演算一道题，同时要求全班学生在座位上也演算这道题；对于篇幅较长的课文，可以请多个学生接力朗读。

（5）创设生动活泼、多样化的教学情境

生动活泼、多样化的教学情境可激发学生的动机与兴趣。教师可使用多媒体教学手段，使教学内容更直观、生动活泼，还可以组织多种形式的教学活动，如团体比赛、合作学习、参观、访问、演说、角色扮演等，这些都有利于增强学生的积极性。

（6）责罚学生时避免微波效应

在教学过程中，教师有时要在全班学生面前批评或责罚某个学生。但在责罚个别学生时，要避免产生微波效应。库尼认为，微波效应指教师责罚某一学生后，对班级中其他学生所产生的负面影响。比如，有的教师在责罚学生时，由于情绪比较激动，不能冷静对待，有时言辞过于偏激，甚至说出过头话，有损学生的人格，这样不但不能使犯错误的学生受到教育，反而会引起其他学生对这个学生的同情，甚至使其对教师产生反感。如果被责罚的学生在班上部分学生中有一定的影响力，那么教师的这种做法会引起严重的负面影响。因此，库尼提出，教师处理个别学生问题时，应避免微波效应。

四、课堂纪律及其有效管理

（一）课堂纪律的内涵和特征

为了维持正常的教学秩序，协调学生的行为，以求课堂目标的最终实现，必然要求学生共同遵守课堂行为规范，从而形成课堂纪律。所谓课堂纪律，指为了维持正常的教学秩序，协调学生的行为，保证课堂目标的实现而制定的要求学生共同遵守的课堂行为规范。良好的课堂纪律是课堂教学得以顺利进行的重要保障。

课堂纪律具有如下特征：一是约束性课堂纪律，其要求学生必须共同遵守课堂行为准则、规范，其对维持课堂秩序、协调学生的课堂行为是必要的；二是标准性课堂纪律，其作为一种行为准则、标准，是衡量学生课堂行为的重要因素；三是自律性课堂纪律，其对学生课堂行为的监督、调控功能的发挥，有利于学生对纪律进行内化，逐渐自觉遵守纪律。

（二）课堂纪律的类型

依据课堂学习纪律形成的原因，可以将课堂纪律分为教师促成的纪律、集体促成的纪律、任务促成的纪律和自我促成的纪律四种类型。

1. 教师促成的纪律

教师促成的纪律指在教师的操纵、组织、安排、规定和维护下所形成的纪律。教师促成的纪律一般适用于低年级。学龄初段的学生尤其需要教师给予较多的监督和指导。随着年龄的增长，自我意识的加强，学生会反对过多的限制，但还是希望教师为他们的行为提供指导，希望教师能够在背后以提供建议和情感支持的形式给予帮助。

教师促成的纪律具体方法包括结构创设和体贴两种。结构创设包括指导、监督、惩罚、规定限制、奖励、操纵、组织、安排日程和维护标准等。体贴包括同情、理解、调解、协助、支持、征求和采纳学生的意见等。教师可根据班级的特点确定适当的方法。一些教师习惯结构创设，少体贴。

2. 集体促成的纪律

集体促成的纪律主要指在集体舆论和集体压力的作用下形成的群体行为规范与准则要求。学生从上学开始，同辈人的集体就在他们社会化方面起着越来越大的作用。他们开始对同学察言观色，以便决定应该如何思考和如何行事。学生常常以"别人也都这么干"为理由，从事某件事情，他们的见解、偏见、爱好与憎恶往往都视集体而定。他们之所以遵守纪律，是因为同辈集体不仅为其提供了一种新的价值观念与行为准则，而且还为其提供了作为一个独立自主的人来行事的体验。同辈集体的行为准则为青少年学生提供了道德判断和道德行为的新参照点。在良好的集体中，学生会为不损害与同学的关系而遵守纪律。

3. 任务促成的纪律

任务促成的纪律主要指某一具体任务对学生行为提出的具体要求。学生对任务理解得越深刻，就越能自觉地遵守纪律，即使遭受挫折也不轻易放弃。这种理解的程度决定于学生的成熟程度，不成熟的人在完成任务的过程当中一旦遇到挫折和困难就会很轻易地放弃。成熟度高的学生更自律，并且能根据任务的要求来计划自己的行为。在课堂上，比较成熟的学生作为班级的榜样，有利于促进其他学生的成熟行为的产生。此外，任务促成纪律是建立在学生积极动机的基础上的，个人只有觉察、理解了任务的重要性才能积极地完成任务。学生卷入任务的过程，就是接受纪律约束的过程。学生越成熟越容易使自己的行为与任务要求一致。

4. 自我促成的纪律

自我促成的纪律简称自律，体现为个体自觉地将外部纪律内化为个体内部约束力。自我促成的纪律的形成实际上是学生自律的形成过程。

维持纪律的最终目的是促进学生的自律。学生学会响应教师的指导时，他们就已经成功地经过了社会情绪成熟阶段。他们学会响应集体的指导时，就处在于更为成熟的情绪阶段中了。

自我促成的纪律是学生成熟水平向前迈进的标志。

(三)课堂结构与课堂纪律

课堂结构指学生、学习过程和学习情境这三大课堂要素相对稳定的组合模式，主要包括课堂情境结构和课堂教学结构，它们对课堂纪律有重要的影响。

1. 课堂情境结构

课堂情境结构对课堂纪律的影响主要表现在班级规模的控制、课堂常规的建立以及学生座位的分配方面。

①班级规模的控制。中小学班级一般以 25～40 人为宜。过大的班级规模会阻碍教师在课堂教学中的个别化指导，从而有可能导致较多的纪律问题。

②课堂常规的建立。课堂常规，也就是教室常规，是每个学生必须遵守的最基本的日常课堂行为标准，对学生有约束和指导作用。课堂常规应由全班学生共同讨论形成。

③学生座位的分配。分配学生的座位，一方面要考虑对课堂行为的有效控制，预防违纪行为的发生，另一方面还要考虑对人际关系的影响，应有助于学生之间和师生之间的正常交往，并有助于学生形成良好的人格特征。

2. 课堂教学结构

课堂教学结构指在一定的教育思想的指导下，教师为完成一定的教学目标，针对构成教学的诸多因素所设计的比较稳定的组合方式及活动程序。课堂教学结构能使教师满怀信心地按照教学计划有条不紊地教学。教师良好的心理状态又会感染全班学生，从而增强他们的安全感和自信心。

课堂教学结构的安排要考虑以下几个方面。

①教学时间的合理利用。课堂活动分为学业活动、非学业活动和非教学活动三种类型。通常情况下，不应让学生把过多的时间花费在等待教师帮助、上课做"白日梦"以及在课堂上嬉闹等方面。教师应建立课堂秩序，有效地将学生吸引到学习上来，将花费在维持纪律上的时间减少到最低程度。

②课程表的编制。课程表是课堂教学有条不紊进行的保证。在编制过程中要注意以下几点。

第一，尽量将语文、数学、外语等核心课安排在学生精力最充沛的上午前三节课。

第二，文科与理科、形象性与抽象性学科课程应交错安排，避免学生疲劳和厌烦。

第三，教学过程的规则。良好的教学设计是维护课堂纪律的又一重要条件。不少纪律问题是教学过程规划不合理造成的。无论是教学环节的设计，还是教学方法的选择，教师都应认真对待。

(四)有效课堂管理的策略

1. 课堂规则的制定

课堂规则是形成良好课堂纪律的前提条件，教师必须认真细致地制定课堂规则。

制定课堂规则应遵循一定的原则和满足基本的要求。

①课堂规则应符合四个条件，即简短、明确、合理、可行。首先，规则和常规一定要简明扼要，使学生能迅速记住；其次，规则要明确、合理，如"注重自己的行为"，这种规则对于学生而言是不明确的，难以起到约束与指导作用；最后，规则应具有操作性。

②课堂规则应通过教师与学生的充分讨论，共同制定。课堂规则不可由教师凭个人好恶独断设立，而应经过学生的讨论与认同。学生通过参与讨论，共同制定课堂规则，就会自觉遵守并乐于承担责任。

③课堂规则应少而精，内容表述以正向引导为主。教师要对所制定的课堂规则进行归纳、删改，避免那些不相关或不必要的规则，制定出尽量简明的、最基本的、最适宜的规则，一般以 5～10 条为宜。规则内容的表述坚持以正面引导为主，多使用积极的语言，如"希望……""建议……"等，少用或不用"不准……""严禁……"等语句。

④课堂规则应及时制定和不断调整。教师应抓住学期开始的机会，制定课堂规则。在开学之初就与学生共同讨论，了解学生的状况和学习方式，征求学生对课堂规则的意见。在实施过程中要不断进行检查，并根据各方面的具体情况加以补充、修改和调整。

2. 合理组织课堂教学结构

教师应合理组织课堂教学结构，优化时间意识，注意课堂时间管理的策略，维持学生学习的注意力和兴趣，从而提高课堂教学效率。具体策略有增加参与、保持动量、保持教学的流畅性、上课时维持团体的注意焦点。

①增加参与指教师的教学内容要符合学生的需要，生动有趣，与学生兴趣有关，让学生愿意积极参与。教学方法要能激起学生的兴趣，如可采用悬念、精心提问和讨论的方法，集中学生的注意力。

②保持动量指课堂教学要有紧凑的教学结构，避免中断或放慢，使学生总有学业任务。教师课前要做好充分准备，如确定教学目标、精心设计教案、选择教学策略、准备好教具等，课堂上要合理安排教学进度和节奏，要讲究语言艺术，语言精练而不拖泥带水。

③保持教学的流畅性指教师应注意教学的连贯性，即课堂上从一个活动转向另一个活动时所花的时间极少，并且能给学生一个信号。教师要保持教学的流畅性，就必须在课堂教学中给学生以有效且足够的信息量，形成序列刺激，激活学生的接受能力，以维持学生学习的注意力和兴趣。教师应把握好教学中的过渡。过渡指从一个活动向另一个活动的变化，如从讲授到讨论、从一门课程到另一门课程等。过渡时应遵循三个原则：第一，应给学生一个明确的信号；第二，在给出过渡信息之前，应让学生明确收到信号后该做什么；第三，应关注到所有学生。

④上课时维持团体的注意焦点指教师运用课堂组织策略和提问技术，确保班上所有的学生在课堂教学的每一环节都集中注意力。

3. 正确、有效地处理课堂纪律问题

①运用非言语线索。非言语线索主要包括目光接触、手势、身体靠近或触摸等。比如，可以通过与表现不良的学生保持目光接触来制止其不良行为，还可以走过去停留一下，或者把手轻轻地放在学生的肩膀上。这些非言语线索传递了同一个信息："我看见你正在做什么，我不喜欢你这样。"

②合理运用表扬。教师要想减少学生的不良行为，可以从表扬他们所做出的与不良行为相反的行为入手。譬如，某个学生上课爱做小动作，教师就可以在这个学生认真学习的时刻表扬他，还可以采取表扬其他学生的方式来为其树立榜样。在课堂纪律管理中运用表扬时应注意：表扬的应该是具体的课堂行为，表扬应让学生产生积极的体验，表扬应及时，对学生产生的好的课堂行为应及时给予正强化。

五、课堂问题行为及其矫正

(一)课堂问题行为的性质

学生课堂问题行为时指学生不能遵守公认的行为规范和道德标准，不能与人正常交往和学习的行为。具体来讲，课堂问题行为指那些直接指向环境和他人的不良行为，包括直接妨碍教学或学习过程的行为，以及某些因适应不良而产生的行为，主要表现为漫不经心、感情淡漠、逃避班级活动、与教师和同学之间的关系紧张、容易冲动、上课插嘴、坐立不安、活动过度等。这样的行为不仅影响学生的身心健康，而且常常引起课堂纪律问题，影响教学质量。一个学生的课堂问题行为不只影响他自己的学习，同时可以破坏课堂上其他学生的学习，诱发许多学生产生类似的问题行为，即产生所谓"传染"现象。一些问题行为会波及全班，破坏课堂秩序，影响教学活动的正常进行。这种问题行为是许多教师常常遇到的，也是最怕发生的。因此，对课堂问题行为及时加以控制和防范，也是课堂管理的重要内容之一。

(二)课堂问题行为的类型

国内外学者从不同角度对课堂问题行为进行过分类。例如：美国的威克曼把破坏课堂秩序、不守纪律和不道德的行为等归纳为扰乱性的问题行为，把退缩、神经过敏等归纳为心理问题行为。奎伊把问题行为分成品行性问题行为、性格性问题行为，以及情绪上、社会上的不成熟行为三种类型。

目前最普遍的一种分类是根据学生行为表现的倾向，将课堂问题行为分为两类：一类是外向性问题行为，另一类是内向性问题行为。

外向性问题行为，即学生品行方面的问题行为，指学生在课堂上发生的容易被察觉的直接干扰课堂纪律、影响教学活动正常进行的行为，主要包括相互争吵、挑衅、推撞等攻击性行为,交头接耳、高声喧哗等扰乱秩序的行为,做滑稽表演、口出怪调等故意惹人注意的行为,故意顶撞班干部或教师、破坏课堂规则的行为,等等。外向性问题行为会直接干扰课堂纪律,影响正常教学活动的进行,教师对这类行为应果断、迅速地加以制止,以防在课堂中蔓延。

内向性问题行为,指学生在课堂上产生的不易被教师察觉的,不会对课堂秩序构成直接威胁的行为,主要包括在课堂上心不在焉、胡思乱想、做白日梦、发呆等注意力涣散行为,害怕提问、抑郁孤僻、不与同学交往等退缩行为,胡涂乱写、抄袭作业等不负责任的行为,迟到、早退、逃学等抗拒行为。内向性问题行为大多不会对课堂秩序构成直接威胁,因而不易被教师察觉。但这类问题行为对教学效果有很大影响,对学生个人的成长危害也很大。因此,教师在课堂管理中不能只根据学生行为的外部表现判断问题行为,不能只控制外向性问题行为,对内向性问题行为也要认真防范,及时矫正。

(三)课堂问题行为产生的主要原因

课堂问题行为的产生常常受多种因素的影响。概括起来,主要的影响因素集中在学生、教师和环境三个方面。

1. 学生方面的影响因素

大量的课堂问题行为是由学生自身的因素引起的。这些因素主要包括以下几点。

①挫折。在日常学习生活中,学业成绩不良、人际关系不协调、对教师教学要求的不适应等,都会使学生产生挫折感,并引发紧张、焦虑、惧怕,甚至愤怒等情绪反应,在一定条件下这种情绪反应可能演变为课堂问题行为。

②寻求注意。一些学生往往故意在课堂上制造一些麻烦以引起教师和同学的注意。

③性别特征。在小学阶段,男孩活动量大,精力旺盛,喜欢探究,但他们的心理成熟程度和自控能力比同年龄的女孩普遍要低些,因而出现课堂问题行为的可能性要高于女孩。

④人格因素。学生的课堂行为问题在一定程度上与其个性心理特征如能力、性格、气质、情绪等有联系。

⑤生理因素。学生的生理因素也是常导致问题行为的因素之一,生理上的不健康(无论是短期的还是长期的)、发育期的紧张、疲劳和营养不良等都会影响学生的行为,这方面因素在日常学习生活中往往被忽略。另外,还有些学生的过度活动是脑功能轻微失调造成的,教师要更加关注这些学生,帮助他们掌握自我控制的方法。

2. 教师方面的影响因素

有些课堂问题行为是教师方面的原因造成的。要形成良好的课堂纪律,教师必须对自身进行一定的约束和调整。一般来说,对课堂问题行为产生影响的教师方面的因素主要有以下几点。

①教学不当。一些教师由于备课不充分，缺乏教学组织能力，或表达能力差而造成教学失误，进而引起课堂问题行为。教学不当可能引起课堂问题行为，这一结论已经在布罗菲和普特南等人的研究中得到了证实。常见的教学不当包括以下几方面：教学要求不当，如对学生要求过高或过低；教学组织不当，如教学从一个活动跳跃到下一个活动时缺乏过渡环节，使学生无法适应；讲解不当，如果教师在学生面前讲课时显得无能、迟钝、笨拙，那么学生就有可能产生问题行为。

②管理不当。这可能是教师引起课堂问题行为的最主要因素。这方面最突出的问题是教师对学生的问题行为反应过激，滥用惩罚手段。例如，有些教师对学生的个别课堂问题行为经常做出过激反应，动辄中断教学大加训斥，有的甚至不惜花费整堂课时间进行冗长的训斥，这种失当的管理方法往往会激化矛盾，使个别学生的问题行为扩散开来，产生"传染"效应。还有些教师过于相信惩罚在解决问题行为方面的效力，常常不分青红皂白地运用各种手段对学生进行惩罚。研究发现，滥用惩罚手段特别是体罚或变相体罚学生，不仅不能很好地维持课堂秩序，还会大大降低教师的威信，甚至引起学生对教师的怨恨情绪，诱发学生攻击性的课堂问题行为。

③丧失威信。在学生心目中失去威信的教师是很难管好课堂的。丧失威信是多方面因素造成的，前面提到的教学不当、管理不当也会造成教师威信下降。一般来说，具有以下特点的教师容易在学生心目中丧失威信：第一，业务水平低，教学方法不好；第二，对教学不认真负责，上课懒懒散散；第三，对学生的要求不一致，说检查而后不检查；第四，总是不兑现对学生的许诺；第五，不关心学生，待人冷漠；第六，缺乏自我批评精神，明知自己错了，也要强词夺理；第七，带有偏见，处事不公。

3. 环境方面的影响因素

校外环境和校内环境中的许多因素，都会对学生的行为产生一定影响。例如，大众传播媒介、家庭环境、课堂座位编排方式、教学环境的温度和色彩等环境因素对学生的课堂行为都会产生十分明显的影响。在父母不和、经常吵闹的家庭中生活的学生，在课堂上经常表现得或孤僻退缩，或烦躁不安，甚至挑衅生事。

(四)处置和矫正课堂问题行为的方法

1. 运用强化策略，预防课堂问题行为

教师可运用强化策略，预防课程问题行为。教师通常采用社会强化、活动强化、行为协议和替代强化几种方式。

①社会强化。社会强化包括面部表情、身体接触、语言文字等，如向学生微笑、亲切地轻拍学生的背、称赞学生能干或告诉学生你很欣赏他的活动等。运用社会强化，必须遵循四个原则，即针对目标行为、指向已完成的行为、强调学生的努力、不

断变化形式。

②活动强化。活动强化就是学生表现出具体的期望行为时，允许学生参与其喜爱的活动，或提供其较好的机会与条件，如允许参加兴趣小组活动、提供设备的优先选择权和使用权、让其担任课堂活动或体育运动中的领导角色等。教师在进行活动强化时，要考虑学生的年龄、活动动机、兴趣、特长及实际活动能力等多种因素。

③行为协议。教师与学生制定旨在鼓励和强化期望行为的协议。它可以是口头的，也可以是书面的，必须经由教师和学生的共同认可，而且一旦确定，就要切实执行。行为协议的条款通常采用"如果……就……"的陈述方式。例如，"如果上课积极发言，就奖励平时分 5 分"，"如果课堂作业做得好，就可以免做家庭作业"，等等。通过这种方式，教师可以激发学生在课堂中的积极表现。制定行为协议时，应注意语言或文字表达的简单、清楚、积极，可以争取学生家长的参与和合作。

④替代强化。学生的良好行为并非都是从教师那里或直接在活动中习得的。事实上，有些技能通过观察和模仿比仅仅通过解释和教学更容易获得。如果学生观察到其他人的某些行动或行为得到强化，并且强化是他们希望得到的，那么他们就会以其他人相同的方式行事。这就是所谓的替代强化。

2. 选择有效方法，及时调控课堂问题行为

大部分课堂问题行为只需教师运用一定的方法便可得到修正。通常采用的修正方法包括以下几种。

①信号暗示。给发生问题行为的学生提供信号，如突然停顿、走近学生、用眼神暗示等，用以提醒、警告学生，进而终止问题行为。

②使用幽默。课堂气氛沉闷，学生注意力下降，产生问题行为时，教师可用轻松幽默的语言来调节气氛和提示学生，以防止问题行为的出现。

③创设情境。有些学生在课堂中容易走神，这时可适当创设一些活动情境，让学生参与一些活动，或让他做一些别的事情，如小竞赛、小表演、小制作、小设计等。

④有意忽视。某些学生的问题行为隐含着想赢得他人注意的愿望，如果教师直接干预，可能正好迎合了他的愿望。有时如果教师有意忽视，学生会自觉没趣而改变其行为。

⑤转移注意力。对于那些自尊心比较强的学生产生的问题行为，如直接制止，可能会出现相反的效果，这时可运用比喻等方法加以暗示，使之转移注意，从而停止其问题行为。

⑥移除媒介。有时学生在课堂中做不相干的事，如读漫画书、玩电子游戏玩具等。教师可将这些东西暂时收走加以保管，从而制止这种行为。

⑦正面批评。如果很多方法对制止学生的问题行为都不奏效，那就要正面严肃批评，指出其缺点，制止其行为。当然，正面批评要建立在尊重学生的人格基础上。

⑧利用惩罚。对于有些较严重而又难以制止的问题行为，可适当利用一些惩罚措施，如运用得当，可起到制止问题行为的作用，但惩罚运用不当，不但不能制止问题行为，反而会造成逆反或对抗性行为。因此，必须慎用惩罚。

3. 运用心理辅导，矫正严重且复杂的问题行为

教师可以通过改变学生的认知、信念、价值观念、道德观念来改变学生的外部行为。这对于复杂问题行为，尤其是由内在刺激引起的问题行为效果比较显著。

总之，对于学生的问题行为，教师既不可不闻不问，也不可急躁武断，而应根据具体行为分析其产生的原因及后果，选择适宜的方式方法，并在实践中创造性地加以运用。

第三节　班主任工作

班主任是教师队伍中的中坚力量。我国著名心理学家、教育学家林崇德教授说过，如果不做班主任，就不会尝到做教师的真正滋味。本节主要论述班主任工作的意义、任务以及班主任工作的内容与方法。

一、班主任工作的意义

首先，班级是学校的基层组织，主要依靠班主任来管理。班主任是学校中全面负责一个班的思想、学习、生活等的教师，是班级的组织者、领导者和教育者，是学校教育计划的贯彻者，是各种教育力量的协调者和联系纽带。可以说，班主任工作对学校的教育教学质量、对年青一代的身心健康成长都具有非常重要的意义。

其次，班主任工作关系到学校的教育教学质量。一所学校的教育质量如何很大程度上取决于各班的教育质量，而各班的教育质量如何，班主任的工作起着很重要的作用。实践证明，只有发挥好班主任工作的作用，才能把学校的培养目标和学校计划落到实处，从而提高学校的教育教学质量。

再次，班主任工作关系到年青一代的健康成长。在教育教学实践中，与其他任课教师相比，班主任与学生交往最多、关系最密切，对学生的影响最大，不仅是对学生进行教育的主要负责人，而且是关系到学生发展的重要他人，在学生的全面成长中起着导师的作用，为学生健康、全面、和谐地发展提供了条件。

最后，班主任是各种教育力量的协调者。为了使各种教育力量相互配合、和谐一致，保证学生的健康成长，班主任肩负着协调、沟通各种教育力量的职责。在校

内，班主任是协调学校领导、任课教师、共青团、少先队工作者等关系的纽带；在校外，是沟通学校与家庭、社会教育力量的桥梁。

二、班主任工作的任务

(一)对学生进行思想品德、心理素质教育

这是班主任工作的一项重要任务和重点工作。对学生进行思想品德、心理素质教育既是培养社会主义事业的建设者和接班人的需要，也是学生年龄特点和思想品德发展规律的要求。班主任要从本班实际出发，将思想品德、心理素质教育渗透到班级管理的全过程。

(二)教育学生努力完成学习任务

学习是学生的主要任务，教育学生完成学习任务是班主任工作的重要职责。班主任应团结、协助本班的任课教师，引导学生端正学习态度，明确学习目的，遵守学习纪律，改进学习方法，产生学习动机，形成良好的学习习惯，以提高全班学生的学习质量。

(三)组织和指导学生开展各类班级活动

组织、指导学生开展班会、团队会(日)、文体娱乐、社会实践等形式多样的班级活动，注重调动学生的积极性和主动性；指导学生参加各种有益于身心健康的科技、文娱和社会活动，增强学生的社会实践能力；关心学生的课余生活，支持并组织学生开展各种有益的课外活动，鼓励学生发展正当的兴趣和特长。

(四)做好班级的日常管理工作

班级的日常管理工作十分繁杂，主要包括考勤、值日、卫生、晨(夕)会、早(课间)操的组织，班级纪律的维护，工作计划的制订等。班主任要注意从繁杂的事务中解脱出来，建立班级日常管理规范，从而规范学生行为，优化班级管理的效果。

三、班主任工作的内容和方法

(一)了解和研究学生

了解是教育的起点，了解和研究学生是做好班主任工作的前提条件。俄国教育家乌申斯基说，如果教育家希望从一切方面去教育人，那么就必须先从一切方面去了解人。学生是班集体的主人，但学生的发展又存在差异，班主任要教育好学生，就得先了解和研究学生，采取切实、有效的研究方法。

1. 了解和研究学生的内容

了解研究学生，包括两方面的内容：一是学生个人，二是学生集体。

了解学生个人情况，主要包括学生个人在德智体美劳方面的发展情况，学生的兴

趣、爱好、特长、品质、性格等情况，以及学生的家庭状况和社会交往情况。具体包括：①一般作息时间与生活习惯；②集体观念如何，与哪些同学比较要好；③学业状况怎样，包括学习的基础状况、对各门学科的看法、学习态度、学习目的、学习动机、学习方法和学习成绩以及智力发展水平等；④成长经历情况，包括家庭状况、家庭成员、家长的工作单位、家庭的教育观念与教育方法、学生在家里最听谁的话、与家里人的关系如何等；⑤兴趣爱好情况，包括怎样安排课余生活，爱看哪些书刊，参加培训班的情况；⑥属于何种气质类型(胆汁质、多血质、黏液质、抑郁质)；⑦具体的性格特征；⑧能否自觉遵守纪律，在公共场所有无文明习惯；⑨思想政治状况；等等。①

了解学生集体是在了解学生个人情况的基础上进行的。它主要包括全班学生的年龄、性别、民族、家庭等一般情况、学生德智体美劳方面发展的全貌、本班的班风和传统等。具体包括：①学生总人数，男女生人数；②学生家庭类型(三代同堂、三口之家、单亲等及其所占比例)；③学生整体身体健康状况，包括生理健康和心理健康两方面；④少先队员、团员人数；⑤班集体的兴趣、爱好；⑥集体的是非观念，有无正确的集体舆论；等等。②

2. 了解和研究学生的方法

(1)观察法

观察法是班主任在自然情况下，有目的、有计划地对学生进行了解和研究的方法。观察法是班主任工作中一种最常用、最基本的方法。

观察法的正确运用，应当注意以下几点：第一，要有明确的观察目的，主要是确定观察什么和为什么要观察；第二，要有科学而可行的观察计划；第三，要及时做好原始记录，确保材料的客观真实性；第四，要对材料进行整理和分析，去伪存真，透过现象找到本质；第五，写出结论，对观察做出准确、全面的终结性评价。

观察法的优点是在自然状态下进行，观察材料直接源于观察过程，真实性强。但观察法也有缺点，观察对象和条件难以控制，表面现象干扰大，情境性和主观性因素多。因此，在观察法运用中，对观察材料的分析处理一定要慎重。

(2)谈话法

谈话法是班主任有目的、有准备地与学生通过问答方式直接交谈，从而了解学生情况的一种方法。如果说，观察法主要是了解学生的外部表现，那么谈话法则是通过学生的心里话，有意识地、主动地了解和掌握他们的思想活动。

① 上海教育学院教育科学研究室、上海市普通教育研究会思想教育组：《中学班主任工作的原理与方法》，24～26 页，上海，上海教育出版社，1986。
② 上海教育学院教育科学研究室、上海市普通教育研究会思想教育组：《中学班主任工作的原理与方法》，24～26 页，上海，上海教育出版社，1986。

谈话法是班主任工作中简单易行的一种常用方法。为了保证谈话取得好的效果，谈话法的使用要注意以下几点：第一，确定好谈话的目的、内容；第二，对谈话的过程有周密思考，如先谈什么，后谈什么，选择什么地点、时间，采用什么方式等，做到心中有数；第三，谈话态度要亲切、和蔼、诚恳，尽量不使学生感到紧张，更不能造成对立情绪；第四，要根据学生的不同个性特点，采用灵活多样的谈话技巧，善于启发、引导学生说出真心话；第五，和学生谈话时，要耐心听取学生的意见，不要轻易打断学生的话；第六，谈话后写出谈话记录，记下自己的看法和感受。

此外，班主任还应注意利用非正式的谈话形式了解学生。教师应根据学生的特长、爱好，有意识地在活动和交往中与他们交谈。由于非正式状态下没有特定形式、地点、时间的限制，学生易于敞开心扉，有利于班主任了解学生。

（3）书面材料分析法

资料分析不受时间、地点的限制就能使人获得比较系统而详细的信息，是班主任初步了解班级和学生情况的最简易、最常用的方法。有关学生的书面资料很多，大致可以分为三类：一是学生档案资料，如学籍卡、历年的成绩和操行、体格检查表、有关奖惩的记载等；二是班级记录资料，如班级日志、班会和团支部会议记录等；三是学生个人写的资料，如作业、作文、日记和成长记录袋等。

通过资料分析，可以掌握学生在德智体美劳方面的发展状况，了解学生的家庭状况、社会交往的情况，了解学生不同时期的思想道德认识、心理发展水平等。但这些资料记载的是学生的过去，班主任不能以此为了解和研究学生的唯一依据，而要与日常观察、谈话以及调查访问结合起来，以期对学生做出全面、客观、公正的评价。

（4）调查法

调查法是班主任以提问的方式搜集资料以确定各种事实间的联系的方法。调查可以为了解一般情况进行，也可以专门为了解某一个重要事件进行。调查的对象包括学生、学生家长或亲友、任课教师、原班主任等，范围十分广泛。调查的方式有个别访问、开调查会、发放问卷等。它一般在自然过程中进行，可获得大量第一手材料，反映的问题比较深刻全面。班主任对已经了解的情况，要认真、实事求是地进行分析，去掉虚假的成分，做出正确的判断，不能凭主观印象轻率地得出结论。

3. 全面了解和研究学生的要求

①全面指班主任要了解、研究各种类型、各种特点的学生，还应了解学生各个方面的情况，即依照教育目标，对学生在德智体美劳诸方面都进行全面的了解、分析。

②教师对学生的了解要具有连贯性，不仅要了解学生过去的表现，更要了解、研究学生最近的表现。

③教师应对掌握的情况及时进行分析。对于一个班级或某一学生，对于各个不同的阶段或不同的问题都应如此。及时发现并抓住问题出现的一些苗头、征兆，然后加

以引导，这样可以防微杜渐，可以创造或捕捉教育的最佳时机。

(二)组织和培养班集体

班级是学校教学工作的基本单位，也是学校中学生集体的基层组织。组织和培养一个良好的班集体是班主任工作的重要部分。班集体是否有凝聚力，取决于班主任的培养。组织和培养班集体的方法有很多，应当根据实际情况创造性地进行。

1. 确立班集体奋斗目标

目标是集体发展的方向和动力。确立班集体奋斗目标，就是要让班级全体学生明确班集体的发展前景。按照实现目标所需的时间长短，班集体奋斗目标一般分为近期目标、中期目标、长期目标。近期目标一般以两周为限，如搞好班级课堂纪律；中期目标一般以半学期为限，如成为优秀班集体；长期目标一般以一年为限，如使每一名学生都在原有基础上有所进步、有所提高。目标具有很强的导向和激励作用，确立班集体奋斗目标，需要遵循以下基本要求。

①要通过民主途径使绝大多数人明确且认同班集体总目标，这样的目标才是有效的。

②目标必须明确具体、切合班级实际情况，从学生实际出发。

③目标的提出要遵循由易到难、由近及远、要求逐步提高的原则，实现一个目标后，立即又提出一个要求更高的目标，以推动集体不断向前发展。

④考虑提出的目标是否具有可操作性，所提出的目标是学生经过一定的努力可以实现的。

2. 选择和培养班干部

班干部是班主任的得力助手，是班级学生的骨干力量。建立一个勤奋学习、团结友爱的班集体，必须注意选拔和培养班干部，挑选能够团结同学、办事认真、关心集体、乐意为班集体服务的积极分子来参与班级管理工作。

选拔班干部的方法很多。例如：选举制，由学生直接进行民主选举；委任制，在广泛征求学生意见、全面了解的基础上，由班主任直接任命；竞争制，在自荐的基础上，通过公平竞争选举班干部。用以上方法产生学生干部，各有优缺点，班主任要注意优势互补，扬长避短。

培养班干部一般要分为三个阶段：第一阶段是指导阶段。班干部明确分工后，班主任应亲自带领他们进行工作实践，这对低年级班干部来说尤为重要。第二阶段是提高阶段。班干部明确了做什么以及怎样做后，班主任应进一步帮助班干部懂得怎样把工作做得更好，逐步提高他们的分析能力、工作能力，培养他们勇于承担责任的良好品质。第三阶段是放手阶段。班干部的工作责任感增强了，工作能力提高了，班委组织健全了，班主任就可以大胆放手了。当然，大胆放手不等于放任不管，而是意味着更高层次的管理和指导。班干部要充分发挥自治能力、独创能力，班主任要更好地发挥主导作用，充分发扬民主作风，当好班干部的参谋，掌握好方向。

3. 培养正确的舆论和良好的班风

形成正确的舆论和良好的班风是班集体形成的重要标志之一。但正确的舆论和良好的班风不可能自发形成，需要经过班主任长期不懈的教育和培养才能形成。要培养正确的舆论和良好的班风，班主任需要做好以下几项工作。

①加强思想政治教育，提高学生认识水平。班主任应认真组织学生学习守则和行为规范，明确要求，使学生逐步形成正确的道德理念。

②抓好常规训练，严格行为规范。班主任应从大处着眼，小处入手，从日常的学习、生活开始，严格要求，严格训练，教育学生从我做起，从身边做起，从小事做起，加强行为习惯的训练和培养。

③培养集体荣誉感和责任感。要利用一切教育时机，将学生的一言一行与整个班集体联系起来，使每个学生明确自己对班集体应担负的责任和义务。

④奖惩强化。班主任要及时对好行为给予表扬和奖励，对不规范行为进行批评和抵制，努力营造以遵规守纪为荣、爱班如家的风气。

4. 组织开展班级活动

一个良好班集体的建设必须通过各种活动来实现。班集体是在各种教育活动中逐步建立起来的，而各种教育活动又可使每个人都有机会为集体出力并显示自己的才能。因此，设计并开展班级教育活动是教师的经常性工作之一。

班级教育活动的形式是多种多样的，如运动会、故事会、文艺演出、竞技比赛、远足旅游、参观访问、主题班会等。要想实现班级活动的教育功能最大化，班主任在组织班级活动时要注意以下几方面的问题。

①选择的活动要目的明确、针对性强，主题鲜明，具有丰富的教育内容，形式新颖，具有鲜明的时代气息。

②要精心组织活动，做好活动前的组织、宣传、动员工作，还要亲自指导，做好总结。

③要尊重学生的意愿，充分发挥学生的自主性和创造性，让学生成为活动的真正主人。

主题班会是班级教育活动的形式之一，是班主任根据教育教学要求和班级学生的实际情况确立主题、围绕主题开展的一种班会活动。主题班会有利于帮助学生澄清是非、提高认识水平，对促进学生的成长和树立正确的人生观都起着重要作用。

(三)协调和统筹教育力量

班级是一个开放的系统，学生是在多种因素纵横交错的影响下发展成长的。班主任要对班级实施有效的教育与管理，必须争取校内外各种教育力量的配合，调动各种积极因素。

1. 与本班任课教师多沟通

要定期联系任课教师，经常互通情况。班级管理仅靠班主任一个人是无法完成的，班主任必须充分调动所有相关任课教师的积极性，与任课教师多沟通和交流，从而更加全面地了解班级的整体情况和个别学生的学习状况，获得与班级管理密切相关的有效信息。

2. 协助和指导班级团队活动

首先，教师要协助班级团队组织制订工作计划，班级工作计划与团队组织计划要步调一致；其次，要帮助团队组织落实计划，为他们创造活动的条件；最后，要帮助团队提高思想认识和工作能力，这对于团队的发展乃至班级工作的顺利开展具有重要意义。

3. 争取家庭与社会的教育支持

家庭与社会是学生成长的重要环境，班主任要积极争取家庭、社会对学校教育的支持，形成学校、家庭、社会一体化的教育力量。具体地说，可以从以下几个方面做起：①要定期对学生家庭进行访问，举办家长座谈会，接待家长来访，全面了解家长和学生的情况；②充分利用家长的教育资源；③争取校外各种积极的教育因素，以此来弥补学校教育的不足，增强学生的实践能力，开阔学生的视野。

(四)做好学生操行评定

操行评定是班主任对学生一个学期(或一个学年)以来的思想品德、学习、劳动、文体活动以及社会工作等方面发展变化情况的评价。操行评定是班级管理的重要内容，也是班主任对学生进行思想品德教育的重要方法。操行评定一般采用评语的方式。

操行评定的根本目的在于教育学生，它对于班主任、学生及家长都具有十分重要的意义。它有助于班主任了解学生、教育学生，总结工作经验教训，有助于学生了解自己的思想品德表现、优点与不足，督促学生自我反思，扬长避短，有助于家长了解子女，更好地配合学校教育子女。

班主任在对学生进行操行评定时，应注意以下几个问题。

①全面具体。要坚持以全面的、发展的观点看待学生，既要看到学生的思想认识，又要看到其态度和行为；既要看到学生原有的基础，又要看到其一个学期以来的发展变化情况；既要看到学生的学习情况，又要看到其思想品德、劳动、文体活动以及社会工作等情况。

②客观公正。要坚持实事求是的原则，对学生的评价要客观、真实、准确。切实做到恰如其分，符合学生的年龄特点和个性特征。既不能无中生有，又不能夸大其词，更不要以个人的好恶主导评价。

③简明扼要。操行评语要简洁，干净利落，不繁杂冗长、拖泥带水。文字准确清

晰，用词贴切恰当，内容全面概括，达到"一不走样，二不凌乱，三不啰唆"的要求。综合概括力要强，真正做到"片言可以明百意""言有尽而意无穷"。切忌空洞、抽象，严防用词不当，引起家长误解，伤害学生感情。[①]

（五）做好班主任工作的计划与总结

班主任工作头绪多，任务重，难度大，牵涉面广，连续性强。为了保证班主任工作有计划、有步骤地进行，必须做好新学期班主任工作计划的制订工作。

班主任工作计划一般分为学期计划、月计划或周计划以及集体的活动计划。学期计划比较完整，一般包括：班级基本情况和学生学习发展状况的分析，班级管理的目标、任务、内容、重点、难点及时间安排，为完成管理目标而采取的方法、手段，按周次或月次列出的每周或每月的工作要点和完成方式等。

总结工作一般在学期学年末进行。班主任工作总结可分为全面总结和专题总结两种。全面总结是对班主任一学期或一学年的工作进行的全面系统的分析和评价，专题总结是对班主任工作中的某一方面或某个问题进行的分析和评价。为了做好班主任工作总结，需注意三点：一是平时注意对班主任工作资料的积累，把学生、教师或家长参加活动的计划、总结以及个人的认识与体会保存下来；二是实事求是，一分为二，既要总结成绩，又要指出失误；三是注意做好阶段小结，为做好期末或年末工作总结打好基础。

第四节　课外活动的组织与管理

在现代学校教育工作中，课外活动是课程体系中的一个重要组成部分，是实现全面发展和发展个性特长教育目的的一个十分重要的、必不可少的途径。

一、课外活动的含义和特点

（一）课外活动的含义

课外活动指在课堂教学以外由学生自愿参加的多种教育活动的总称，可分为广义的课外活动和狭义的课外活动。广义的课外活动包括除学校教育中正式的课程以外的校内外各种教育活动，狭义的课外活动指学校内的课外活动。课外活动一方面配合学生的课内学习，另一方面又不拘泥于课程的内容，它为学生提供了一个展示和发展爱好的平台，是扩大和加深学生学习内容、进一步丰富学生经验、发展学生对社会事务

---

① 王彦才、郭翠菊：《教育学》，北京，北京师范大学出版社，2010。

的兴趣的活动。

在我国古代，已经出现了课外活动这一教育形式。《学记》中记载："大学之教也，时教必有正业，退息必有居学。"所谓"正业"就是指课堂教学，"居学"就是指课堂教学以外的活动，即是说，受教育者在课堂学习之外，还要进行与课堂学习有关的课外活动。这样，才能使受教育者"安礼""乐学"，从而实现"安其学而亲其师""乐其友而信其道""虽离师辅而不反"的目的。

随着社会发展的需要，个别教学被以班级授课制为基础的课堂教学代替。课堂教学能够大规模地培养人才，适应社会和生产发展的要求。但是，它又具有一定的局限性，不利于从实际出发，因材施教，不利于受教育者个人天性的充分发展。因此，作为课堂教学这一组织形式的必要补充形式，课外活动便应运而生，并在长期的发展和实践中不断完善，日趋成熟。

课外活动与课堂教学是一个完整的教育系统，课外活动是课堂教学的必要补充，二者相互作用，相辅相成，对完成教育任务、实现教育目的具有同样重要的作用。它们对解决受教育者的全面发展与因材施教、一般发展与特殊发展、间接经验与直接经验等矛盾具有重要的意义。

(二)课外活动的特点

课外活动与课堂教学虽然都是实现教育目的的重要途径，但课外活动在活动内容、组织形式、活动方式上又不同于课堂教学，具备其自身的特点。

1. 学生参与具有很强的自愿性

课外活动是学生自己自愿选择、自愿参加的活动，能比较充分地照顾学生的兴趣和爱好，有利于发展学生的爱好、特长，能激发学生参加活动的积极性。课外活动基本上是个别化、个性化的，这同课堂教学的标准化、同步化相比是一个显著的不同。教师可以向学生介绍各种课外活动，激发学生的动机，给予指导，不强制性地要求学生参加课外活动。

2. 活动组织具有很强的自主性

课外活动的组织一般是在任课教师或班主任的启发和指导下，由学生独立自主地进行的。学生自己组织，自己设计，自己动手。比如，学生自己读书，汲取信息，找资料，做实验，搞活动，遇到困难时自己动脑筋思考分析。课外活动充分体现了学生的主体作用，体现了学生的自主性，教师处于指导、辅助的地位，使学生的主观能动性得到充分发挥。课外活动对学生自主学习能力的培养作用，是课堂教学所不及的。

3. 活动内容具有很强的可伸缩性

课外活动的学习内容是开放的。课外活动不受或不完全受教学计划的控制，它主要以学生的兴趣、爱好、好奇心等为基础，结合学校的条件开展。教师既可以充分发挥特长，建立各种兴趣小组，给学生创造条件和机会，发掘他们的潜力，展现他们独特的天赋，使其个性的发展丰富多彩，又可以充分利用大众传媒，把最新的信息引入学生的认识范围之中，使学生的知识经验更贴近现实生活，更能体现时代精神。课外活动的内容可深可浅，可多可少，还可以不断变动，具有很强的可伸缩性。

4. 活动形式具有很大的灵活性

课外活动的组织形式是灵活多样的。课外活动的组织形式不受教室的限制，为学生提供了丰富的认识世界、获取知识和培养各种能力的途径。课外活动的开展，可以根据学校的实际情况和受教育者的身心发展状况等来进行。活动规模的大小、活动时间的长短、活动内容的选择等都可以灵活调整，没有固定模式，生动活泼，灵活多样。

二、课外活动的意义

课外活动的性质和特点，决定了它在教育过程中具有重要的意义和作用。

(一)可以丰富学生的课余生活，培养学生优良的思想道德品质

学校在课余时间为学生组织丰富多彩的课外活动，有利于发展他们的兴趣爱好，满足他们多种多样的精神需求。时政学习、形势报告、演讲和课外阅读等活动，可以满足他们关心国内外大事、思索人生价值的精神需要，帮助他们树立正确的人生观、世界观，提高他们分辨是非、真伪、善恶、美丑的能力。学生走出课堂，通过参观、访问，做社会调查，接触社会，可以形成热爱家乡、热爱祖国和社会主义事业的思想感情。学生通过完成一个实验，制作一个作品，完成一项劳动，研讨一个课题等各种实践，还可以形成缜密的科学态度，为实现一个目标而努力的集体主义精神和克服困难的毅力，以及团结互助、爱科学、爱劳动、遵守纪律、爱护公物等品德。在课外活动中，生动形象的教育和亲身的实践往往可以给学生留下深刻的印象，产生良好的教育效果。

(二)能够充分发挥各自的特长，适应学生多种需要

客观上，学生的需要是多种多样的。他们既有发展自己身体素质、社会文化素质的需要，又有发展自己认知、能力、兴趣、情感、意志、性格、气质等心理素质的需要。他们除了要学习新知外，还要社交，要独立自由活动和从事创造活动，需要享受美和进行各种文化娱乐，等等。教师在开展好课堂教学的同时，应开展丰富多彩的课外活动，尽可能满足他们的种种需要。同时，不同的学生在身心发展方面存在差异，有的富于艺术素养，有的长于逻辑思维和数理运算，有的善于阅读欣赏，还有的善于科技活动和实验等。这些倾向性，有的因没有表现机会而处于潜在状态或萌芽状态。只要经过适当引导、培养和训练，学生就可以形成自己的特长，表现出某一方面的特别才能。课外活动可为学生的发展提供有利条件。

(三)能够使学生扩大知识面，开阔视野

随着科学技术的迅猛发展，许多新科技、新发明、新创造、新成就，通过各种信息传递的手段，广泛地影响着、教育着每一名学生。而且，随着社会的进一步信息化，其作用还会大大加强。各种现代化传播手段发达，其信息量之多、之快、之广，已大大超过课堂教学这个信息传递的形式。课外活动不受课程、教材的束缚，可以运用报刊、广播、电视、电影、课外书籍等传播信息的工具，通过各种灵活多样的活动形式，帮助学生吸收新的知识，获得课外的即时信息。它对于扩大学生知识面，增加信息量，了解世界新的动向和趋势，跟上时代脉搏，培养学生主动获取信息、处理信息的能力，都是十分重要的。

(四)可以培养学生的独立性、创造性

课外活动固然需要有教师指导，但主要靠学生自己努力学习、实践，自己动脑筋克服困难，处理问题，解决矛盾。在活动中，阅读、观察、搜集资料、记录、实验、设计、制作、表演等都是由学生独立进行的。这有利于学生在实际锻炼中，形成独立性，增强独立工作的能力。

课外活动搞得好，还可以使学生发挥创造性，培养学生积极探索、勇于创造的精神。学生求知欲强，遇事喜欢追根究底，他们常常自己认识新事物、新现象，大胆提出新问题和解决新问题，勇敢地创造新的产品、作品。课外活动可以让他们有所发现，有所创造。

三、课外活动的内容和形式

(一)课外活动的基本内容

学校现行的课外活动内容，基本上可以分为以下几类。

1. 科技活动

这是学习现代科学技术知识、进行各种科技实践性作业的活动，如学习无线电、制作科技小模型、气象观测、采集标本、观察小动物、开展小种植实验、培育良种、制作教具，以及举办科技知识讲座和科学家故事会、科技表演、竞赛等。发展学生对科技的兴趣和科学探索精神，是学校课外活动的重要内容之一。与课堂上系统的学科知识学习相比较，科技活动更强调动手过程，让学生在动手实践中综合利用已有知识，全面地认识事物和解决问题。在实际操作过程中，增长学生在某一领域的知识经验和动手能力，是科技活动的主要目的。

2. 学科活动

这是一种学科性的课外学习和研究活动。学生一般以学科小组为单位参与活动，如数学小组、外语小组、绘画小组、声乐小组等。学科活动与课堂教学联系紧密，它

以课堂讲授的知识为基础，但不是课堂教学的重复，也不局限于教学大纲范围之内。活动的内容主要是各学科的知识性作业和对某一学科领域中的某些专题进行的比较深入的讨论和研究，如阅读书籍和资料、调查、实验、听专题报告等。学科活动能加深学生对知识的理解，扩大学生的知识面，发展学生的智力和培养学生的各种能力。这类活动是学校课外活动的主体部分，学校应高度重视，分科组织落实。

3. 文学艺术活动

文学艺术活动以发展学生对文学艺术的兴趣爱好、培养审美情趣、发展文艺方面的才能为主要目的，涉及小说、诗歌、音乐、舞蹈、戏剧、绘画、雕刻、书法、刺绣、摄影等方面，学生可以在其中进行欣赏、评论，或演练、创作。

4. 文娱、体育活动

这是最广泛的群众性活动，如文艺汇演、歌咏比赛、看电影、球赛、棋赛等。这些活动可使学生身心愉快，增强体质，可以尽可能满足文体爱好者的需要，及早发现和培养文体专业人才。

5. 劳动技术活动

这种活动是根据劳动教育的需要而进行的课外劳动实践，主要包括劳动技术训练、园艺体验、公益劳动等。例如，进行电器维修、植物栽培等方面的技术性、技巧性训练；结合劳动课开展一些小型的科学实验项目(如科学饲养、作物品种产量对比、无土种植等)，建立实验田、实验角、实验园，开展各种力所能及的科学实验活动；组织学生参加社会公益劳动(如维护社区绿化、帮助孤寡老人等)。

6. 社会实践活动

社会实践活动是让学生走出学校接触社会，了解科学技术的发展，了解社会生活、经济建设的实际的教育活动，如组织学生进行社会调查、参观、考察、访问、社会服务(社会公益活动)，以及远足、游览等。社会实践活动对培养学生认识问题和分析问题的能力具有重要价值，有助于培养学生的社会责任感。学生社会实践活动的重要性日益凸显，教师应对其给予高度的重视。

(二)课外活动的组织形式

课外活动的组织形式是多种多样的，按活动人数和规模，可分为群众性活动、小组活动和个人活动三类。

1. 群众性活动

它是组织多数或全体学生参加的一种带有普及性质的活动，可以在较短的时间内使较多的学生受到教育，对丰富学校生活有较大的帮助。这种活动既有全校性的也有校际性的，既有全班性的也有班际性的，参加活动的具体人数则根据活动的目的、内容而定。其具体的活动方式有以下几种。

①报告和讲座，如时事报告、科普讲座、各行各业的先进人物的事迹介绍等。

②庆祝会，如在儿童节、青年节、教师节、校庆日、国庆节、新年组织的庆祝会。可用报告会形式，可用晚会形式，还可用游园会等形式。可以把庆祝会和课外小组活动结合起来，使学生了解活动的意义。

③各种学科活动。这种活动从内容到形式来说都是多种多样的。可以组织各种文艺晚会，也可以组织各种智力竞赛及科学技术表演，还可以组织体育运动方面的各种比赛和表演等。这种活动要充分发挥学生各方面的特长、兴趣和爱好，激发他们热爱科学、热爱生活的热情，发展其创造力和创造精神。

④参观、访问和旅行。这是一种实地学习的活动。参加这些活动可以使学生受到多方面的教育和锻炼，如参观现代的工厂和农村，游览祖国的名山大川，采集动植物、矿石标本，访问英雄模范人物等。这些活动可以使学生广泛地接触社会和自然，丰富知识，扩大眼界，发展能力，实现身心健康。

⑤公益劳动和社区服务。学校除了按照教学计划组织学生参加生产劳动之外，还要在课外和校外组织青少年参加他们力所能及的公益劳动和社区服务，如参加植树造林活动、支农、帮助军烈属及孤寡老人做家务、宣传"五讲四美"等，以培养学生为人民、为集体服务的精神，增强他们的社会责任心和工作责任感，培养他们的劳动观念、劳动习惯及最基本的劳动技能，使他们在这些活动中学会亲近自然、联系社会、关爱他人、完善自我。

⑥墙报和黑板报。办墙报和黑板报是课外活动的重要形式之一。它们是学校的重要宣传工具，也是学生练习写作、汇报课内课外生活的园地。办好墙报和黑板报，有利于营造正确的公共舆论，促进学生努力学习，指导学生健康生活，并在活动过程中，发挥其创造才能和创造精神。

此外，群众性活动还包括参观展览会，观看电影、戏剧，等等。

2. 小组活动

小组活动是课外活动的主要组织形式，是根据部分学生的兴趣、爱好和要求以及学校的具体条件，以小组为单位而开展的有目的、有计划、经常性的活动。它有利于满足学生不同的兴趣、爱好，发展学生的才能，使学生得到更多的学习和锻炼的机会。小组活动主要有以下几种。

①政治时事小组活动。可以把对于政治理论和时事政策特别有兴趣的学生组织起来，以小组为单位开展活动，学习马克思主义的初步知识和时事政策，以提高他们的政治水平和思想觉悟。

②学科小组活动。学科小组活动的内容与课堂教学的联系最为密切，但它不是课堂教学的重复，也不限于教学大纲范围以内。学科小组是按照学科性质来划分的，如文学小组、数学小组、物理小组、化学小组、生产小组、历史小组、地理小组、天文

小组、音乐小组、绘画小组、体育小组等。

③技术小组活动。技术小组活动的主要任务是提高学生对技术活动的兴趣并使学生掌握一定范围的科学技术知识，培养其实际操作能力。技术小组一般按专业来组织，如无线电小组、电工小组、化工小组、原子能小组、火箭小组、航空模型小组、计算机小组、天文小组、气象小组、栽培小组、饲养小组等。

④艺术小组活动。艺术小组活动涉及音乐、舞蹈、曲艺、乐器演奏、戏剧、绘画、雕刻等，以练习、排演、创作等实践活动为主，辅之以观摩、欣赏等活动，既培养学生的欣赏和艺术创作能力，又帮助其形成正确的审美观点和健康的思想感情，同时对其进行思想政治教育。

⑤体育小组活动。体育小组活动可以增强学生体质，也可以满足学生对各种运动的爱好，如田径队、体操队、篮球队、足球队、排球队等。

⑥读书小组活动。学生可以阅读各种文艺作品、科学读物等，以满足自身对各方面知识的需要，并提高学习能力。

3. 个人活动

个人活动是学生在课外进行单独活动的形式，往往与小组活动或群众性活动相结合，根据个人的兴趣、才能，单独进行。个人活动的主要内容包括阅读课外书刊、写读书心得、记日记、练习创作、写书法、画画、演奏、摄影、采集标本、进行小发明、写小论文、做小实验等，以及各种体育锻炼等。其作用在于充分发挥每个学生的积极性和创造性，丰富学生的个人生活，培养他们独立工作的能力，扩大他们的知识范围，使他们养成读书的兴趣和习惯，提高他们独立从事艺术创作和体育锻炼的能力。

四、课外活动的设计与组织实施

(一)开展好课外活动的基本要求

1. 要有明确的目的性和计划性

组织课外活动前，教师必须从全面贯彻教育目的、落实培养目标的高度，确定每一项课外活动的具体目标，要仔细、周到地考虑每一项具体活动可以使学生获得哪一方面的思想品德教育，要使学生掌握何种类型的知识与技能，发展什么样的智力与非智力因素。目标的确定要做到明确、具体。任何一次课外活动都不能目标不明地开展，为活动而活动。加强课外活动的计划性是保证课外活动目标实现的重要手段之一。教师应对课外活动有整体设想与安排，然后要将这个整体设想与安排分解为每个学期、每个月、每一周的具体安排，还要落实到小组和具体学生上。

2. 活动要丰富多彩，富有吸引力

要使学生自愿参加课外活动，就要使活动本身具有吸引力。具有吸引力的活动符

合学生的各种兴趣和需要，其内容丰富多彩，开展方式变化多样。课外活动本身应具有知识性、趣味性、新颖性，这样才能激发学生参加活动的愿望，提高学生参与的积极性和自觉性，使他们具有自觉接受教育的最佳心理状态。内容贫乏、模式单一的活动是不会使学生感到有趣的，也是不可能把更多的学生吸引到活动中来的。

3. 充分发挥学生的积极主动性和创造精神

课外活动是学生的自主性活动，要充分依靠和发挥学生的自主性、积极性和主动性。要让学生以自主的姿态来组织、参加活动，使他们从中学会自理、独立思考、独立工作的能力。教师不宜发号施令、包办代替。当然，这并不意味着忽视教师在活动中的作用。教师处于辅助的地位，给予引导、启发、指点、帮助，为学生参加活动提供条件，帮助学生把握活动的方向，制订活动计划，在活动的关键所在给予必要的提示，在学生遇到困难时给予及时的指点和帮助，在学生有创见的地方给予肯定和表扬，鼓励他们进一步探索。应发挥学生集体和团体组织的作用，让学生自己来组织一些课外活动，让学生通过集体讨论来制定活动的计划、步骤和解决活动中的各种问题。有些讲座和带有训练性质的课外活动，需要以教师讲解和示范为主，但也要以学生的愿望为基础并发挥学生的积极主动性。

4. 因地制宜，因校制宜

我国各地情况千差万别，各地在经济文化背景、学校物质条件和师资水平等方面存在一定差异，因此开展课外活动要因地制宜，充分利用各地、各校的有利条件，开展有特色的活动。例如：城市小学可以利用博物馆、纪念馆、文化馆、植物园、动物园等场所开展课外活动；农村小学可以利用自然环境，利用各种生产基地，如林场、农田、菜园、养殖场等开展课外活动；有些设备条件比较好、师资力量比较强的学校可以开展各种科技活动，如航模制作、舰模制作、计算机操作、天文观测等学科小组活动；有些学校有书法、音乐、美术、游泳或足球等活动的传统，应吸引更多的学生参加这些活动，形成特色。

(二)课外活动计划的设计与组织实施

课外活动是学校为学生提供的有目的的教育活动。课外活动的教育效果如何，在很大程度上取决于教师对它们的设计情况。班级课外活动的设计与实施主要可分为四个步骤，每个步骤都有一系列具体工作。教师应从活动的全过程着眼，抓好每一步的工作。

1. 确定活动主题

开展课外活动的起点是确定活动主题。主题的选择关系到整个课外活动的方向问题，也是决定活动质量高低的重要因素。选题需要变换思考角度，深入探究现象，并遵循教育性、趣味性、可行性、实用性、专题性等原则，在类别众多的选题中找到有价值的主题。选题过程中有几个重要的依据：①班集体的奋斗目标和发展计划，围绕一个目标通常可以开展系列主题教育活动；②班集体的现实情况，是否有需要解决的热点问题；③学校教育计划和活动安排。

2. 制订活动计划

选题确定之后，要由班主任和班委会共同制订活动计划并落实各项组织工作。制订课外活动计划，既要考虑课外活动的主要规律与特点，又要考虑上级部门的指示和本校的实际情况。计划确定的目标要有实现的可能，活动内容要具体而不空泛，采取的措施要有针对性和可行性。活动计划应该包括下列内容：活动的目的和内容、活动的基本方式和程序、活动时间和地点安排、具体准备工作及组织管理等。

在活动计划制订过程中，还要注意以下两个方面：①尽可能动员全体学生积极参与，力求每个学生都能在活动中找到相应的位置；②考虑适当地借助外力，根据活动的主题或目的，邀请学校领导、任课教师、家长等参与进来，此举往往会给活动增色不少。

3. 活动的实施

活动的实施是活动的中心环节。为了确保活动成功，除了准备阶段的努力之外，还要注意一些基本问题。比如：在活动的前一天，利用集体舆论营造活动氛围，调动全班学生的积极性，将各种可能的干扰因素降到最低；在活动的当天，班主任和班委会成员要做好充分的准备，应对活动过程中可能出现的突发事件，保障活动的顺利开展。

另外，还要加强计划实施中的检查与指导。计划实施中，教师要经常定期进行检查。要有目的、有计划地抓好一些典型项目，用典型人、典型事来推动课外活动的开展，用典型带动更多学生参加课外活动，使学生受到更深刻的教育。

4. 活动的总结

课外活动计划实施的终结性环节是总结。要搞好课外活动的总结，在工作进程中就要不断积累材料，不仅要积累具体的数据与事实，还要积累平时对材料的分析与体会。这样，到计划实施的终结阶段时，总结就会顺利完成。

课外活动总结的一般表现形式是写出总结报告。可以开小范围的座谈会，可以广泛征求意见，然后形成书面总结。为使总结具有说服力，还应该注意活动成果的登记和展出。总结可以使活动的效果得以持续，而且通过对活动全过程的反思，学生可以进一步提高组织活动的能力。

第五节　学校、家庭、社会联系的基本方式

一个人的成长，发育和发展过程，是学校、家庭和社会三位一体的综合作用的辩证发展过程。随着科学技术的迅猛发展和社会信息的不断增加，单纯依靠学校与家庭来传授知识，已远不能满足学生的求知欲望，不能适应时代的需要了。只有学校、社会、家庭要紧密结合，相互依靠，协调发展，形成"三结合"的教育合力，才能优化育人效果。

一、学校与家庭联系的基本方式

家庭是儿童最初接触的社会生活环境，家庭教育是学校教育的基础。苏联著名教育家苏霍姆林斯基说过，教育的效果决定于学校教育和家庭教育的一致性。这就告诉我们，家庭教育在青少年的成长发展中起着十分重要的作用。那么，做好家长工作，使家庭与学校之间联系更加密切的主要途径有哪些呢？

一般而言，家校协调的常用方式主要包括家访、家长会、家长学校、家长委员会与家长沙龙、班级网络。

(一)家访

家访是班主任与学生家长建立联系的一种重要方式，它能使双方感情融洽，在对学生的教育上达成共识，也有利于双方对学生有更全面、准确的了解，从而相互配合，携手对学生进行切实有效的教育。

家访工作主要包括：①了解学生家庭情况及学生在家庭中的表现；②了解家长对子女的关注程度及影响；③向家长介绍学生在校的各方面表现；④宣传学校的教育计划，与家长共同研究教育学生的方法；⑤征求并听取家长的意见。

为使家访收到实效，应当注意以下几点。

①明确家访目的，即每次家访不可例行公事，更不可盲目进行。必须有明确的目的，或是为了与家长沟通交流，或是为了了解学生的更多信息，或是针对学生出现的具体问题与家长共同商讨解决方案，等等。

②分析家访对象，选择家访时机。不同家长由于文化程度、职业及人格的差异，对于家访的态度会有所不同，与学校合作的方式及默契程度也会有所不同。班主任须提前分析预测，并选择与家长沟通访谈的恰当方式。同时，还须注意选择家长方便接待的时间进行家访，并提前告知，使家长有所准备。

③注重家访后期追踪,这是家访的关键所在,也是容易被忽视的一步。教师应通过后期追踪来了解家访后学生的表现、家长的态度,以此检测家访效果,以便有针对性地调整后续的教育方式等。

(二)家长会

这是一种传统的家校合作方式,其主要目的是使家长与班主任及任课教师直接面对面地集中沟通、交流意见或建议,增进相互理解与支持,为促进学生进一步发展而协调配合。家长会一般安排在学期初或学期末召开。学期初召开的家长会的主要内容包括向家长通报本学期的教育任务、工作计划,向家长提出配合学校教育的有关要求。学期末召开的家长会的主要内容包括总结本学期工作情况,介绍学生在校表现、学习成绩等。在学期初或期末召开的家长会上,可以请优秀的家长代表介绍经验,还可以安排短暂的时间让家长进行相互交流。如今,在新课程背景下,许多班主任创新家长会的形式,改变一味以班主任为主的"一言堂""独角戏"做法,代之以让学生参与汇报交流、家长现身说法交流教育经验等新形式。

(三)家长学校

家长学校是组织学生家长学习进修的教育机构。家长在专业教师的引领指导下,学习教育学、心理学方面的知识,以及教育子女的方法,从而更好地配合班主任教育孩子,配合好班级管理工作。家长学校包括学校内和校外社区举办的学校。成功的家长学校是学校与家庭之间的一座相互沟通的桥梁,有利于学校利用家长资源,也能发挥部分家长的示范作用,同时有利于使家庭教育更加科学,使家长在开展家庭教育时能积极主动地与学校教育保持协调一致。

(四)家长委员会与家长沙龙

家长委员会由关心学校、关心教育事业、具有教育子女经验的家长代表组成。家长委员会中最好有一定数量的专家、社会知名人士,其主要职责是参与学校和班级的教育与管理,协助做好学生教育工作。

家长沙龙是以家长为主体,以学生学习成长为中心,以教师及专家学者为咨询指导,旨在提高教育素养、提升教育理念、转变教育观念,与学校教育形成教育合力的一种形式。

为使家长沙龙和家长委员会有效地开展工作,班主任要做到:①负责组织建立;②定期召开工作会议;③报告班级工作和学生表现;④听取家长对的意见与要求。

(五)班级网络

教育网络化是当今教育改革的一个世界性趋势,是推进学习型家庭建设的合作互动策略。随着网络技术的普及,班级网络成为家校沟通的新载体。尤其在社会竞争日趋激烈的新形势下,家长工作压力大、负担重,难以有充足的时间与学校教师交流沟通，了解子女的学习情况，网络以其独特的优势弥补了这些缺憾。建立班级网页，不仅为家校的充分、及时沟通提供了便利与保证，而且为学生搭建了展示的平台。

总之，学校与家庭联系的基本方式是多种多样的，必须根据实际情况灵活选择和使用。实践证明，密切家校的联系是促进学生主动发展、健康和谐发展的有力保障。

二、学校与社会教育机构联系的基本方式

随着社会的发展，人们对社会教育资源的认识和利用逐步拓展。尤其是在现代社会的学校教育中，广泛地开发利用社会教育资源，已成为实现学校教育目的、有效办学的重要保障。整合社会教育资源，自然成为班主任在班级管理方面的重要工作内容。

社会教育资源，总体上包括社会文化资源、社区资源、网络资源三种。对于班主任而言，与社会协调，整合社会教育资源，应通过"走出去、请进来"的方式，保持与社会的密切联系。学校与社会机构联系的方式具体可归结为以下几种。

(一)做好社会宣传、社会服务工作

学校要利用自身的优势适当开展社会宣传、社会服务工作。学校要向社会各单位、团体宣传国家的教育方针、政策，宣传教育的功能与作用，宣传学校教育与社会教育协调配合的重要性，以及学校自身的发展规划、工作计划和现在进行的主要工作等，以争取社会各界对学校工作的了解、理解，从而与学校教育工作协调配合，支持、帮助学校做好对学生的教育工作。

(二)依托社区教育委员会

社区教育委员会是在当地政府领导下的，对学校实行教育行政领导与管理的组织机构。一般社区教育委员会的工作任务很多，诸如在宣传教育方针政策、协商如何办好社区教育时，往往会坚持社区与学校双向服务的工作原则，请学校教师代表参与。虽然社区教育委员会的工作并非仅指向某个班级，但是班主任可以主动邀请他们以多种形式指导并参加班级的某些活动。这有助于拉近学生与社会之间的距离，进而促进学生的社会化发展。

(三)建立校外教育基地

学校要把那些对学生具有教育意义的单位作为教育学生的基地，如解放军驻地、工厂、企业、敬老院、名胜纪念地，这些单位是教育学生的好教材、活教材。学校要加强同这些单位的联系，充分发挥这些单位的教育作用，要依托这些单位建立起长久的、稳定的社会教育基地。另外，少年宫、青少年之家、博物馆、科技馆、妇女儿童活动中心等青少年校外活动场所，不仅为学生提供了参与社会实践的平台，而且为班主任工作提供了新的生长点，学校可与其可共建校外教育基地。

(四)聘请校外辅导员

聘请校外辅导员的条件是他们德高望重，有专长，关心教育，热爱学生，具有一定的组织能力、教育能力。

总之，在每个学生的成长中，家庭教育、学校教育与社会教育发挥着不同的作用。家庭教育重在对学生的启蒙教育，学校教育则在学生成长中起着主导作用，而社会教育则影响最为全面。协调三方面的力量，使之形成合力，是班主任的重要职责。

思考与应用

1. 如何区别班级与班集体？
2. 影响课堂管理的因素有哪些？
3. 学生课堂问题行为产生的主要原因是什么？
4. 班主任如何组织和培养良好的班集体？
5. 走访附近中小学的优秀班主任，请他们介绍班级管理工作经验，形成一份调查报告，在教师指导下就调查报告分组讨论。
6. 反思下列教学实例，谈谈教师应如何进行课堂管理。

来四(1)班上课前，就听他们的班主任和任课教师说这个班是学校出了名的"调皮班"。因此，开始给这个班上课时，我板起面孔，向学生约法三章：课堂上不许这样，不许那样……果然课堂很肃静。可是在我提问题时，竟然没有一个学生回答问题。我火了："怎么你们都变成哑巴了？"这时，学生才说："老师，你不是规定我们上课不许说话吗？"我心里羞愧，但还是强辩说："是叫你们不要乱说话，不是叫你们不回答问题呀！"学生抗议："哪有这样不讲道理的老师？"有个平时最调皮的学生尖叫起来，惹得全班学生哄堂大笑。我一气之下，把他拉到教室外，把门关上，不让他听课。教室里的学生都成为"小木头人"，一动不动地听课。我提问一个学生，我喊到他的名字时，他竟然吓得浑身发抖。

推荐阅读

1. 陈圆园：《一个班主任的"QQ"缘——谈班级管理中的生本情怀》，载《全球教育展望》，2008(11)。
2. 李伟胜：《更具专业品质的班级管理的教育思路》，载《教育理论与实践》，2010(7)。
3. 宋秋前：《当代课堂管理的变革走向》，载《教育发展研究》，2005(17)。
4. 陈桂生：《"班主任制"缘起——俄国班主任制要义》，载《全球教育展望》，2011(11)。

5. 周小宋、李美华：《美国课堂管理中的新方法：行为契约》，载《比较教育研究》，2004(5)。

6. 靳丽华：《班级管理的生态化探析》，载《教育理论与实践》，2012(19)。

7. 张晓蕊：《班级管理中的制度文化探查》，载《教育评论》，2012(1)。

8. 冯建军：《现代教育学基础》4 版，南京，南京师范大学出版社，2019。

9. 齐学红：《新编班主任工作技能训练》，上海，华东师范大学出版社，2007。

10. 李镇西：《做最好的班主任》，桂林，漓江出版社，2021。

11. 李森、潘光文：《行为分析理论视角下的课堂管理策略》，载《课程·教材·教法》，2003(11)。

12. 刘家访：《课堂管理中纪律的问题与运用》，载《教育理论与实践》，2002(4)。

13. 班华：《班主任与发展性班级教育系统》，载《教育理论与实践》，2008(12)。

14. 陈时见：《课堂管理与学生发展——当前中小学课堂管理状况的案例研究》，载《教育研究与实验》，2000(6)。

15. 范春林、董奇：《课堂环境研究的现状、意义及趋势》，载《比较教育研究》，2005(8)。

16. 郭元祥：《让课堂向现实世界敞开——指向核心素养的课堂实践感》，载《教育研究》，2023(7)。

第九章

教师与学生

学习目标

1. 识记教师的职业特点和学生的本质特点。
2. 理解教师的角色，掌握教师的素质要求。
3. 理解师生关系的特点，掌握建立良好的师生关系的方法。

本章导读

教师和学生是教育系统运行过程中的基本要素，是学校教育教学活动的主要参与者，所有教育目的、教学目标都必须依靠二者的配合而达成。深刻认识教师和学生以及师生关系，是学习者在教育教学过程中正确定位学生、全面履行教师职责、提高教育教学效果的基础。

本章知识结构图

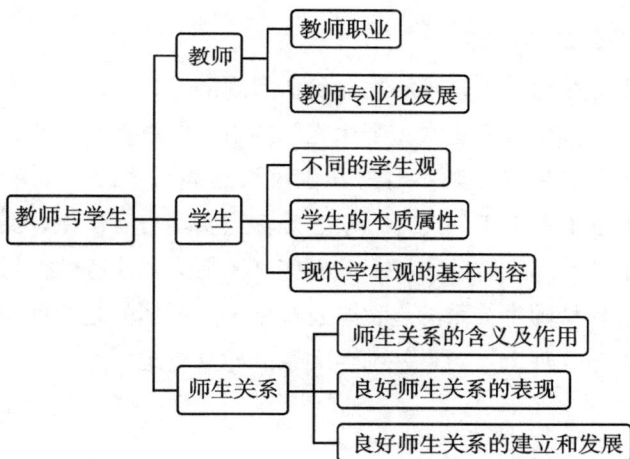

核心议题

1. 教师称谓的合法性

在我国的语境里，教师与师父是两个完全不同的称呼，不能混为一谈。当下而言，能称教师者，至少要具备三个条件：一是取得国家认可的教师资格证；二是经学校组织机构认证并聘用；三是自觉地接受学校教育机构的监管，忠实地履行教师职责。

2. 教师专业发展与核心素养

培养学生的核心素养是当前教育改革的主题。为提高学生核心素养，必须先提升教师的核心素养，促进教师专业发展。教师专业发展是一个涉及持续反思、学习和行动的过程，指向教师的核心素养和专业水平的提升。教师核心素养是一个广泛而综合的概念，不仅包括多层次的知识结构、实施教学与组织管理的能力，还包括反思与研究的能力、敬业爱生的崇高人格，以及与时代精神相契合的理想信念。师范教育、教师培训和教育评估应如何变革，以培养出一支专业、具备核心素养的教师队伍，是我国教育体系一直面临的重要挑战。

3. 学生主观能动性调动机制

学生并非受遗传与环境被动影响的产物，而是具备主观能动性并能够形成自我意识，具备对自身发展进行策划能力的主体。尊重学生发展的主动性和主体性并不意味着否定教育对个体产生的积极影响。只有真正将学生视为主动发展的人、关注学生主体的发展变化及其与教育的相互关系，才能最大限度地实现"培养生命自觉"的育人目标。如何设计有利于学生能动性发展的活动？如何创设促进学生自主决策的环境？如何建立个性化学习支持系统？如何激发学生自我教育和自我管理的能力？这些是我们需要思考的问题。

4. 新型师生关系及其构建

教育是师生双方生命活力体现和生命价值实现的过程。传统的师生关系强调权威性和单向性，而新型师生关系更注重师生之间的平等、尊重、关心、支持、合作和共同成长。新型师生关系要求教师不再是学生成长路线与模式的规定者，而是学生才情、智慧、人格发展的助力者。此外，学生是教师实现自身价值、促进自身发展和体验幸福感的重要依托。那么教师需要提升哪些基础能力才能有效促进良好师生关系的建立？如何在构建新型师生关系的过程中发挥出学生群体的主体性与创造性？学校层面又该如何从教学与管理上保障良好师生关系的建立与维护？

第一节　教师

教师是教育活动的承担者，形成正确的教师观是从事教师职业的前提。教师观是关于教师职业的基本观念，是人们对教师职业的认识、看法和期待的反映，既包括对教师职业性质、特点的认识，也包括对教师职业的基本素质及其专业发展的理解。

一、教师职业

教师职业是社会行业中不可缺少的组成部分。教师是学校教育教学活动的主要参与者，在和谐师生关系的建立、教育教学质量的提高、全面发展人才的培养方面起着关键的作用。

(一)教师职业的性质

1. 教师职业是一种专门职业，教师是专业人员

教师职业是一种专门职业。1966 年，联合国教科文组织与国际劳工组织在《关于教师地位的建议》中提出，应当把教师的职业视为专门职业，这种职业要求教师经过严格训练和持续不断地学习研究，获得并不断提高专业知识和专门技能水平。

教师是专业人员。1986 年 6 月 21 日，我国国家统计局和国家标准局发布的《中华人民共和国国家标准职业分类与代码》中，将所有职业分为 8 个大类、63 个中类和 303 个小类，其中，各级各类教师被列入了"专业、技术人员"这一类别。《中华人民共和国教师法》第一章第三条对教师概念的界定是"教师是履行教育教学职责的专业人员，承担教书育人，培养社会主义事业建设者和接班人、提高民族素质的使命"。教师是正在发展并逐渐走向完善与成熟的专业人员，这是教师职业的基本性质。

2. 教师是教育者，教师职业是促进个体社会化的职业

教育者一词，具有广义与狭义之说。广义的理解是凡是在教育活动中承担教的责任(包括直接承担者或间接承担者)和施加教育影响的人都是教育者。狭义的理解是以教书育人为专门职责的人即学校教师。教书，即受教育者在教育者的指导下，掌握书本知识，认识客观世界；育人，即使人产生良好的变化或发展，其本质是有计划地使具有各种潜能的人成为德智体美劳全面发展的人。教师在学校这个专门培养人的场所进行专门培养人的工作，以此为区别于其他教育者的根本特征。

个体从自然人发展成社会人，是在学习、接受人类经验，消化、吸收人类文化的社会化过程中逐步实现的。人类早期社会教化的主要承担者是部落、氏族首领和经验丰富的长者。随着社会的发展，产生了专门以将年青一代教化为合格成员为己任的职业——教师。在个体社会化过程中承担教化任务的是教师，他们根据一定社会要求向年青一代传授人类长期积累的知识经验，规范他们的行为品格，塑造他们的价值观念，引导他们把外在的社会要求内化为个体的素质，实现个体的社会化。

(二)教师职业的特点

任何专业性的劳动都有自身的特点。教师所从事的劳动是一种复杂的脑力劳动。教师劳动的对象是人，劳动产品也是人；教师的劳动手段主要是言传身教；教师的劳动的过程自始至终都是人与人相互作用的过程；教师的劳动成果一般不能直接物化为生产资料或生活资料；教师的劳动价值是通过对学生的培养来实现的。正是因为教师劳动的这些特殊性，教师劳动具有自己的特点。概括起来，教师职业具有下面几个特点。

1. 复杂性

教师职业的复杂性是其工作性质、工作对象及任务和过程的特殊性所决定的。首

先，教师的劳动属于专业性工作，它要求教师经过严格训练，掌握专业知识和专门技能，并要不断地研究、提高。其次，教师工作的对象是学生，学生是具有主动性的人。他们的生活经历、家庭背景、个性都不同，每个学生都是个特殊的世界，同时影响学生成长的因素是多方面的，有家庭、社会、学校和学生自己，教师很难单方面把控所有因素，因此培养人是相当复杂的事情。最后，教师的任务是教书育人，不单是向学生传授知识、培养技能、发展智力，还要培养学生良好的思想品德，保护学生的身心健康。

2. 创造性

教育是科学也是艺术，教师劳动是复杂的脑力劳动过程，也是一种充满艺术创造的工作过程。教师劳动对象的特殊性和教育情境的复杂性与难以推测性决定了教师劳动的创造性。这种创造性主要并不指向对未知领域的探索和发现，而在于创造性地运用教育教学规律，在复杂多变的教育情境中塑造发展中的人。

教师职业的创造性，表现在对教育内容的创造性加工上。教师传授知识的过程是对教育内容进行创造性地改组，融入自己的知识、智能、情感和思想观点，进行艺术加工的创造性的劳动过程。教师劳动的创造性表现在教育方式和方法的灵活运用上。教学有法，但无定法。教育工作有规律可循，但固定的框框不可套。教育条件不可能毫无差异地重复出现，教育对象不同，即使同一个对象，在不同条件下，也不可能停留在同一水平、同一身心状态上。这种变化要求教师随时根据变化了的情境，灵活机智地采取不同的教育方式和方法，创造性地完成教育活动。

教师职业的创造性凸显在教育机智上。教育机智是教师在教育活动中表现出来的对新的、意外的情况正确而迅速地做出判断，并付诸行动以解决问题的能力。教育机智是教师综合能力的体现，要求教师在瞬息之间，能正确地估计情势，对错综复杂的情况做出清醒的分析，判断问题的症结，选择行动的措施，及时地调节和消除矛盾，以最小的代价取得最佳的教育效果。教师要善于引导，敏于应变，把握分寸，适可而止，做到坚持原则与因时因材施教相结合，个别教育与全面教育相结合，"冷处理"与"事后热"教育相结合。

教师工作没有不变的程序和模式，机械照搬别人的或自己以往的经验，通常是不能达到目的的。教师只有独立思考、不断探索和勇于创新，才能获得良好的教育效果。

3. 示范性

教师最基本的工作方式是言传身教。现代教育教学工具很多，但不管用什么工具，最重要的是要用教师自己的知识、智慧、人格魅力影响学生。教师最重要的劳动工具就是自己，教师的一言一行对学生来说都具有示范性，通过示范的方式直接影响学生。在这一过程中，教师的道德品行和知识才能既是学生学习的内容，也是学生学习的直接榜样。这是因为教师在引导学生认识周围世界的时候，他自己也作为周围世界中一个极重要的成分出现在学生面前，参与到学生的认识过程中。学生具有向师性和模仿性的特点，教师的思想品格、言谈举止自觉或不自觉地直接影响着他们，成为他们学习和模仿的榜样。正是教师职业的这一特点，要求教师做到"学为人师，行为世范"。孔子曾提出"以身作则"的见解，韩愈曾提出"以身立教"的主张。

4. 长效性

人才培养的周期长、见效慢。教育的效果不是立竿见影的，教育是长期的工作。"十年树木，百年树人"，正说明了教师劳动的长周期性。人的成长和发展需要一个过程，要经历较长的周期才能完成。学生知识水平的提高、能力的发展和思想品德的形成，是一个循序渐进的过程。从人才培养的周期来看，从小学到中学毕业要十二年，到大学毕业要十五六年，培养高级人才则要花二十年左右的时间。教师对学生的影响深远持久。教师为学生在德智体美劳方面打下的基础，往往会影响学生的一生，成为他们终生发展的宝贵财富，有时教师的一句话会影响学生一辈子。

5. 时间的连续性和空间的广延性

学生活动的时间和空间不仅限于学校。既然学生接受的外界影响没有时空的界限，教师工作自然也无时空界限可言。教师必须广泛深入学生的活动范围，不断了解学生的过去与现状，协调学校、家庭、社会的教育影响，获取教育教学反馈信息，使学校教育始终能够发挥主导作用。教师之劳动具有时间的连续性和空间的广延性，不能因时间和地点的限制而随意中断。

(三)教师的职业角色

"师者，传道、授业、解惑也"，这是对传统教师角色的最好概括。在现代社会，教师作为文化传承者，其基本职能并没有变，却不再直接以权威的身份向学生传递经验，而是以各种方式引导学生参与学习活动。教师不只是知识传递者，而同时是学生的同伴、活动的组织者、学生学习过程的支持者和帮助者等。教师的角色越来越向多重方向发展。现代教师的职业角色主要有以下几种。

1. 传道者的角色

教书育人是社会对教师角色的普遍认识。教师是学生成长中的重要他人，对学生的社会性发展和身心健康有重要影响。教师负有传递社会道德传统、价值观念的使命，"道之所存，师之所存也"。现代社会虽然道德观、价值观呈现出多元的特点，但学校、教师的道德观、价值观总是代表着社会主流道德观、价值观，并用这种观念引导学生。除了社会主流道德、价值观外，教师对学生的"做人之道""为业之道""治学之道"等也有引导和示范的责任。

2. 促进者的角色

《基础教育课程改革纲要(试行)》指出：教师在教学过程中应与学生积极互动、共同发展，要处理好传授知识与培养能力的关系，注重培养学生的独立性和自主性，引导学生质疑、调查、探究，在实践中学习，促进学生在教师指导下主动地、富有个性地学习。促进者是基础教育课程改革视域下教师的重要角色之一。教师要为学生营造有安全感的学习氛围，给学生以心理上的支持，使学生敢于行动，不断地进行探索和思考，充分发挥学生的主动性、积极性和创造性。教师要为学生的成长提供有效的能量。学生本身具有智慧和力量，这种智慧和力量需要有一定的支持方能显现。教师的价值就在于能为学生的成长提供有效的能量，促使学生的潜能得到发挥，促使他们克服困难，使他们不断提升。

3. 管理者的角色

面对复杂的教育教学情境和不断成长的教育对象，教师的管理能力越来越重要。教师是学校教育教学活动的组织者和管理者，需要肩负起教育教学管理的职责，包括确定目标、建立班集体、制定和贯彻规章制度、维持班级纪律、组织班级活动、协调人际关系等，并对教育教学活动进行控制、检查和评价。教师应该熟悉教育教学规律和学生身心发展规律，了解班级管理的基本知识、基本程序，并在长期的管理实践中积累管理经验，不断总结反思，逐渐形成自己的管理风格。教师应提高学生的主体参与意识，构建平等、民主的管理机制，培养学生的自主管理能力，使课堂充满生机与活力，真正实现师生互动。

4. 学生心理健康维护者的角色

情绪的波动、心理的冲突、行为的过失、学习的压力等常常会使学生产生焦虑、抑郁、恐惧甚至厌学等心理，需要教师给予指导和帮助。教师应成为学生健康心理的引导者，帮助学生认识自我、建立自信，引导学生学会自我调节、自我选择。教师要具有对学生进行心理健康教育的意识，并将这种意识融入日常的教育教学活动中，为教育教学创设良好的心理氛围。教师要关注每个年龄段的学生容易出现的心理问题，及时预防，提出相应对策以解答学生的心理困惑，使每个学生都成为心理健康的人。

5. 研究者的角色

教师工作对象是充满生命力的、千差万别的个体，传授的内容是不断发展变化着的人文、科学知识，这就决定了教师要以一种变化发展的态度来对待自己的工作对象、工作内容，要不断学习、不断反思、不断创新。教师要不断对自己的教育教学过程进行反思和评价，分析其中的不足，提出改进方案，还要从事一些与自己的教育教学有关的科学研究，从理论上提高自己的业务水平。

二、教师专业化发展

教师专业化发展是现代教育发展的必然要求，是现代教育与传统教育的重要区别。确认教师的专业性，推进教师专业化发展过程，是当今世界教师职业发展的共同目标，也是世界各国家提高教师质量的共同战略。

（一）教师专业化的内涵

教师专业化是教师个体和教师群体的专业水平提高以及教师职业的专业地位的确立和提升的过程，包括教师个体专业化与教师群体专业化两个方面。第一，教师专业性既包括学科专业性，也包括教育专业性，国家对教师的任职既有规定的学历标准，也有必要的教育知识、教育能力和职业道德的要求；第二，国家有教师教育的专门机构、专门教育内容和措施；第三，国家有对教师资格和教师教育机构的认证与管理制度；第四，教师专业发展是一个持续不断的过程，教师专业化是一个发展的概念，既是一种状态，又是一个不断深化的过程。

教师职业有自己的理想追求，有自身的系统理论，有自觉的职业规范和高度成熟的技能技巧，具有不可替代的独立特征。教师不仅是知识的传授者，而且是道德的引导者，思想的启迪者，心灵世界的开拓者，情感、意志、信念的塑造者。教师不仅需要知道传授什么知识，而且要知道怎样传授知识，能针对不同的学生采取不同的教学策略。教师职业的专业化既是一种认识，也是一个奋斗的过程，既是一种职业资格的认定，更是一个终身学习、不断更新的自觉追求。

（二）教师的专业素养

2012年，教育部印发了《幼儿园教师专业标准（试行）》《小学教师专业标准（试行）》和《中学教师专业标准（试行）》，明确提出教师是履行教育教学工作职责的专业人员，需要经过严格的培养与培训，具有良好的职业道德，掌握系统的专业知识和专业技能。以上三个文件是国家对幼儿园、小学和中学教师专业素质的基本要求，是教师实施教育教学行为的基本规范，是引领教师专业发展的基本准则，是教师培养、准入、培训、考核等工作的重要依据。其基本内容包括以下几方面。

1. 专业理念与师德

专业理念指专业人员对自身专业的性质、标准、价值等的理解、判断、期待与认同，指引着专业人员的思考方式和言谈举止。教师的专业理念指教师在理解教育工作本质的基础上形成的关于教育的观念和理性认识。教师所持有的专业理念会直接决定其组织教育教学活动的目的、内容和方式，影响其教育教学活动的效果以及其自身专业发展的方向。师德即教师的职业道德，是教师在长期的教育教学实践中形成的比较稳定的道德观念、行为规范和道德品质的综合，是教师的思想觉悟、道德品质和精神面貌的集中体现，也可以称为教师的专业伦理规范。专业理念侧重于教师对教育教学工作的对象、内容、方式的专业性认识，师德则侧重于教师对教育教学工作的态度和个人修养等。在教师的实践中，专业理念与师德之间的界限淡化并融于一体，共同从思想认识层面支配和制约着教师的行为。总的来说，教师的专业理念与师德是教师通过日常生活、教育教学实践与专业理论学习获得的对教育规律和学生身心发展的理性认识，以及由此形成的对教师这一职业的基本道德规范的认同与内化。这种理性认识和道德规范最终影响并制约着教师的教育教学行为。

教师的专业理念与师德是教师专业素养的核心，是教师专业发展的重要标志和关键维度。具有良好专业理念与师德的教师往往具有很强的自主发展意识，其专业知识和专业能力方面的素养较高。

基本理念强调，师德为先、学生为本、能力为重、终身学习，具体指向热爱教育事业，具有职业理想，践行社会主义核心价值体系，遵守教师的职业道德规范，依法执教，树立育人为本、德育为先的理念。教师应尊重学生人格，关爱学生，以学生为主体，充分调动并发挥学生的主动性，尊重学生权益，使学生健康快乐、全面而有个性地发展。教师应把学科知识、教育理论与教育实践有机结合，突出教书育人实践能力，提升教育教学水平，坚持实践、反思、再实践、再反思，不断提高专业能力。教师应学习先进教育理论，了解国内外教育改革与发展的经验和做法，优化知识结构，形成终身学习与持续发展的意识和能力。

2. 专业知识

教师的专业知识包括教育知识、学科知识、学科教学知识、通识性知识四大板块。

(1)教育知识

教育知识指教师所具有的教育学科方面的知识，即条件性知识，主要包括教育学和心理学知识、学生身心发展知识、教育评价知识等。苏霍姆林斯基曾说，教师不懂心理学，这就如同一个心脏专业医生不了解心脏的构造。教育知识的具体内容有：教育的基本原理和主要方法；班级、共青团、少先队建设和管理的原则与方法；教育心理学的基本原理和方法，学生身心发展的一般规律与特点；学生世界观、人生观、价值观形成的过程及其教育方法；学生思维能力、创新能力和实践能力发展的过程与特点；学生群体的文化特点与行为方式。

(2)学科知识

学科知识指教师所具有的特定的学科专业知识，即本体性知识，如语文知识、数学知识等，主要包括本学科的专业理论基础、专业发展史、专业研究方法论等。马卡连柯说过，学生可原谅教师的严厉、刻板甚至吹毛求疵，但不能原谅他的不学无术。苏霍姆林斯基曾指出，只有教师的知识面比学校教学大纲宽广得多，他才能成为教学过程的精工巧匠。教师要理解所教学科的知识体系、基本思想与方法，掌握所教学科内容的基本知识、基本原理与技能，了解所教学科与其他学科的联系，了解所教学科与社会实践及共青团、少先队活动的联系。

(3)学科教学知识

学科教学知识指教师所具有的课堂情境知识及与之相关的知识，即实践性知识，也就是教师教学经验的积累和提炼。教师必须掌握所教学科课程标准，掌握所教学科课程资源开发与校本课程开发的主要方法和策略，了解学生在学习具体学科内容时的认知特点，掌握针对具体学科内容进行教学和研究性学习的方法与策略。

（4）通识性知识

通识性知识指教师所拥有的有利于教育教学工作开展、体现教师素质的普通文化知识。通识性知识有助于教师拓宽视野，从更广的范畴理解人、自然和社会，获得全面的思维能力，发展博雅的精神和美好的情感，增强教育教学能力，引导学生健康成长。具体而言，教师应具有相应的自然科学和人文社会科学知识，了解我国教育基本情况，具有相应的艺术欣赏与表现知识，具有一定的信息技术知识。

3. 专业能力

教师专业能力指教师在一定教育思想指导下，顺利完成教育教学任务的系列行为方式和心智活动方式，是体现教师专业素质的核心要素之一。教师专业能力主要包括以下几方面。

①教育教学能力。这是教师专业能力的核心，涉及教育教学活动的设计、实施和评价等方面的能力，具体要求如下。

第一，教学设计方面：科学设计教学目标和教学计划，合理利用教学资源和方法设计教学过程，引导和帮助学生制定个性化的学习计划。

第二，教学实施方面：营造良好的学习环境与氛围，激发与保护学生的学习兴趣；通过启发式、探究式、讨论式、参与式等多种方式，有效实施教学；有效调控教学过程，合理处理课堂突发事件；引发学生独立思考和主动探究，发展学生的创新能力；发挥好共青团、少先队组织生活、集体活动的教育功能；将现代教育技术手段整合应用到教学中。

第三，班级管理与教育活动方面：建立良好的师生关系，帮助学生建立良好的同伴关系；注重结合学科教学进行育人活动；根据学生世界观、人生观、价值观的特点，有针对性地组织开展德育活动；针对学生青春期生理和心理发展特点，有针对性地组织开展有益于身心健康发展的教育活动；有效管理和开展班级、共青团、少先队活动；妥善应对突发事件。

第四，教育教学评价方面：利用评价工具，掌握多元评价方法，多视角、全过程评价学生发展；引导学生进行自我评价；对自身的教育教学效果进行评价，及时调整和改进教育教学工作。

②沟通与合作能力。这是教师专业能力的基础。教师工作是一项与人打交道的工作，教师必须能够有效地与学生、同事、家长、校长等进行沟通与合作，这是有效开展教育教学的基本保障。具体要求：了解学生，平等地与学生进行沟通交流；与同事合作交流，分享经验和资源，共同发展；与家长进行有效沟通合作，共同促进学生发

展；协助学校与社区建立合作互助的良好关系。

③教育研究能力。21世纪的教师应该具有科研意识和科研能力，努力成为学者型、专家型教师，即教育教学的能手。坚持在教育教学实践中开展研究，是教师专业能力不断发展的重要保证。教师与学生朝夕相处，他们最了解学生，最容易发现教育实践中的问题。问题即课题、教学即研究、提高即收获是中小学教师最常用的研究模式。

④自我发展的能力。这是教师专业能力的保障。在终身学习的社会中，教师只有具有自我发展能力，才能不断提升自己的专业水平，才能适应教育教学工作的需要。具体要求：主动搜集并分析相关信息，不断进行反思，改进教育教学工作；针对教育教学工作中的现实需要与问题，进行探索和研究；制定专业发展规划，积极参加专业培训，不断提高自身专业素质。

(三)教师专业发展的阶段

教师必然经历从新手教师到专家型教师的专业成长过程，在不同的成长阶段所关注的问题不同。根据不同的划分依据，对教师专业发展的阶段的划分有不同方法。福勒和布朗根据教师所关注的焦点问题，把教师的发展分为三个阶段——关注生存阶段、关注情境阶段、关注学生阶段，每个阶段都有其不同的发展特征。

1. 关注生存阶段

处于这一阶段的教师非常关注自己的生存适应性，他们经常关心的问题是学生是否喜欢自己、同事们怎么看自己、领导是否觉得自己干得不错等。一般来说，师范生和新教师比老教师更关注这些问题。由于这种生存的忧虑，某些教师可能会把大量的时间花在与学生搞好个人关系上，而不是教他们，有些教师则可能想方设法控制学生，总是希望把学生管教得老实听话，想成为一个好的课堂管理者。

2. 关注情境阶段

教师感到自己完全能生存后，将越来越关注学生的成绩，即进入了关注情境阶段。在这一阶段，教师所关注的是如何教好每一堂课的内容，他们总是关心诸如时间的压力和备课材料是否充分等与教学情境有关的问题。一般来说，在职教师比师范生更关心这一类问题。

3. 关注学生阶段

教师顺利地适应了前两个阶段后，成长的下一个目标便是关注学生。在这一阶段，教师将考虑学生的个别差异，认识到不同发展水平的学生有不同的社会和情感需要，某些教学材料和教学方式不适合某些学生。能否自觉关注学生是衡量一个教师是否成熟的重要标志之一。

(四)教师专业发展的途径

教师的素质关系到教育事业的成败和民族素质的优劣，提高教师素质是发展教育的关键。教师专业发展有以下几个途径。

1. 接受教师的职前和职后教育

师范教育主要承担教师的职前培训任务，包括中等师范教育和高等师范教育。师范教育是国家培养教师、提高教师素质的基本途径。要发展师范教育就必须采取切实有效的政策性措施，鼓励和吸引大批优秀学生报考师范院校。同时，加强师范教育的改革，明确师范教育的发展目标，完善其办学机制，改善其办学条件，充分体现师范教育特色，以增强师范教育的吸引力，提高其办学质量，为社会输送合格的教师。教师职后教育的形式多样化，灵活方便，包括广播电视辅导、现场讲座和报告、短训班、主题培训等。

2. 教师在自主学习中发展

教师的自主学习是教师专业发展的基础和前提。社会在发展，知识领域在扩展和更新，教材也在更新改革，学生更是在不断变化，教师只有不断强化自身学习，树立终身学习观念，为自己充电、蓄能，才能在快速变化的时代中生存、发展，才能提高教育教学效率。

3. 在课堂实践中发展

课堂实践是教师专业发展的主阵地，教师角色的最终塑造必须在课堂实践中进行。教师个人教育观念的转变依赖于课堂实践，教师教学技能的提高来自课堂实践，教师实践知识和实践智慧的获得来源于课堂实践，教师生命价值和意义体验来自课堂实践。教师的许多知识和能力是依靠个人经验和对教学的感悟而获得的。课堂教学具有不确定性和动态生成性，正因如此才显得丰富多彩。教师应该自觉主动地在课堂设计、课堂观察、课堂互动、课堂反思的过程中，进行不断的自我调整、自我建构，从而获得持续不断的专业发展。

4. 在校本研究中发展

突出以校为本，深入开展校本研究是教师专业发展的有效途径。校本研究是以学校为基地，以教师为主体，以教育教学中的事件为内容，以教师专业发展为主题，从学校的实际出发，在教育教学实际工作中发现问题，通过专业引领、同伴互助互动交流等方式解决问题，并有针对性地改进教育教学，提高教育教学质量，实现专业发展的一种学习、工作、研究三位一体的学校活动和教师行为。校本研究不仅可以促使教师在自己的岗位上立足于教育教学实践提出问题、解决问题，使教育教学研究成为教师的职业生活方式、思想行为方式的一部分，而且可以培植学校文化，营造求真、务实、自由、融洽的教研氛围，为教师的信息交流、经验分享、专业会谈、自我展示提供平台。

第二节　学生

学生指具有发展潜能和发展需要的个体，是学校教育的对象，以学习为其主要任务。作为学校教育的对象，他们是教育活动中最基本的、不可或缺的要素之一，任何教育工作的效果都要通过学生体现出来。了解和研究学生是教育工作的出发点，不了解学生的教育是盲目的教育。那么，学生在教育过程中究竟居于什么样的地位，发挥着怎样的作用，就成了每位教师为顺利完成教育任务所必须深刻认识的重要问题。

一、不同的学生观

学生观是人们对学生的基本认识和根本态度。教师的学生观直接影响着其教育活动的目的、方式和结果，进而影响学生的发展。在西方教育史上，主要有两种具有代表性的学生观，这两种学生观互相对立，各有特点。一种是以洛克、赫尔巴特等为代表的教师中心论，也称外塑论学生观；另一种则是以卢梭、杜威等为代表的学生中心论，也称内生论学生观。

(一)外塑论学生观

外塑论学生观将学生视为教育的客体，强调教师的权威，认为教师是教育的主体。这一观点的代表人物是英国教育家洛克和德国教育家赫尔巴特。洛克的白板说鲜明地体现了外塑论学生观。他反对天赋观念论，指出人生之初，心灵如一张白纸，上面没有任何记号，没有任何观念，心灵获得的观念是从经验中得来的。他把儿童的天性比作没有痕迹的白板或柔软的蜡块，父母和教师可以在白板上书写任何东西。他的思想演绎到现在，被一些学者信奉。在赫尔巴特看来，儿童生来有的只是一种处处都会表现出来的不服从的烈性，所以在教育上必须特别强调和重视对儿童的管理，一切管理先采取的措施是威胁，以使儿童形成一种守秩序的精神。应该承认的是，这种外塑论学生观对于充分发挥教师的作用以及促进学生有效地学习和掌握系统的知识等方面是有重要的价值和意义的。但是，它夸大了教师在教育中的地位和在学生发展中的作用，无视学生的差异，无视学生的主体地位，实践证明其弊端是极其明显的。外塑论学生观对中外教育都产生了深远的影响。

(二)内生论学生观

内生论或内发论学生观的代表人物主要是 20 世纪初期的美国实用主义哲学家、教育家杜威。但最早将儿童提到教育中心地位的教育家并不是杜威，而是 18 世纪法国自然主义教育家卢梭。在西方学生观发展的历史长河中，卢梭是一位划时代的人物，被称为"儿童的发现者"。他扭转了把儿童当作成人对待的学生观，主张在把儿童培养成社会成员的同时要保持儿童的天性，认为教师的职责是创设情境，唤起学生的兴趣，并协助学生自己得出结论。卢梭的思想深深影响了杜威。19世纪末20世纪初，杜威对赫尔巴特的教育思想进行了批判，主张教育即生长，认为教育不是强迫儿童或青年去吸收外在的东西，而是需要使人类与生俱来的能力得以生长。他认为在教育过程中儿童是太阳，教育的一切措施则围绕儿童这个中心组织起来。这一观点强调了学生的发展，认为学生具有一种内在的能力，不凭借外力帮助，就能达到社会行为的和谐。内生论学生观主张把学生放在教育过程的中心地位，把教师放在辅助的地位。

(三)我国的学生观

从我国教育的历史和现实来看，占统治地位的基本上是外塑论学生观。其原因主要有三个方面：一是我国的教育深受赫尔巴特教育思想及凯洛夫教育思想的影响，二是我国传统文化中"师道尊严""尊师重道"观念的影响，三是由于我国现行的招生考试制度而导致的"应试教育"的影响。尽管杜威等人的儿童观在20世纪初就影响了我国的教育理论与实践，但并未真正融入我国的教育实践之中。中华人民共和国成立后，苏联教育专家凯洛夫教育学中"教师是主体、学生是客体"的观点对我国的基础教育产生了深刻而广泛的影响。在传统与现代撞击的过程中，外塑论学生观和内生论学生观的不足与缺失的一面逐渐引起重视。人们重新审视古今中外学生观的优劣，取长补短，逐渐摆脱偏激的观念。现在，人们普遍认为，教师中心和学生中心的学生观各有所长。我国当前的教育改革也明显体现出"纠偏"趋势，关于主体性教育的探讨即其中之一。确立"以学生为主体"的学生观，让学生在教育中拥有主体地位已基本达成共识。

二、学生的本质属性

学生是人，具有人的本质属性，是生活在一定的社会关系中，具有特定的社会属性的人。苏霍姆林斯基指出，教育成功的最大秘密是把学生看作人。然而人的内涵非常丰富，那么学生是怎样的人呢？

(一)学生是发展中的人

把学生看成发展中的人，包含以下几个基本含义：第一，学生的身心发展是有规律的。认识规律、遵循规律是做好工作的前提。它要求教师努力学习，掌握学生身心发展的理论，熟悉不同年龄阶段学生身心发展的特点，并依据学生身心发展的规律和特点开展教育教学活动，从而有效促进学生身心健康发展。第二，学生具有巨大的发展潜能。应该相信学生的确是潜藏着巨大发展能量的，坚信每个学生都是可以积极成长的，是有培养前途的，是追求进步和完善的，是可以获得成功的，应对教育好每一名学生充满信心。第三，学生是处于发展过程中的人。学生还没有成熟，可塑性大，需要发展，是一个正在成长的人。按终身学习理论和毕生发展心理学的理念，人的一生是一个不断学习、持续发展的过程，但这与作为青少年的学生的发展概念很不一样：青少年学生的发展潜力巨大，可塑性强，非成人可比，因而要以学习(特别是书本知识的学习)为主而不是以工作为主。这样，教育就不能以成人、"完人"的要求来规训学生，求全责备，也不可以一成不变的眼光去看待学生，把学生分成三六九等，而应该在学生现有发展水平的基础上，充分发挥教育的促进功能，促使学生不断超越自己的最近发展区，让每个学生都能通过教育得到发展，体验成功。

(二)学生是完整的、独立的人

人是自然属性和社会属性的统一体，每个人都需要实现生理和心理的和谐发展。学生并不是抽象的学习者，是集生活、学习、审美为一体的有丰富个性的完整的人。作为完整的人而存在的学生，不仅具备全部的智慧力量和人格力量，而且体验着全部的教育生活，有丰富的情感。生命的完整性要求教育必须促进学生的全面发展，在内容上包括智力、体力、品德、美感的全面发展，在形式上包括人的认知、情感、意志的发展。教师要认识生命的整体性与发展的全面性，用全面、整体的教育发展学生丰富的潜能。学生是生活的人，不仅是学习者，教师要把学生作为生活中完整的人来对待，还学生完整的生活世界，丰富学生的精神生活，打通学生的生活世界和书本世界，让书本知识的学习与学生的人生经验融在一起，给予学生全面展现个性力量的时间和空间。同时，学生又是独立的人，有独立的生理和心理系统，独立的思想意识，独立的思考能力，独立的情感、兴趣，独立的人格和独立的生活、学习方式，其独立性和独立意识会随着身心的成熟而越来越突出地表现出来。

(三)学生是学习中的人

学生作为一种社会角色，有其特定的角色规范，只有遵循并践行这些规范，才被认定为该角色。作为学生，应该践行的规范有以下几方面。

第一，学生以学习为主要任务。虽然学生在生活中可能扮演多种角色，但作为学校中的受教育者，学习是他的主要任务和主要职能，这种学习区别于日常生活和工作中的学习，是学生区别于社会上其他人的特点。

第二，学生的学习是在教师的指导下进行的。从心理学的角度看，学习是经验和行为的变化，人一生的不断变化，都可以归为学习的结果，人时时、处处都是学习者。但学生这个学习者有点特殊，他是在学校里在教师的指导下进行学习的人，这是学生与日常生活中从事学习活动的其他学习者的区别。尤其在当代，知识量骤增并日益复杂，在有限的学校教育期间，要获得系统的知识，更需要教师的指导。教师的指导是学生有效学习的保证。

第三，学生的学习是规范化的。学生的学习不是盲目的，学什么、怎么学，都是在教师的引导下进行的，而且学习的方向要符合社会的要求。所以，学生的学习是有目的、有计划、有组织地进行的，是以一定的计划、制度为保障的。学校教育中有相对稳定的学生和教师，有固定的教育场所，有精心设计的系列教育活动。在教育过程中师生之间还担负着制度所规定的权利和义务。所有这一切都是为了使学生的学习规范化，为了有效地促进他们的发展。

三、现代学生观的基本内容

面对古今中外形形色色的哲学思潮和他们在教育理念方面体现出来的学生观，我们应该"取其精华，去其糟粕，批判继承，古为今用"，汲取有用的和合理的思想，剔除不适合我国实际和当今时代精神的部分，形成与我国新课程改革相适应的学生观。

(一)以学生为本，弘扬学生的主体精神

以人为本是科学发展观的核心。教育活动的对象是学生，教育活动中的以人为本就是以学生为本、以学生的全面发展为本、以全体学生的全面发展为本。以学生为本的学生观体现和遵从了学生的本质属性，将学生视为发展中的人。在教育活动中，教师应坚持以学生为本：首先，必须以学生为教育活动的出发点。教育者常常会把自己放在主体地位，而把学生放在客体地位。学生接受教育仿佛不是出于自己的需要，而是为了满足教育者的要求。然而，人类的教育活动之所以成为必要，是因为人有受教育的需要。换句话说，教育是学生自己的需要，而外界不应把教育强加给学生。学生作为成长中的人，必须依赖于教育才能发展、成长。既然教育是为人而存在的，为学生而存在的，学生当然就是教育的出发点，教师当然要把学生放在主体地位上。教育者的作用是引导学生成长。其次，必须以促进学生全面发展为目标。教育为学生的成长需要而存在。学生的成长需要是多方面的，学生作为人，是身与心、个人与社会的统一体。既然学生的成长需要是多方面的，教育就应当全面满足学生的成长需要。以学生为本，就必须以促进学生的全面发展为目标。最后，教师必须面向全体学生。以人为本思想中的人是全体的人，而不是其中一部分人。教育需要满足所有人的需要、所有学生的需要，而不是一部分人、一部分学生的需要。在教育活动中，以学生为本也不是以一部分学生为本，而是以全体学生为本。

呼唤人的主体精神是时代精神中最核心的内容。人的主体性，根本在于人的发展需求。学生的主体需求，既是根本需求也是发展需求。在教育活动中，学生有学习的需求，能够把学习的内容作为自己的认识客体，从而使自己成为认识主体。主体性是学生内在的属性，是与生俱来的，而不是后天赋予的。教育的本质是通过发展和提高学生的主体性，使学生逐步由自然人转变为社会人。在很多情况下，不是学生不积极、不主动，而是教师压抑了学生的主体性。承认并尊重学生的主体性，是落实素质教育、面向全体学生、让学生全面而主动地得到发展的前提。教师要尽最大努力去唤

醒和激活学生的主体意识，弘扬学生的主体精神。

(二)永不放弃，相信每一名学生都有发展的潜力

学生是不成熟的人，是成长中的人，发展是学生的必然。从本质上看，学生处于人生发展的特定阶段，具有很强的不稳定性和可塑性。加德纳的多元智能观认为，每个学生都有自己的优势智能领域，有自己的学习类型和方法。陶行知说过，你的教鞭下有瓦特，你的冷眼中有牛顿，你的讥笑中有爱迪生。学生的身心发展迅速，潜藏着各个方面发展的可能性，具有极强的可塑性。教师应该相信每个学生都具有某一方面或几方面的发展潜力，只要为他们提供合适的教育，每个人都能成为社会所需要的不同类型的人才。教师要持一种乐观的学生观，充分相信学生，从多方面、多角度全方位认识和评价学生。学生的"聪明"没有统一的标准，每个学生都是人才，都有极大的潜能，就看教师如何去挖掘和培养。永远不要对学生说"你不行"。人的想象力、创造力和社交能力是无法用考试分数来衡量的，人生数年，也不是在学校读书的那几年可以决定的。同时，每个学生都有获得发展的需要，都有进步的渴望，有得到他人认同和赞扬的欲望，这为教师教育的成功提供了契机。

(三)承认个别差异，尊重每一名学生

每个学生由于遗传素质、社会环境、家庭条件和生活经历的不同，而形成了个人独特的心理世界，他们在兴趣、爱好、动机、气质、性格、智能和特长等方面是各不相同、各有侧重的。独特性是个性的本质特征，珍视学生的独特性和培养具有独特个性的人，应成为我们对待学生的基本态度。独特性也意味着差异性，差异既是教育的基础，也是学生发展的前提。教师应尊重学生的差异性，使每个学生都在原有基础上得到完全、自由的发展。

从个人的全面发展看，发展有不同方面，譬如有德智体美劳不同方面，必须承认人的各个方面的发展有发展水平的不同。这里的个人发展的全面性，同个人发展各个方面的差异性，应当是辩证统一的。人的全面发展，要求每一个人在德智体美劳各个方面都得到发展，但人的不同方面的发展并不能以同样的水平来要求。人的全面发展，不是人的各方面平均发展、均衡发展。承认不同学生在不同方面发展的不同可能性，也是人的全面发展的要求。一个学习成绩不突出的学生，可以懂得关心体贴人；一个并不特别擅长审美的学生，可以有高超的劳动技能；一个身体运动技能有欠缺的人，可以有较强的语言表达能力；等等。教师必须认识并尊重这种差异，根据每个学生的发展潜力评价其当前的发展水平，对每个学生的长处和短处做到心中有数，使各种类型的学生都得到关注和尊重，都获得应有发展。在一位优秀教师的眼中，学校中没有"差生"，只有学习有困难的学生。教师要承认学生差异，尊重学生差异，促进学生之间的相互理解和尊重。在教育教学过程中要讲究方法，善于抓住学生的闪光点，因材施教。

第三节 师生关系

学校有各种各样的人际关系，包括领导与教师、领导与学生、学生与学生、教师与学生等多层次、多角度的关系组合。师生关系是学校中最基本、最重要的人际关系，它在学校所有的人际关系中居于主导地位，贯穿于教育教学的始终。良好的师生关系能保证教育工作的顺利进行，促进学生素质的全面发展。因此，教师应把建立良好的师生关系当作重要的任务。

一、师生关系的含义及作用

(一)师生关系的含义

师生关系指教师与学生在教育教学过程中，通过相互影响而形成的一种特殊的人际关系，它渗透在知识传授、班级管理、个别教育和学校活动等各方面。师生关系是人与人之间的关系在教育领域中的反映，是社会关系的一个组成部分。它受到社会关系的制约，不同的社会制度会产生不同性质的师生关系。师生关系是表现在教育过程中，围绕着一定的教育目标而产生的，因此又受到教育规律的制约。

和其他人际关系相比，师生关系呈现出以下特征。

1. 教师主导性

从教育构成要素来看，师生关系是一种教育者与受教育者之间的关系。从班级管理来看，师生关系是一种领导者与被领导者之间的关系。教师作为教育者和领导者，在师生关系中起着主导作用，其素质和态度在很大程度上决定着师生关系的状况。

2. 角色规范性

师生关系是教育教学制度所规定的角色关系，双方都不能自由选择。教师和学生的角色都有相应的权利和义务，都有相应的角色规范。基本的规范是教师必须热爱学生，而学生必须尊敬教师。师生关系正是建立在这种角色规范的基础上的，这就决定了它不如同伴交往那么自由和随意。

3. 需要互补性

从需要上来讲，师生关系具有需要互补性。面对学生，教师有教的需要，他们的根本任务就是教学生，他们会因为没有教的机会而烦恼和遗憾，更会因为没教好而懊悔。面对教师，学生有学的需要，满足求知的需要是大多数学生跨入校门的动因之一，他们往往因学得不多和学得不好而惶惑不安。教师有责任教好，学生有义务学好，正是这种需要互补性，推动着教师和学生关系的发展，使之越发紧密。

4．面向集体性

师生关系是一种与学校和班级联系在一起的关系，这种关系是以集体为纽带建立起来的。这就要求教师在建立师生关系时要有集体观念，一视同仁，不偏爱，不歧视，不能因和某几个学生过分亲密而疏远了其他同学。

(二)师生关系的作用

1．教育作用

师生关系本身就是一种教育力量，教育教学过程能否顺利进行，教育教学效果怎样，都直接受到师生关系的影响。在和谐融洽的师生关系中，学生对教师尊敬、亲近，教师对学生关心、爱护，师生就会默契配合，学生在品德、智力上都会得到发展。师生间的互敬互爱，体现了社会的伦理道德和人与人之间的平等关系。在这种关系中，无论是教师还是学生，都会从中学会尊重，即尊重他人和自尊自爱，同时体会到受他人尊重的愉快感受，这必将为师生带来积极的教育影响。

2．激励作用

和谐的师生关系的建立，可以使师生从中得到激励，使教师感到自身存在的价值，体会到工作的幸福感，从而增强工作的责任感、荣誉感，坚定献身教育事业的信念；使学生感受到师爱的温暖，感受到教师的殷切期望，使学生对爱、关心和尊重的需要得到满足，并转化为奋发向上的动力。在教师的激励下，尽管学习有时是枯燥无味的、紧张的，学生也会全力以赴地去学习。

3．调控作用

师生关系对教育、教学及学校管理等方面具有调控的功能。融洽的师生关系将使学生乐于接受教师的教学、管理的方式和内容，使教育过程顺利进行，俗话说"亲其师，信其道"。相反，师生关系的障碍必定会给教育过程带来极大的阻碍，影响教育的效果。因此，师生关系直接或间接地调控着教育教学的运转。

二、良好师生关系的表现

在良好师生关系下，教师和学生在人格上是平等的，在交互活动中是民主的，在相处的氛围上是和谐的。良好师生关系的核心是师生心理相融，互相接纳，形成师生互动的、真挚的情感关系。它的宗旨是本着学生自主性精神，使学生的人格得到充分发展。良好的师生关系应该体现在两方面：一方面，学生在与教师相互尊重、合作、信任的过程中全面发展自己，获得成就感与生命价值感，获得人际关系的积极实践，逐步实现自由个性和健康人格的确立；另一方面，教师通过教育教学活动，让每个学生都能感受到自主的尊严，感受到心灵成长的愉悦。

(一)相互尊重，民主平等

这种平等表现为人格平等，双方没有上下、高低、尊卑之分，是价值平等的主体，拥有同样的交往自由和权利，都有表达自己思想和意志的权利与机会。教师不应依靠自己的权威强制性地灌输自己的思想迫使学生接受，而应与学生共同享受知识。师生之间只有平等相处，才能摩擦出智慧的火花。师生的平等是教育活动的基础和出发点，只有师生处于平等地位，才能相互尊重，才能更好地相互影响，从而使师生的精神世界得到升华。教师要创设一种民主平等的班级氛围，使学生有话敢说，真实地暴露自己的思想和情感；教师要允许学生质疑教师，怀疑教材；教师要谅解学生的失误和过错，宽容顽皮淘气的学生；教师要保护学生的创造性想象，对学生的奇思异想不冷嘲热讽；师生之间应彼此尊重欣赏，相互悦纳，对彼此出现的错误、不足等保持最大限度的宽容、理解和接受。

(二)相互启发，合作对话

在合作对话的师生关系中，教师和学生以完全平等的地位、真诚信赖的态度协同开展教育教学活动。学生在相互启发、合作对话的氛围中充分发挥主动性和独立性，使学习在高投入、高效率的状态下进行。教师不再作为知识的占有者和给予者，而是通过合作与对话启迪学生的智慧。对话的本质不是将一种观点强加于另一种观点之上，而是改变双方的观点。在教育教学过程中，教师与学生通过合作对话分享彼此的思考、经验和知识，交流彼此的情感、体验与观念，丰富教学内容，互相启迪，求得新的发现。

在对话情境中，双方应互相接纳、互相理解。教师通过与学生的对话而施教。学生在合作对话过程中能够充分地发挥自己的主动性，形成主体意识，而非被动地接受教育。

(三)师生互动，共同成长

师生互动、共同成长是师生关系的亮点。在这种师生关系中，教师不仅仅是传授者，学生在被教的同时也反过来教育教师，教师和学生在教育生态系统中共同展现着自身的生命价值，在充分发掘自己的生命潜能的过程中共同生长、共同进步。互动型师生关系拉近了师生之间的距离，增强了学生对教师的信任感，使学生成为教育过程的积极参与者，教师和学生之间形成共生、共存、共进步的共同体，互相学习、教学相长。新课程强调，教师是学生学习的合作者、引导者、参与者，教学过程是师生交往、共同发展的互动过程。教师和学生共同体验和分享教育中的欢乐、成功、失望和不安，在相互适应的基础上使认识不断得到深化、情感不断得到升华、意志不断得到锤炼。

三、良好师生关系的建立和发展

良好师生关系的建立和发展受多种因素制约，但就教育内部而言，主要取决于师生双方的共同努力。由于教师工作的性质和特点，在师生关系的建立中，教师起着主导作用。教师要做到以下几点。

(一)改变观念，树立正确的学生观

教师要改变观念，树立新的教育教学理念。教师不是圣人、知识的占有者、思想的传播者，而是学生的引导者，不应低估、漠视学生的主体性和独立学习能力，不应忽视、压制学生对于独立的需求。教师要充分肯定学生的主体性，相信和尊重学生，用发展的眼光看待学生，真正把学生当作共同学习的探讨者、合作者。

(二)了解和研究学生

了解和研究学生是教师教育教学工作的起点，也是建立良好师生关系的基础。教师应了解学生个体的思想意识、道德品质、需要、兴趣爱好、特长、性格特征、学业状况、成长经历、家庭环境，以及班集体的特点及其形成的原因等。教师要与学生友好交流，必须了解和研究学生，必须经常深入学生的学习、校内外生活，与学生广泛地接触，了解他们的内心世界、思想动态，只有这样才能与学生进行换位思考，有效地理解学生，耐心地听取学生的意见，才能有的放矢地对学生进行帮助和教育，使学生感受到教师对他们的支持与认可，从而得到学生的拥护和爱戴。

(三)营造有效沟通的心理氛围

任何一种人际关系的建立，都需要积极的沟通过程，师生关系也不例外，良好的师生关系源于师生之间的沟通与交流。从某种意义上说，教师与学生关系的多层次性，使他们之间的沟通更加复杂，容易因理解问题的角度不同而产生冲突。教师要搭建沟通的平台，营造有效沟通的心理氛围，掌握沟通的技巧并教会学生学会有效沟通。师生之间的沟通话题除了学习以外，还应该包括思想、心理、课余生活、个人爱好、家庭背景等方面。也就是说，教师不能只关注自己的课堂教学，还应该关心学生成长的过程。如果师生之间有更多的共同话题，无形中就有了更多沟通与交流的机会。随着时间的推移、师生间沟通内容的深入，师生之间的情感自然就更加深厚。

(四)尊重、热爱学生，公平对待学生

在教育教学活动中，教师与学生承担的任务不同，扮演的角色不同，享有的权利不同，但他们的地位是平等的，都具有独立的人格，拥有平等对话的权利。许多调查表明，现代的学生都喜欢朋友式的教师，有才、乐观、宽容、公正是他们所认同的教师品质。尊重学生，就是尊重学生的人格和个性。任何讽刺挖苦学生、歧视侮辱学生、体罚或变相体罚学生的行为，都是不人道的。如果不把学生当作一个有独立人格

尊严、有为人权利的人来看待，而是损害或践踏他们为人的尊严和权利，就不可能建立良好的师生关系。教师只有热爱学生，才会受到学生的爱戴。

（五）提高自身素养，完善人格

教师自身的素养是影响师生关系的重要因素。教师应提高自身素养，用专业知识、人格魅力吸引学生。随着学生自我意识的发展，学生对教师素养的要求越来越高，他们在意教师的知识层次和教育教学水平以及人格魅力。教师必须与时俱进，用发展的眼光看待自己，不断充实和提高自己，实现自身的持续发展，用专业素质和人格魅力吸引学生。许多调查研究发现，学生对教师的喜欢与其教学能力有很重要的关系，同时，教师在教学和日常交往中表现出来的认真负责、坚持真理、刚正不阿的人格，不仅会给学生带来潜移默化的影响，而且会使学生信服他、敬重他，从而愿意亲近他。因此，教师必须加强学习，积极完善人格。

思考与应用

请阅读以下案例，分析该教师的做法。

班里转来了一名女同学。她走进教室的时候，学生们先是惊讶地面面相觑，而后捂住嘴埋下头"嗤嗤"地笑了起来，因为那个女孩只有几绺稀疏的头发。女孩惨白着脸，像只受惊的小鹿，手足无措地找到自己的座位。接下来的几天，一些学生把这个女孩当作了笑料。教师看在眼里，记在心上。教师通过主动与女孩接触，发现这个女孩不仅心地善良，而且手特别巧。女孩是因为生过一场大病才变成这样的，她的父亲也离家出走了。后来，教师通过让女孩办黑板报，让大家见识了她漂亮的美术字和潇洒的图案设计，通过鼓励她参加手工比赛，让大家发现了她精美的剪纸艺术，通过主题班会，引导学生理解什么是真正的关怀。学生们逐渐都喜欢上了这个女孩，而且发现女孩原来有一双很大很美的眼睛。女孩的脸上从此有了快乐、自信的笑容。

推荐阅读

1. 刘献君：《论"以学生为中心"》，载《高等教育研究》，2012(8)。
2. 李培根：《让学生自由发展——也谈教育的目的》，载《高等教育研究》，2010(11)。
3. 孙杰远：《论学生社会性发展》，载《教育研究》，2003(7)。
4. 林毓锜：《学生自主学习与相关教学思想》，载《高等教育研究》，2006(12)。
5. 庞维国：《论学生的自主学习》，载《华东师范大学学报（教育科学版）》，2001(2)。
6. 朱旭东：《教师教育标准体系的建立：未来教师教育的方向》，载《教育研究》，2010(6)。

7. 石中英:《全球化时代的教师同情心及其培育》,载《教育研究》,2010(9)。

8. 朱旭东:《论教师专业发展的理论模型建构》,载《教育研究》,2014(6)。

9. 刘献君:《高校教师聘任的制度设计——基于学术职业管理的研究》,载《高等教育研究》,2008(10)。

10. 王坤庆:《关于大学教师课堂教学风格的探讨》,载《高等教育研究》,2008(10)。

11. 顾明远:《高等学校的教师也要学点教育学》,载《高等教育研究》,1983(2)。

12. 龚放:《大学师生关系的现状必须改变》,载《高等教育研究》,1987(1)。

13. 徐继存:《面向现实教学活动的师生关系建设》,载《教育研究》,2005(1)。

14. 周光礼:《转型期中国师生关系的重构:变革及其规制》,载《教育理论与实践》,2007(13)。

15. 孙喜亭:《也谈教学中的师生关系》,载《教育理论与实践》,2000(10)。

16. 王枬:《论教师的仁爱之心》,载《教育研究》,2016(8)。

第十章
教育研究及其方法

学习目标

　　1. 了解教育研究的含义、特征、类型和过程。

　　2. 掌握教育研究的基本方法。

本章导读

　　本章主要探讨的是教育研究及其方法。本章揭示了教育研究的含义、特征、类型和过程，阐明了教育研究的基本方法，探讨了影响教育研究发展的因素及其作用。

本章知识结构图

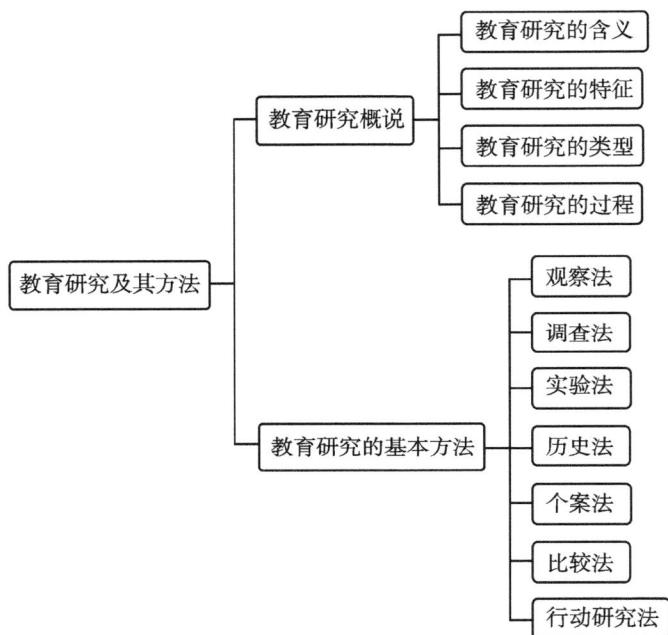

核心议题

　　1. 研究方法的功能与价值

　　研究方法是学术研究必不可少的要素，是通向研究问题解决之路的桥梁，是所有学科知识不断积累和发展的重要保障。研究方法是学术共同体为研究者分析问题和解决问题所提供的最重要的工具之一。所谓"工欲善其事，必先利其器"，研究者从事学术研究的前提之一是必须学习研究方法，学习研究方法是所有研究者的必修课。总之，对学术研究来讲，"方法不是万能的，但没有方法是万万不能的"。

　　2. 研究方法的层次与类型

　　研究方法中的方法是复数而非单数。研究方法有层次和类型之分。研究方法是一个包含本体论、认识论、方法论和价值论的信念复合体，是一个集合了各种研究规范的程序综合体，也是一个容纳各种类型研究工具的工具箱。信念复合体对应的是方法论，程序综合体对应的是具体方法，工具箱对应的是技术手段。定量研究、定性研究是常见的研究类型，也是常用的研究方法。定性研究又可细分为民族志研究、扎根理论研究、案例研究等。常用的研究方法还有历史研究法、比较研究法等。这里的重点是区分具体的方法和搜集资料的手段。不同的方法可以使用同样的技术手段，如民族志研究、扎根理论研究和案例研究都会通过访谈与观察来搜集材料。

3. 研究方法的选择与应用

正确使用研究方法是任何研究者都必须具备的一项基本能力。研究方法没有好坏之分，没有任何一种研究方法能够解决所有问题。研究方法和研究问题紧密关联，有什么样的研究问题就要选择使用什么样的研究方法，这就是研究方法的适切性。当然，研究问题和研究方法之间不是机械的对应关系，一个问题可以采用多种方法进行研究，一种方法也可以用来研究不同的问题，学会使用研究方法的标志是活学活用。学会使用研究方法的途径有很多，除了阅读有关研究方法的论著外，最重要的就是实践，只有在实践中不断练习，研究方法才会焕发出真正的生命力，研究者才会让研究方法真正为其所用。

第一节 教育研究概说

教师的研究必须走在教育的前面，因为教师乃"传道、授业、解惑"之人。道之未闻，业之未精，惑之不解，岂可为人师，又岂能为人师。可以说，离弃了教育研究，教师就很难成为合格的教师，更不用说成为良师和名师了。因此，对于教师来说，研习教育研究方法以提高科研素养甚是必要。

一、教育研究的含义

教育研究，即教育科学研究，是通过各种科学方法，揭示教育现象的本质及其客观规律的活动。教育研究是教育学科自身发展的基本途径。教育研究离不开教育理论的指导。教育研究即用教育理论去研究教育现象、探索教育规律、总结教育经验，这可以从以下几个方面来理解。

教育研究的目的是揭示教育现象的本质及其客观规律，建立科学的教育科学知识体系，指导和改革教育实践以提高教育的理论和实践水平。

教育研究的内容是探索教育领域中的未知，解决前人没有解决或没有完全解决的教育问题，因此教育研究是一种创造性的实践活动。

教育研究的过程是为了达到教育目的所进行的一系列探索活动过程，整个研究过程按步骤、分阶段进行，有一套严格而系统的操作原则和程序。

教育研究的手段是运用各种科学方法去认识和解决教育问题，方法选择和使用的正确与否是教育研究成败的关键。

二、教育研究的特征

教育研究与任何事物一样都具有其特殊性。认识和掌握教育研究的特点是教师开展教育研究的基础和前提，有助于教师全面地认识教育的本质和规律，深刻地了解和进行教育研究。教育研究除了具有一般科学研究的继承性、创新性、系统性、客观性特征之外，还具有以下特殊性。

(一)综合性

教育问题都带有一定程度的综合性，研究者要着手解决的任何一个方面的问题，都不能将其单一地归结为理论问题或实践问题、历史问题或现实问题。例如，素质教育问题既涉及教育目的、教育制度、教育思想观念、教育价值等一系列理论问题，又牵涉教育内容选择、教育方法实施、教育技术应用等实践问题，同时还受到历史传统文化的影响以及现实社会条件和诸多因素的限制。可以说，几乎所有教育问题，都不是单一性的而是综合性的。

(二)复杂性

教育活动具有复杂性、不确定性，因而教育研究的论证呈现出非线性，并遵循各种不同的技术和逻辑线路。具体而言，教育问题来自复杂的人类系统，涉及的因素多，关系复杂，因此教育研究具有复杂性。例如，中小学教育研究的对象是中小学生及其教育，这些教育问题牵涉社会各行各业、千家万户、男女老少，形成了多因素的广泛联系。再加上人们的愿望、价值观念的参与，教育处于一种复杂的因果关系之中。我们在做归因分析时，不得不以复杂的眼光和头脑去思考每一个教育问题。

(三)实践性

教育研究来源于实践并指导实践，它针对的是教育工作中亟待解决的现实问题。这些现实问题很多难以在实验室进行研究，一般都是在教育教学实际情况中进行现场实验、在教育教学实践过程中进行研究的，以便将研究结果进行推广和应用。同时，教育研究的成果对教育实践具有指导意义，为教育实践、教育改革服务。实践—研究—再实践，这是教育研究发展的轨迹。教育研究必须理论联系实际，把科研工作置于理论与实践的结合点上。实践性是教育研究的一大特征。

(四)多学科性

教育现象是一种复杂的人文现象，教育系统是一个复杂的、多层次的开放性系统，只有基于不同学科观点和视角，运用不同的学科方法，全面和深入地研究，才能掌握教育系统的内外部关系和规律。在教育研究过程中，人文科学、社会科学、自然科学的各种研究方法都可以为其所用。事实上，教育研究需要多学科的理论与方法的指导。

三、教育研究的类型

(一)依据研究的目的划分：基础性研究、应用性研究、综合性研究

基础性研究以发现新领域、新规律，提出新观点、新学说、新理论为目的。一般周期比较长，研究成果具有普遍性和概括性，对实际工作具有较强的指导意义，往往对教育改革起到巨大的引领作用。基础性研究虽然不能解决具体问题或特定问题，但是它能为教育实际工作提供具有普遍性的指导。比如，关于教育本质、教学规律的研究，探讨什么是教育教学规律的本质体系等理论问题都对教育教学实际工作具有普遍的指导意义。又如，关于素质教育理论的研究就属于基础研究的范围，它研究的是素质教育的逻辑结构体系、素质教育模式等问题，可以很好地指导教育实践。

应用性研究指运用基础理论的研究成果解决教育工作中的具体问题的研究。它关注的是解决具体问题，是基础性研究成果的具体化、实用化。应用性研究着重研究如何把教育科学的基础理论知识转化为教育技能、教育方法和手段，使教育科学理论知识同实际教育教学衔接起来，解决实际问题。例如，小学生计算能力的培养研究运用儿童计算能力发展的一般规律来研究如何培养小学生计算能力。诸如课程与教法研究，成功教育和愉快教育研究，减轻学生负担、促进学生生动活泼全面发展的研究，提高学校德育实效性的研究，等等，凡是与教育教学的现实需要紧密联系的专题和学科研究都属于应用性研究。

综合性研究指在基础研究与应用研究的基础上，对研究成果做进一步推广以扩大影响，实现其价值的研究。它往往能将研究的成果与经验加以运用、推广和普及。

(二)依据研究对象划分：定性研究、定量研究

定性研究，也称质的研究，指通过历史研究、观察研究等各种方法对教育现象从性质上进行的研究，主要用于解释事物的内部规定性。定量研究，也称量的研究，指通过统计、测量等各种方法，对教育现象内外部关系进行量的分析和考察，寻找有决策意义的结论的研究。

(三)依据研究的功能划分：发展性研究、评价性研究、预测性研究

发展性研究主要用于探索教育发展和教育改革的策略，回答"如何改进"的问题；

评价性研究主要用于对两个或者两个以上活动的价值做出判断，回答"怎么样"的问题；预测性研究主要用于分析事物未来的发展趋势和前景，回答"将会怎么样"的问题。

(四)依据研究的内容划分：阐释性研究、综述性研究、创造性研究

阐释性研究是通过自己的教育实践对教育规律和理论给予叙述、解释或验证的研究，如暗示教学法在中学英语教学中的应用研究。综述性研究是把分散的、从各个不同角度讨论的观点综合起来，形成整体系统的观点和认识的研究，如国外教学改革趋势研究、国内外中小学课程改革比较研究等。综述性研究是对信息资料进行鉴别、加工、整理、分析，对教育现象进行高度概括和总结，既有系统的介绍、又有全面的分析并形成系统的结论的研究。创造性研究是利用已知的教育信息进行研究探索，形成新颖而独特的教育思想、教育理论和教育成果的研究。这是一种创新性的研究，对教育研究和教育事业的发展具有巨大的作用和价值。

四、教育研究的过程

教育研究是一个研究与实践的过程，是一个系统化的过程，它由一连串的具有因果关系的环节构成。了解和掌握这些环节能促使我们的研究科学化、规范化，取得更大的成效。教育研究的主要环节为发现与选择课题、文献的查阅、科研计划的制订、科研计划的实施、分析资料并得出结论、科研成果的评价。

(一)发现与选择课题

科研课题即研究题目，它是根据研究目的对研究对象的主客观条件进行分析而确立的研究问题。科研课题表明了研究的内容和范围，指向特定的研究对象，使研究的目的具体化。课题的发掘与选择对科研活动过程的组织与进行具有重要意义，选择与确定课题是科研工作的起点，也预示着研究的价值和水平，它是科学研究深入的关键，是整个研究过程中具有战略意义的首要环节。研究者只有在具备一定的水平以及掌握选题的知识和方法的前提下才能选好课题，在自己的研究领域内发现和提出一个有价值和意义的问题。

1. 课题的来源

(1)从教育改革的实践中发现问题

教育研究所要解决的主要是教育中的理论和实践问题，教育实践是教育研究课题的主要来源。教育实践中面临着许多需要研究和解决的现实问题，可以将其分为两类：一类是宏观领域的问题，即对教育的全局产生巨大影响的问题，如学制改革、课程设置、管理体制、发展规划等问题。这一类问题涉及的内容比较广泛，需要投入较多的人力、物力和财力，因此通常由国家教育主管部门组织专门的教育研究人员进行选题研究。另一类是微观领域问题，主要指教育某一具体方面或一定范围内的问题，

如素质教育、教学质量与效率、校本课程、教学改革、各科教学法、道德与情感教育、全面发展教育、家庭教育、教师素质与师资队伍建设等具体问题，日常观察到的问题也属于这一类课题。教师经常与学生接触，师范生通过实习也能接触到一些学生，这便可以从课堂和日常的观察中发现问题从而提出科研课题，如学生心理与健康、学习积极性等问题。例如，北京师范大学的孙瑞清在一所中学进行数学教学改革实验，发现不同学生解题的策略是不同的，进而研究学生的认知特点。一些师范生在实习中发现学生中存在一些心理问题因而对个别学生进行心理健康教育的个案研究。只要善于观察就可以发现许多值得研究的课题，只要经常观察、积极参与研究就可以提出更多的实际课题。

（2）从对教育理论和文献的分析中选题

古今中外的教育文献记载了大量的教育历史和教育理论，我们可以对现有的教育历史和教育理论文献进行分析、评价、验证，从中发现问题，提出新的课题。这些课题主要表现为以下几个方面。

第一，对已有的研究成果进行验证和研究，使其教育理论更加完善。我们需要以继承和批评的态度对已有的研究成果进行分析，吸收其精华，针对其不足提出新的研究课题，不论是对我国古代教育家和教育思想的研究，还是对外国教育家、心理学家的研究都应如此。例如，布鲁纳倡导的发现法能启发和培养学生思维，但是此法也有局限，因而引起人们进一步的研究和改进。美国小学科学教育专家兰本达教授由此提出了探究—研讨教学法，与之相近的教学法相继出现。又如，瑞士心理学家皮亚杰在《教育科学与儿童心理学》一书中指出，儿童的理智结构和道德结构和成人并不一样，因而，新的教育方法要按照儿童的心理结构以及其发展的各个阶段，用可以为不同年龄的儿童所吸收的形式，尽一切努力把教材教给儿童。针对我国不同年龄阶段儿童的认知结构如何发展，怎样根据儿童的认知结构匹配相应的知识结构的问题，刘范自1978年组织了全国儿童认知发展研究协作组，探讨了儿童认知发展等一系列问题，他们的研究就是对儿童认知结构理论的发展和完善。

第二，从学术观点的争论中提出新的课题。在各种理论的研究中，对于具体的问题，不同的研究者往往有不同的学术观点，我们可以从他们争论的焦点、理论的依据、所搜集的资料等方面去分析，发现研究的突破口。张人杰教授对教育界在教育与市场经济的理论探索的争论中进行了分析，找到了争论的焦点，参与了教育与市场经济衔接的一些难点研究和讨论。针对关于教育过程本质的探讨，张人杰教授从认识说、认识—发展说、双边活动说、哲学指导说等观点的争论中提出了认识—实践说的新观点。值得注意的是，探讨、研究这方面课题需要有一定的理论和知识基础。

第三，从不同学科的交叉点上找问题。在现代科学大综合发展的趋势下，各学科之间的交叉领域当中还有许多空白区，涌现出大量的值得研究的新问题。例如，研究者们以教育为研究的共同对象，运用多学科的理论与方法来研究教育：运用人类学的人种学研究方法来研究课堂、教师与学生，解决教育中存在的问题；运用生态学的理论和方法以及现代化手段研究儿童的亲子关系、同伴交往、青少年犯罪团伙结构等课题，使研究得到了有效的深化。

（3）围绕着科研规划选题

科研机构、学术团体、国家教育行政部门所制定的科研规划是课题的一个重要来源之一。国家、省、市等的教育行政部门根据国家改革开放和教育发展的需要，定期制定教育研究规划，提出教育研究的目标与任务。同时，各种研究学会、各种教育杂志会定期提出该领域需要继续研究的问题和前沿课题，我们可以根据自己的研究方向、主客观条件，选择适合自己并且能够胜任的研究课题。

2. 选题的原则

选题是一项思想性、科学性与实践性很强的复杂劳动。一个科学研究课题的确立必须经过严密的选择和严格的论证，并且科研人员、教育工作者在选题过程中必须遵循一定的原则。

（1）需要性

需要性是选题的一个基本的原则。需要性原则要求我们根据社会的需要、教育实践的需要、教育理论发展的需要以及现代技术发展的需要来选择课题，着重研究教育事业发展和改革中出现的重大理论问题和实践问题，使科研真正能够为教育改革和教育发展服务。

（2）科学性

科学性指选题必须有事实根据和理论根据，必须符合科学原理和教育规律。任何课题都不能凭空臆想、胡编乱造，必须有一定的根据。

一是有实践和事实根据。课题是以教育实践中的事实和经验为依据和基础的。比如，上海师范大学恽昭世关于"充分开发儿童智慧潜力"的研究课题是依据教育实践的一些弊端——课程、教材的结构不合理、教学中忽视因材施教、不能充分发挥学生的潜力等而提出的。

二是有科学的理论依据，即以教育科学的基本原理为依据，以科学的理论为指导。例如，"充分开发儿童智慧潜力"课题的理论依据是：现代生理学的研究认为人脑存在巨大的潜在能力，特别是儿童少年期是智力发展的迅速时期，此时，应通过合理的组织教学过程，提高其智力水平。科学的理论依据对选题起到定向、规范、选择和解释的作用，保证了选题的科学性。

（3）创造性

课题应新颖、独特、有创造性。创造性是科学研究的生命，也是教育研究选题的一条根本原则，而要提出有创造性的课题就必须对本领域的现状和发展有一定的了解。著名物理学家李政道提出"要跳到前线去作战"，这于教育而言就意味着要了解教育前沿阵地的作战情况，深入教育第一线。创造性原则要求我们对教育科学某些短缺和空白的研究进行补充填补，或纠正某些不正确的传统观点并提出与学术界不同的新见解，也可以对前人研究的不足之处从广度和深度上进一步探讨，在前人的基础上有所发展并使前人的研究成果更为丰富和完整。创新，既表现在内容上，也可以从新的角度出发，采用新的方法，另辟思路，推陈出新。

（4）可行性

可行性指课题能被研究，存在研究的现实可能性。这要求研究人员对主观和客观条件做出充分估计。教育研究的可行性包含三个方面。

一是客观条件，指占有的资料，需要的时间，现有的经费、人力、技术，以及理论准备等条件。有的选题脱离现实，如1958年有人提出"关于中国十五年内普及高等教育的对策研究"，这种选题看起来似乎从教育发展的需要出发，但由于不符合当时的国情，不仅做不到而且会导致实践的盲目性。

二是主观条件，这里指研究者本人原有的基础、知识水平、业务专长、能力、经验、兴趣等。科研人员在自选课题时，应从自身的条件出发，考虑自己的最优课题，以获得最大效益。

三是时机问题。课题的提出要讲究时机。提出过早，课题就攻不下来；提出过晚，又没有新意。什么时候提出研究课题，要看有关理论、研究工具和条件成熟与否。比如，杨丽珠在1983年设计了一个很新的课题——"大脑一侧优势"，考察人脑的潜能，但因缺少现代化的测定仪器而暂时搁浅。

课题选择总的来说要从实际出发，扬长避短，选择那些符合社会需要，在教育实践中既有意义又有价值、既新颖又能胜任的课题进行研究。

从选题程序看，从选题到定题还要经过一段活动过程，即初选—初探—立题—课题论证。首先是初选，即初步提出笼统的研究课题。例如：有的语文教师对提高学生作文水平感兴趣，想尝试观察范文教学对学生提高作文水平的效果，这是从自己的教学过程中提出的问题；也有一些课题是从他人的理论中获得启发而提出的，或者是从上级下达的科研任务中选择的。其次是初探，即对初选课题进行初步的探索，这需要查阅文献，了解有关课题研究的历史、现状、方法、手段及存在的问题，并分析课题的价值。再次是立题，即根据主客观条件定下具体研究课题。最后是课题论证，这一选题过程是整体科研过程中有机的一环，是课题研究成功的有力保证。

3. 课题的论证

课题论证指对选定问题进行分析、预测和评价。它能有组织地、系统地鉴别研究价值、分析研究条件、改良研究方法和完善活动方案，是科研选题中必不可少的环节，其目的是选准课题、避免盲目性。课题论证对课题研究价值的鉴定、研究方案的完善、科研工作的顺利进行、科研质量的提高等具有重要意义。

课题论证一般包括以下内容：课题名称，目的意义，理论依据，国内外研究水平和动向，准备采取的途径、方法、步骤，实施条件，预测结果，社会效益，等等。明确了这些，有利于准确选题。

(二)文献的查阅

查阅文献是教育研究过程的必经阶段。研究者应该对与课题有关的文献进行认真的查阅，这是教育研究取得成功的保证。

1. 文献的种类

一般文献可分为三个等级：一次文献(专著、调查报告、档案材料等)，二次文献(题录、书目、索引、提要和文摘等)，三次文献(动态综述、专题述评、进展报告、数据手册、年度百科大全以及专题研究报告等)。

文献检索的方法有：顺查法、逆查法、引文查找法(又称跟踪法)、综合查找法。

2. 查阅文献

查阅文献的目的和作用主要在于以下几方面。

(1)了解课题的研究现状，寻找突破点

研究者经过初步的查阅活动确定了课题，仅仅对课题在某领域的地位有了概貌性的认识，其后还要进行广泛而深入的查阅，了解该课题研究的深入程度及发展方向。充分掌握有关资料，知道哪些没有做、哪些该做，就有了确定课题的依据，也避免了重复研究。同时，还需要对所要研究的课题做系统的评判性分析，找准自己研究的突破点。

(2)对他人研究思路和方法进行学习和借鉴

他山之石，可以攻玉。查阅文献可以帮助研究者了解他人的研究思路、研究方法和步骤，以便从中汲取经验、吸取教训。

查阅文献应遵循一定的程序，即文献查找—浏览—精读—记录—整理。研究者要学会查图书目录和报刊索引，从中找到与课题有关的书籍、论文等资料。阅读时可先浏览，找出重要的资料，接着对重要的资料进行精读，精读后对重要的资料进行记录和分类整理。

3. 提出研究假设

在查阅文献的基础上提出研究假设。在科学研究过程中，研究者在选题和查阅文献后会对研究课题的结果及达到目的的途径、方法形成一种假定性的设想，这就是研究假设，也称科学假设，简称假设。所谓科学假设，就是根据一定的科学原理和事实材料，对研究现象的结果或规律提出的假定性的解释和设想。例如，某位教师想探讨解题思维策略训练与小学生解应用题能力的关系，根据教学经验设计用六种解应用题的方法来训练学生后，提出"专门、系统地进行解应用题思维策略训练可以提高小学生解应用题的能力"的假设。假设是有一定根据的推测，但还不是确切的可靠的理论认识，有待实践的检验。假设是推测性和科学性的统一，是确定性和不确定性的统一。假设在教育研究中具有重要的作用，主要表现在以下几方面。

(1)假设是由事实经验到新理论的桥梁

从某种意义上讲，科学的发展是从提出假设开始的。人们在教育实践中，积累了大量的事实和经验材料，但还不能说明问题，这时提出假设能使人们把已有的事实材料有机地联系起来，揭示材料所体现的规律性。科学研究的过程就是验证假设的过程，教育研究中绝大多数实验、观察活动的目的都是检验一个假设是否正确。当假设被验证，新的观点或理论就建立起来了。研究者不断地提出假设，验证假设，提出新假设，再验证，从而推动教育科学得以不断前进和发展。

(2)假设能明确研究方向，指导科学研究

教育科学假设提出来以后，研究者围绕假设来设计研究方案、制定研究程序以及搜集资料，对假设进行否定、证实或完善。具体、明确的假设可以指导科学研究，能指导如何去研究解决问题，能使研究方向和研究内容更明确。

(三)科研计划的制订

科研计划有五大部分，即为什么要研究、准备研究什么、怎样研究、成果形式、其他有关内容。为什么要研究指向研究题目、研究的目的意义，准备研究什么指向研究的对象、研究的范围和内容，怎样研究指向研究的方法和途径，成果形式指向研究的结论或成果用什么形式来表示，其他有关内容指向研究组的成员、设备、条件及经费预算等。概言之，制订研究计划是实现研究目的的前提。一般研究计划的内容大致包括课题依据、研究目标、研究内容、研究步骤、主要研究方法、预期成果、研究保证措施等。

(四)科研计划的实施

这一阶段的任务是根据计划开展研究活动，搜集有关的事实材料。实施过程中应贯彻教育研究的基本原则，严格执行教育研究方法的操作程序、步骤和要求。

搜集资料要带着明确的目的性，搜集对研究课题有研究价值的资料。整理资料时，要注意方法，根据不同性质的资料，合理选用不同的科学方法，做理性的加工处理。

(五)分析资料并得出结论

整理分析资料时应去掉错误的、有缺陷的资料，保证资料的可靠性和有效性，然后进行分门别类、排列组合。按材料的纵向与横向联系、性质与类型等进行整理分类，使材料系统化，在此基础上就可以进行定性分析和定量分析，从而得出结论。推演结论的过程就是对资料进行统计分析与逻辑分析，从而验证假设、获得结论的过程。

任何一个教育研究工作者都应该及时总结成果并得出结论。撰写研究报告的过程是研究者选择适当的形式将研究过程及研究成果明确地表达出来的过程，研究报告是研究成果的书面表达形式。人们通常把表达科学研究成果的学术性文章称为研究报告。一般来说，研究报告依次包括：题目、问题的提出、研究方法和研究对象、研究结果的分析、研究结论、讨论和建议、附录。

(六)科研成果的评价

教育研究成果的评价处于整个研究过程的逻辑终点上，是教育研究过程的一个重要环节。科研成果的评价方式是多种多样的，主要有研究者的自我评价、同行专家评价和教育行政部门评审等。

从科研管理的角度看，一个完整的研究过程必不可少的环节是评价，即对课题进行评估和认定。评价包括课题验收和成果评奖等形式。课题验收即根据课题计划来衡量成果是否达到预期的目标，成果评奖即根据一定的标准来评价课题成果。评价的意义在于促进教育研究的广泛开展和科研水平的有效提高。

同时，通过评价可以确定某一课题的研究是否值得推广。科研成果推广的目的是将科研成果广泛介绍，使之应用于实践，以提高教育质量和效益。

第二节 教育研究的基本方法

任何科学研究除了要应用哲学方法和一般科学方法之外，都还要有具体的研究方法和技术手段。例如，比较两种教学方法的实验研究，可以采用实验法，辅之以测量法对实验效果进行比较，也可以采用问卷调查法对实验效果进行比较。现状研究、发展研究应使用调查法，根据情况需要还应配合以文献法、历史法。心理健康问题，可先用测量法来了解学生的心理健康状况，而后实施心理健康教育，这时可采用行动研究法，也可用教育经验总结法。在选择研究方法时，应注意以下三点：第一，所选择的方法应适合并有利于研究问题的解决；第二，教育研究方法的选择应考虑教育实际情况、研究者能力和各方面的条件；第三，注意针对研究问题的需要进行多种研究方法的合理的综合运用。

下面就教育研究中常用的基本方法及其应用做简要的介绍，以便研究者根据实际情况选择与应用。

一、观察法

观察法指人们有目的、有计划地通过感官和辅助仪器，对处于自然状态下的客观事物进行系统考察，从而获取经验事实的一种科学研究方法，也可以说是通过研究者的直接感知、考察与记录获取信息材料，从而进行研究的一种科学研究方法。研究者不仅要用眼睛看、用耳朵听，而且还需要借助拍照、摄像、录音等，要注意观察特定的教育现象与环境因素，要有严密的观察程序和确定的记录单位，要认真搜集研究对象活动的资料，以全面获取周围的信息。

观察法是教育科学研究中广泛使用的最基本的研究方法，在搜集资料方面具有不可替代的作用。它的优点在于能够系统、高效地获得大量的、真实的第一手观察资料，而且观察和记录简便，其观察结果便于系统地定量处理和对比分析。它的缺点在于难以控制可能影响观察对象的外部因素，对观察设计人员和观察者的理论和技术水平要求较高，同时观察和记录过程程序化，缺乏灵活性。

观察法有很多类型，在教育科学研究中，常常需要把几种观察法结合起来，才能获得有价值的观察资料。

(一)观察法的类型

1. 自然观察法和实验观察法——依据观察的情景条件

自然情境中的观察能搜集到客观真实的材料，材料往往是观察对象的外部行为表现。实验室中的观察有严密计划，有利于探讨事物内在因果联系。

2. 直接观察法和间接观察法——依据观察的方式

直接观察是凭借人的感官，在现场直接对观察对象进行感知和描述的一种观察方式，直观而具体。间接观察是利用一定的仪器或其他技术手段作为中介对观察对象进行考察的一种观察方式。

3. 参与观察法和非参与观察法——依据观察者参与活动的方式

参与观察法指研究对象在自然的状态下，研究者参与到某一情境中对研究对象进行观察的一种观察方式。非参与观察法不要求研究人员站到与被观察对象同一位置上，而是以旁观者身份，可采取公开的方式进行观察，也可以采取秘密的方式进行观察。

4. 结构性观察法和非结构性观察法——依据观察内容的设计

结构性观察是有明确目标、问题和范围，有详细的观察计划、步骤和合理设计的可控性观察，有利于获得翔实的材料。非结构性观察是观察内容项目与观察步骤不预先确定，亦无具体记录要求的非控制性观察。

(二)观察法实施的步骤

第一步，事先做好充分的准备，制订观察计划。

第二步，按计划进行实际观察，并做好记录。

第三步，及时整理和分析观察记录，得出结论。

二、调查法

调查法是通过各种科学的方式和手段(如访谈、问卷、测验等),有目的、有计划地对教育问题进行系统研究的方法,是教育研究常用的方法之一。使用调查法的研究者需要以正确的理论与思想为指导,通过个别访谈、开座谈会、问卷调查以及测验等手段,有计划地进行调查,并在掌握大量材料的基础上,进行综合分析,从而得出科学结论,以指导教育实践。

(一)调查法的基本特点与类型

教育调查的基本特点表现在以下几方面。

第一,调查研究基本上不受时间空间的条件限制,调查可以在教育现象发生的同时或现场进行,也可以事后或在另外的场所进行。

第二,不干涉研究对象的正常活动。

第三,搜集数据速度快、效率高、手段多样化。有些数据可通过一次调查或测验完成,访问、访谈、问卷、测验、评价等方法都是调查的有效手段,并且实施方便。

教育调查根据不同的划分标准可分为不同的类型。比如:根据课题的性质和研究的目的,可划分为现状调查、关系调查、发展变化调查、原因调查;根据调查的内容,可划分为事实调查和意向调查;根据调查的规模,可划分为全面调查、抽样调查、重点调查和典型调查。

(二)教育调查的程序与步骤

第一,明确调查的问题,对调查的问题进行阐释,明确目的与任务。

第二,进行文献查阅,了解这一问题研究的现状、方式、方法、研究成果和价值等,以便为研究者提供参考和借鉴,加深其对研究问题的认识。

第三,确定调查对象、调查范围和调查地点,选择相应的调查类型和调查方式。

第四,拟订调查计划或谈话计划。计划是调查工作的程序与安排,它包括对课题及调查目的、调查提纲的构成及使用方法、调查地点及时限、日期安排、课题组成员与分工、调查报告完成日期等问题的书面说明,是指导调查人员实施调查的文件。

第五,访谈提纲或问卷的编制。此处主要介绍访谈提纲的编制要点:问题的先后顺序应注意从易到难、先简后繁,问题间的自然转移与过渡、措辞,规定资料的分类与记录代码,等等。在制定好访谈提纲或问卷后,应先预访谈或预测,目的是去掉不理想的题目并修正一些题目。

第六,实施调查。按照调查提纲的要求开展调查活动,调查材料应力求真实、客观、典型并具有横向可比性。

第七,对调查获得的资料数据进行整理,即把材料分类处理,使材料系统化后进行分析。通过调查得到的材料可分为两种类型:一是文字性材料,二是数字性材料。

对于文字性材料，分类后要进行合理、全面的概括，进行逻辑分析和定性分析。对于数字性材料，可以以直观的统计图或表格表示，或以百分数等相对统计量来说明，也可以运用计算机进行统计处理。

第八，研究者根据调查提供的信息进行定性分析与定量分析，推演出相关的结论并撰写研究报告。

(三)调查问卷的编制

1. 调查问卷的结构和类型

问卷的一般结构是标题、指导语(或前言)、调查对象的自然状况、问卷题、结束语。

指导语或前言是对研究的目的、内容的简要说明，旨在激发调查对象填写问卷的热情，使其消除顾虑并愉快地协助调查工作的开展，同时还应指导调查对象如何填写问卷，有时应附有例题以帮助调查对象理解。指导语应简洁明了，用词恰当，便于理解。

问卷的类型主要有开放型、封闭型、综合型。开放型是在问卷上只提出问题，不列出答案，让被试自由回答，如"你对学校所学的科目感兴趣吗"之类的问题。封闭型的问卷不仅仅要提出问题，还要提供可选择的答案，限制回答的方向和数量，让被试在答案中选择。比如，调查中学教师的职业态度，可提问"你喜欢你周围的学生吗"，并列出五个答案——一点也不喜欢、不太喜欢、说不清、比较喜欢、非常喜欢，让调查对象挑选其中一个答案，然后搜集资料进行统计分析。综合型问卷是开放型与封闭型的综合。

开放型有利于搜集较多的信息，但它难以预料回答的结果，不利于定量分析，所以往往用于调查前的预测性研究。封闭型有一定的严密设计，结构明确，问卷标准化，便于统计和分析，但缺乏灵活性，研究者很难发现新的问题。

2. 问卷题编制的要求

科学、完整的问卷内容是调查取得成功的关键，而问卷题的编制又是问卷内容的关键。在设计问题时应该根据调查目的和研究假设设计一系列调查项目，应覆盖研究的全部内容，围绕主题，从多个侧面提问。同时，题目文字的表达要求简洁、清楚明确、不含糊，一个题目的内容应只包含一个问题，不能在同一个问卷题目中同时问几个问题，题目的备选答案应当包括所有的情形，以便回答者能够在所列举的答案中选择。为保证问卷的准确性与可靠性，必要时还应进行信度、效度检验以及项目分析。

具体来说，问卷设计应注意以下几个方面。第一，要把握调查的目的和要求，充分了解被调查者的年龄、心理和文化程度等情况。第二，问题要通俗易懂、具体、适量。要避免应答者可能不明白的缩写、俗语或生僻的用语，避免含糊的提问，要注意双重问题和相反观点的问题以避免获得模棱两可的答案。第三，问卷设计形式，可以从研究者的时间、研究范围、研究对象、分析方法和解释方法等方面考虑，力求调查工具、调查过程、调查结果标准化。第四，问卷要经过测试、修改与完善。在问卷用于实地调查以前，应先选择一些调查对象(30～50 人)进行测试。通过测试，一方面可对问卷的信度和效度进行检验，另一方面可发现问卷是否存在的问题，从而对问卷进行修改、补充、完善。

(四)访谈调查的策略

访谈调查是一种常用的调查研究方法，而且往往与问卷调查一起结合使用。比如，到某地方或某单位调研，往往对特定的个体进行访谈调查，而对特定的群体进行问卷调查，综合搜集数据。

访谈调查要求研究者与被调查者面对面地进行交谈，以口头问答的形式，通过了解调查对象对研究问题和研究对象的直接或间接的了解和感受，从某方面揭示和反映研究对象和研究问题的本质，获得第一手研究资料。

为确证材料的真实性，访谈调查要注意方法和技巧。第一，访谈调查前要精心准备，明确研究问题的核心所在，设定恰当的提问问题；第二，要表现出诚意和感谢，注意交谈语气、语调和语言艺术，围绕访谈的核心问题，注意引导和追问，深入了解问题的根本；第三，尽量消除受访者的心理顾虑，注意隐私和保密问题，不要涉及调查对象和其他第三者的隐私和保密问题，以保证调查对象所提供的信息的客观性。

三、实验法

实验法是研究者或教师按照研究目的，合理地控制或创设一定的条件，操纵实验的因素，验证假设、探讨教育现象因果关系的一种研究方法。它通过有计划地控制教育活动中的某些因素，使其他因素朝着有利于优化教育效果的方向转变，然后检验假设，揭示教育活动规律。

(一)实验法的特点及种类

教育实验法的特点主要表现在以下几方面。

第一，探究教育现象之间的因果关系。例如，不同的教学方法对学生学习效果的影响，教师的情感对学生学习效率的影响，学生的学习兴趣、学习动机对学习成绩的影响，等等。对这些问题的研究，可以通过教育实验探讨其中存在的因果关系，也可以通过教育实验验证对教育现象或教育行为之间的因果关系的预先设想。

第二，对教育活动的主动干预，有目的地操纵实验因素，人为地控制或创造某些条件，即控制某些条件并分离出我们需要研究的因素，对那些在自然观察中不易观察到的或不易集中观察的现象进行研究，经观察、分析，最后检验假说。这是教育实验的本质特征。如需要对两种教学方法的优劣进行比较，教学方法就是我们操纵的实验因素，教学方法的效果是需要我们观察的。在教育实践中教学方法的效果往往与教师的素质、教学内容、学生的态度、能力水平以及时间等因素有关，我们可以采取控制变量法，如用统一的教材，安排同一个教师或教学水平基本相当的教师来担当实验教师，学生的班级也如此处理，这样实验结果的解释就相对科学合理了。

(二)实验法的类型

第一，从研究的内容、范围来划分，有单项实验(某一项活动或某一门学科的实验)与整体实验(对学校各方面、各学科所进行的综合性实验)。

第二，从研究的场所或环境来划分，有实验室实验(在专门的实验室进行)与自然实验(在教育情景中进行)。

第三，从实验假设及实施的完善性来划分，有验证性实验(对已形成的理论假设和方案做判断，验证其优劣)与形成性实验(对正在形成的理论假设进行实验，加以完善)。

第四，从实验的控制程度来划分，有前实验、真实验和准实验。前实验不是严格意义上的实验，但它是真实验的重要组成部分；真实验是对所有影响实验结果的无关因素有充分控制的实验；准实验是对实验对象、环境等因素缺乏严格控制的实验。

(三)实验法的程序与方法

教育实验过程可分为准备、实施、总结三个基本阶段。准备阶段的主要工作有确定研究课题，查阅文献资料，提出研究假设，确定实验变量，确定样本、实验单位、抽样方法及样本大小，进行实验设计；实施阶段的主要工作有按照实验步骤进行变量的控制、操作、测量；总结阶段的主要工作有数据的统计分析、得出实验结果、撰写实验报告。下面将对课题与假设、实验变量及控制、实验设计与方法三个方面进行重点介绍。

1. 课题与假设

教育实验研究应先提出课题。课题是实验价值的体现，好的课题标准应具有理论或应用上的价值，同时又具有研究的可行性。查阅文献有助于研究者厘清相关研究的背景、发展脉络以及研究水平，使之成为实验研究的基础，为假设提供依据。实验假设应反映出两个事物之间的规律性联系(即自变量与因变量的关系)，实际上是对实验问题的一种简明的表达，使问题变得更明确。同时，假设的解释和推测应是合理的，有事实和理论根据的，但是它在经过实验的证明和检验后才能发展成为规律性认识。假设的表述是关于条件与结果之间的关系的陈述，要求简单、清楚、明了，如"思维策略训练能提高学生的解题能力"。

2. 实验变量及控制

在教育实验研究中，深入分析研究变量是至关重要的。实验研究的核心在于通过设置、操纵、控制某些因素来观察其他因素的变化，这些因素因处于动态变化之中而被称为变量。教育实验主要涉及三种变量：自变量、因变量和无关变量。研究者会主动操纵某些条件，即自变量，这些条件能够独立变化，并作为引起因变量变化的根源。在教育实验中，自变量通常是研究者实施的改革措施，比如改变教学方法或学习方式，以此来检验这些变化是否能带来教学效果的优化或学习效率的提升。因变量则是这些改革措施实施后所观察到的现象或结果，即实验中的效果或影响。除了自变量和因变量外，还可能存在其他对实验结果产生潜在影响的因素，这些因素被称为无关变量或非实验变量。为了确保实验结果的准确性，研究者需要在实验中对这些无关变量进行严格控制，使它们不对实验结果产生干扰，从而能够清晰地解释实验结果。在进行实验研究时，研究者需要明确哪些变量是自变量（即要操纵的条件），哪些是因变量（即要观察的效果）。因变量会随着自变量的变化而变化，研究者需要建立一套明确的观测指标体系来测量和评估因变量的变化，这些指标体系通常与预期的教育、教学目标相关联。此外，研究者还需要识别并控制那些可能对实验结果产生影响的无关变量，通过各种方法将无关变量的影响降到最低，以便能够准确地观察和分析自变量对因变量的影响程度。通过这样的控制，研究者可以更加准确地评估实验结果，得出科学可靠的结论。

3. 实验设计与方法

教育实验设计旨在明确并阐述教育实验的具体流程与方法。在教育实验中，最常用的三种方法分别是单组实验法、等组实验法和轮组实验法。

单组实验法涉及同一组研究对象，这些研究对象会先后接受一种或两种不同实验因素的影响，随后研究者进行测量。该方法的优势在于形式简洁，无需分组，并且能控制如年龄、动机、态度、知识和能力等机体变量，使它们在同一组被试中保持一致。然而，其缺陷也显而易见：学生的心理发展变化可能导致不同时期实验结果的差异；先前实验的效应可能干扰后续实验；被试对测验的敏感化也可能影响测量结果的真实性，从而限制其应用范围。

等组实验法则采用两个或更多条件基本相同的平行组作为实验对象，这些组被分为实验组和控制组，并被施加不同的实验因素。该方法的优点在于能避免实验因素间的干扰，并且实验组和控制组的测验单位相同，因此应用最为广泛。实施等组实验法的关键在于确保各组除实验因素外，其他所有可能影响实验的因素，特别是实验对象的原有水平都基本相同或相等。

轮组实验法，又称循环实验法，结合了单组和等组的特点。研究者轮换地在各组中施加各实验因素，并根据每个因素产生的变化总和来确定实验结果。与单组实验法和等组实验法相比，轮组实验法的优点在于能最大限度地减少无关因素的影响，并且对组别的均等性要求不高。因为每个实验因素都在不同的组中进行了实验，所以其产生影响的机会均等，同时抵消了无关因素的影响。在无法找到等组的情况下，轮组实验法可作为等组实验法的替代方案。然而，轮组实验法的实验周期较长，工作量也较大。

这三种方法的基本实施程序通常包括：根据实验设计方案进行初测(前测)，选择和设定组别(分组)，施加实验因素(进行实验)，进行复测(后测)，最后对比分析结果。

四、历史法

历史法指通过搜集某种教育现象发生、发展和演变的历史事实，并加以分析研究，从而认识教育发展规律的一种研究方法。其涉及的主要对象是教育活动的历史，即教育实际和教育理论发生、发展、演变过程的历史规律。

历史法的基本特征有三：一是历史性。研究对象是过去发生的教育事件。研究目的是通过对教育事件的历史发展过程和具体内容的考察，来探求教育规律，并对未来的教育发展趋势做科学预言。二是具体性。历史研究并非空中楼阁，而是建立在丰富而具体的文献资料基础之上的。它致力于全面揭示研究对象在发展过程中的各种历史形态、详尽内容以及相关因素，以确保研究的全面性和深入性。三是逻辑分析方法的主导性。在历史研究中，逻辑分析方法占据核心地位。研究者通过运用逻辑推理、分析比较等方法，对文献资料进行系统的解读和梳理，以形成对教育事件及其发展规律的深刻认识。

历史法的基本实施步骤为：①确定研究课题，包括研究课题的性质、所要达到的目标以及有关的资料；②史料的搜集与鉴别，要对搜集的资料进行挑选，选取具有较大价值的资料；③对史料的分析，可以多种分析方法结合使用。

历史法离不开历史文献的检索和分析，文献的检索技术和分析方法是历史法的关键。实际上，每一种研究方法都离不开文献检索和分析，可以说，文献检索与分析是科学研究工作中一个重要的步骤，它贯穿并服务于研究工作的全过程。文献检索，要求检索者根据研究课题，凝练出几个核心的关键词，利用一定的检索工具把所需要的文献查找出来。通过对历史文献的检索和分析，对历史文献的内容做出客观而系统的判断。这有利于研究人员全面而正确地掌握所要研究问题的情况、现状，选定研究课题和确定研究方向；有利于拓展研究思路，发展创造性思维，增强课题研究的创新性。

五、个案法

个案法指研究者在自然状态下，对特殊或典型的案例进行全面、深入的调查和分析，来认识该案例的现状或发展变化的研究方法。个案研究是针对个别对象所进行的研究，这个别的对象可以是人、事或物。研究者可以在对象总体中选择特定的一个或少数几个对象进行个案研究，也可以把一组或许多被试当作一个组群进行研究。

个案法是一种深入、全面且持续的研究方法，专门用于探究特定对象的典型特征。该方法具备多样性和综合性的研究手段，能够确保研究过程的客观性和真实性。通过个案法获得的材料通常较为科学准确，因此具有较高的文献价值。然而，个案法也存在一些局限性。由于研究对象样本数量有限，其代表性可能受到一定影响，从而难以从个案中推导出具有普遍性的规律和结论。此外，个案研究主要揭示对象的典型特征，并多采用定性的分析方法，这可能导致结论的主观性较强。研究者的知识结构、能力水平等因素也可能对研究结果产生一定影响。

个案法有类型之分。根据研究对象的数量，个案法可以分为独立个案研究法和成组个案研究法。独立个案研究法指研究者对一组或者许多对象进行研究的方法。成组个案研究法指研究者把一组或者许多对象当作一个组群进行研究的方法。

个案法的基本实施步骤包括：第一，确定个案研究对象；第二，对该个案进行深入细致的调查；第三，整理并深入分析所搜集的数据资料；第四，制定旨在改进、调整及指导个案对象发展的具体方案；第五，通过追踪研究来验证所采取措施的有效性；第六，撰写详细的个案研究报告，以全面总结研究成果。

六、比较法

比较法是一种深入探究教育现象的方法。使用比较法的研究者通过对某类教育现象在不同时期、不同地点、不同情况下的不同表现进行比较分析，旨在揭示教育的普遍规律及其特殊表现，从而得出符合客观实际的结论。例如，可以针对不同国家、地区、学校、教师、学生之间的相关现象进行相似性和差异性的调查。

在运用比较法时，须注意以下几点：首先，要确保比较对象具有可比性；其次，资料必须准确可靠；最后，要坚持全面、本质的比较，以深入认识事物的本质和教育的普遍规律。

比较法具有多种类型。根据比较对象在时间上的特点，可分为纵向比较法和横向比较法；根据比较对象逻辑归属的异同，可分为同类比较法和异类比较法；根据比较活动对事物质或量的侧重，可分为定性比较法和定量比较法；根据比较内容的范围大小，可分为问题比较法和区域比较法。

实施比较法通常遵循以下步骤：第一，明确比较的问题；第二，确定比较的标准；第三，搜集资料并进行分类、解释；第四，进行比较分析；第五，得出结论。

七、行动研究法

行动研究法出现于 20 世纪 30 年代末 40 年代初，由美国社会心理学家勒温提出。行动研究法最初被运用于针对社会生活领域的研究，到 20 世纪 50 年代，经当时美国哥伦比亚大学师范学院院长考瑞等人的提倡，被引入教育研究领域而逐渐成为一种教育研究方法，在教育研究领域得到了广泛的运用。

行动研究法有多种表述，但这些表述存在共性，即行动研究是一种适应小范围内教育改革的探索性的研究方法，其目的不在于建立理论、归纳规律，而是针对教育活动和教育实践中的问题，在行动研究中不断地探索，最终解决教育实际问题。

行动研究主要适用于解决教育领域的实际问题。它紧密围绕教育的实际情境展开，从实践中发现问题，再将这些问题的解决措施返回到实践中进行验证。具体实践包括：将课堂教学改革措施融入教学过程，开展提升教师的职业技能的训练，引入新的教学技术和方法，以及进行学校管理评价，等等。此外，行动研究还涉及针对已有问题所实施的改革措施，如不良心理行为的矫正等。

(一)行动研究法的特征

1. 以解决问题、改进实践为目的，为行动而研究

理论研究与行动研究的分界在于目的不同，前者的目的在于形成理论，后者的目的更着重于在理论指导下变革实践、改进实践，也在于提升教育实践者的理论认识水平。

2. 行动者即研究者，行动者进行的研究

进行研究的人员是学校广大教育工作者，他们针对教育工作中的问题进行研究，从而改进自己的教育工作。教师作为研究者正是行动研究的一大特征。

3. 研究与行动相结合

在行动中研究，在研究中行动。行动研究是抓住教育实践行动中值得关注的问题进行的研究，关注的是学生行动的改进和教师教育教学改革的行动。通过分析问题的原因，找出问题的症结所在，提出解决问题的策略、方法，然后解决问题。行动的过程是研究进行的过程，同时是通过行动解决问题的过程。

4. 教育理论研究者与教师共同合作，扬长避短

行动研究将从事两种不同性质活动的主体教师和研究者结合起来，要求教师运用理论，系统地反思自己的实践，要求研究者深入实际，从实际中发现问题。这样行动研究就在解决问题的过程中在研究者和教师之间找到了结合点，使之通力合作，扬长避短。

5. 行动研究具有一个不断展开的螺旋过程

行动研究从问题开始，进入行动与研究之中，继而反思，又找出问题。第一个循环结束之后，又进入第二个循环，从而使行动研究的整个过程构成了一个不断上升的螺旋过程。

(二)行动研究的基本模式

行动研究的基本模式：计划—行动—考察—反思。

计划是行动研究的第一个环节。计划应以所发现的大量事实和调查研究为前提，

它始于解决问题的需要和设想。设想是行动研究者(行动者和研究者)对问题的认识以及他们掌握的有助于解决问题的知识、理论、方法、技术和各种条件的综合。设想还包含了行动研究的计划,计划包括总体计划和每一个具体行动步骤的设计方案。

行动是第二个环节,即实施行动计划,即行动者在获得了关于背景和行动本身的信息并经过思考后,有目的、按计划地采取行动。行动计划的执行和实施具有灵活性,行动要根据需要不断调整,随着对问题认识的逐渐明确以及行动过程中各种信息的及时反馈,研究者可以不断听取参与者的评价和建议,在实施过程中对先前制订的计划进行修改和调整。

考察是第三个环节。由于教育教学受到实际环境中多种因素的影响和制约,而且许多因素是不可能被确定和预测的,更是不可能被全部控制的,研究者因此需要在行动中考察。考察内容有:一是行动背景因素以及影响行动的因素;二是行动过程,包括什么人以什么方式参与了计划实施,使用了什么材料,安排了什么活动,有无意外的变化,如何排除干扰;三是行动的结果,包括预期的与非预期的、积极的和消极的。考察过程中要注意搜集三方面的资料。背景资料是分析计划、设想有效性的基础材料,过程资料是判断行动效果是不是由方案带来和怎样带来的依据,结果资料是分析方案带来了什么样的效果的直接依据。为了使考察系统全面和客观,研究人员要灵活运用各种观察技术,以及数据、资料的采集和分析技术,充分利用录像、录音等现代化手段。

反思是第四个环节。反思是行动研究第一个循环周期的结束,也是过渡到另一个循环周期的中介,这一环节包括整理和描述、评价和解释、写出研究报告。整理和描述即对观察、感受到的与制订计划、实施计划有关的各种现象加以归纳整理,描述出本循环过程和结果;评价和解释即对行动的过程和结果做出判断评价,对有关现象和原因做出分析和解释,找出计划与结果的不一致处,从而形成基本设想和总体计划,并判断下一步行动计划是否需要修正、应做哪些修正,最终写出研究报告。

(三)行动研究的优点

1. 适应性和灵活性

行动研究在统一的理论思想和总目标的指引下,不过分强调研究计划的严密性,无需严格的设计和分析,简便易行,较适合没有接受过严格教育测量实验训练的中小学教师采用。

行动研究注重实际的教育环境,较有利于在教育的实际情景中研究教育现象,有较强的适应性。同时,研究可边行动边调整方案,不断修改,经过实际诊断,增加或减少子目标。所有的设想、计划都处于一个开放的动态系统中,都是灵活的、可修改的。

2. 评价的持续性和反馈的及时性

诊断性评价、形成性评价、总结性评价贯穿于行动研究工作流程的始终,可见评价的持续性。反馈的及时性可从两个方面来看：一方面是根据研究课题提出目标和标准，在行动中及时反馈总结，使教育实践与科学研究动态结合；另一方面是一旦发现较为明确的成果，便立即将其反馈到教育实践中去，去影响教育实际过程。

3. 较强的实践性与参与性

教育研究与教育实践紧密联系。在教育研究中，研究者紧紧围绕着学校的实际问题进行分析、研究和行动，整个研究过程是在特定环境的动态教育实践中进行的，其间贯穿着对教育问题和行动的诊断和干预。

参与性体现在典型的行动研究中，研究人员由专职研究人员、行政领导和第一线教师联合构成，研究人员直接或间接参与方案的实施（在一些实验研究中，研究者是不直接参与方案实施的）。

4. 多种研究方法的综合使用

在行动研究中，可使用多种研究方法。例如，诊断过程中要运用观察法、调查法、谈话问卷等，有计划地以学校教师、学生、家长为对象进行资料搜集。理想的行动研究法即多种科学研究方法灵活和合理的运用。

行动研究法的局限性在于行动研究方案不一定很严密、完善。研究者须随着研究与实践的进程逐步加以调整，在日常真实的教育情景中边行动边研究。在实际研究中，如不能严密控制条件，其结果的准确性、可靠性不够，一定程度上也缺乏代表性。

思考与应用

1. 教育研究具有哪些特征？
2. 何为定性研究？何为定量研究？二者有何区别？
3. 教育研究的过程包含哪些步骤？
4. 根据所学内容，谈谈问卷调查法的优缺点。
5. 分小组撰写一份研究报告。

推荐阅读

1. 孙元涛：《论"参与式"教育研究及其价值承诺》，载《高等教育研究》，2007(5)。

2. 王兆璟、富婷：《得形而忘意——近年来我国教育研究中若干问题的反思》，载《教育理论与实践》，2007(23)。

3. 吴定初、王梅：《教育研究道德规范的涵义、功能与作用》，载《高等师范教育研究》，2002(3)。

4. 唐荣德：《中国近代以来教育研究方法论演变探析》，载《教育理论与实践》，2004(21)。

5. 王兆璟：《意识自觉与观念解放——改革开放以来教育科学研究的观念史分析》，载《教育研究》，2014(2)。

6. 李政涛：《论教育研究的中国经验与中国知识》，载《高等教育研究》，2006(9)。

7. 王洪才：《教育研究的基本方法论》，载《北京师范大学学报(社会科学版)》，2006(6)。

8. 吴定初、李小红：《教育研究民族化的必要性及其实现》，载《教育评论》，2003(4)。

9. 秦行音：《教育研究、教育的科学研究与我们的选择——我国教育研究的现状分析与趋势研究》，载《教育理论与实践》，2004(21)。

10. 姚计海、王喜雪：《近十年来我国教育研究方法的分析与反思》，载《教育研究》，2013(3)。

11. 周作宇：《没有科学，何来主义？——为教育研究中的"科学主义"辩护》，载《华东师范大学学报(教育科学版)》，2001(4)。

12. 王洪才：《论教育研究的方法论特征》，载《厦门大学学报(哲学社会科学版)》，2007(1)。

13. 王燕华：《穿越问题与方法的复杂丛林——多学科高等教育研究的新境界》，载《高等教育研究》，2010(5)。

14. 郑金洲：《改革开放30年的教育学研究》，载《教育研究》，2009(3)。

15. 孙振东：《略论教育研究国际传播中的后殖民主义倾向问题》，载《比较教育研究》，2004(8)。

16. 马凤岐、谢爱磊：《教育知识的基础与教育研究范式分类》，载《教育研究》，2020(5)。

参考文献

1. 瞿葆奎. 教育学的探究[M]. 北京：人民教育出版社，2004.

2. 瞿葆奎. 教育学文集：第1卷 教育与教育学[M]. 北京：人民教育出版社，1993.

3. 陈桂生. 常用教育概念辨析[M]. 上海：华东师范大学出版社，2009.

4. 黄济. 教育哲学通论[M]. 太原：山西教育出版社，1998.

5. 扈中平. 教育学原理[M]. 北京：人民教育出版社，2008.

6. 何国华. 陶行知教育学[M]. 4版. 广州：广东高等教育出版社，2002.

7. 王道俊，郭文安. 教育学[M]. 6版. 北京：人民教育出版社，2009.

8. 项贤明. 教育学的逻辑：探寻教育学的科学发展路径[M]. 北京：中国人民大学出版，2021.

9. 杨贤江. 新教育大纲[M]. 北京：人民教育出版社，1961.

10. 冯建军. 生命与教育[M]. 北京：教育科学出版社，2004.

11. 刘家访. 教育原理[M]. 武汉：武汉大学出版社，2011.

12. 孙培青，李国钧. 中国教育思想史：第3卷[M]. 上海：华东师范大学出版社，1995.

13. 石中英. 教育哲学[M]. 北京：北京师范大学出版社，2007.

14. 李绪坤.《学记》解读[M]. 济南：齐鲁书社，2008.

15. 赫尔巴特. 普通教育学[M]. 李其龙，译. 北京：人民教育出版社，2015.

16. 凯洛夫. 教育学[M]. 陈侠，朱智贤，邵鹤亭，等译. 北京：人民教育出版社，1957.

17. 加里宁. 论共产主义教育[M]. 陈昌浩，译. 北京：中国青年出版社，1950.

18. 杜威. 民主主义与教育[M]. 王承绪，译. 北京：人民教育出版社，1990.

19. 柏拉图. 理想国[M]. 李飞，李景辉，译. 武汉：华中科技大学出版社，2012.

20. 夸美纽斯. 大教学论[M]. 傅任敢，译. 北京：教育科学出版社，1999.

21. 康德. 康德论教育[M]. 李其龙，彭正梅，译. 北京：人民教育出版社，2017.

22. 卢梭. 爱弥儿[M]. 成墨初，李彦芳，译. 武汉：武汉大学出版社，2014.

23. 洛克. 教育漫话[M]. 3版. 徐大建，译. 上海：上海人民出版社，2014.

24. 布鲁纳. 教育过程[M]. 上海：上海人民出版社，1973.

25. 苏霍姆林斯基. 给教师的一百条建议[M]. 周蕖，王义高，刘启娴，等译. 天津：天津人民出版社，1981.

26. 乌申斯基. 人是教育的对象：上卷[M]. 2版. 北京：人民教育出版社，2007.

27. 赫胥黎. 科学与教育[M]. 2版. 单中惠，平波，译. 人民教育出版社，2005.

28. 能. 教育原理[M]. 王承绪，赵端瑛，译. 北京：人民教育出版社，1992.

29. 奥兹门，克莱威尔. 教育的哲学基础(第七版)[M]. 石中英，邓敏娜，等译. 北京：中国轻工业出版社，2006.

30. 雅斯贝尔斯. 什么是教育[M]. 邹进，译. 北京：生活·读书·新知三联书店，1991.

31. 福禄培尔. 人的教育[M]. 2版. 孙祖夏，译. 北京：人民教育出版社，2001.

32. 泰勒. 课程与教学的基本原理[M]. 施良方，译. 北京：人民教育出版社，1994.

33. 约翰逊，克里斯滕森. 教育研究：定量、定性和混合方法(第4版)[M]. 马健生，等译. 重庆：重庆大学出版社，2015.

后　记

　　本教材由唐德海、梁庆主编的《教育学基础》(北京师范大学出版社 2015 年出版)修订而成。这次修订由唐德海、李枭鹰担任主编，陈庆文、蒋士会任副主编，各章在原有作者的基础上增加了两名作者，具体参与者及其分工如下。

第一章	教育	唐德海	覃健荣	唐凝智
第二章	教育学	唐德海	解德渤	李枭鹰
第三章	教育基本规律	王喜娟	符 艺	李枭鹰
第四章	教育目的	王喜娟	牛宏伟	郭新伟
第五章	学校教育制度	陈 颖	牛军明	姜 涛
第六章	课程	陈庆文	唐德海	王晓玲
第七章	教学	蒋士会	郭新伟	李枭鹰
第八章	班级管理	冼秀丽	李瑞琳	牛宏伟
第九章	教师与学生	王素华	姚卓君	唐德海
第十章	教育研究及其方法	农 正	苏永建	唐德海

　　上述作者均为长期从事高等学校教育学课程教学的一线教师或从事教育科学研究的博士研究生，并或多或少地参与过国家级教师培训和地方性教师培训，既有一定高度的理论修养，也有比较丰富的实践经验。

　　作为本书的主编，除了履行一般性的工作职责外，我们做了两件比较有价值的工作。一是在分配写作任务时，充分考虑作者的特长和兴趣，由作者先提出写作意愿，并陈述自己的写作意图和计划，然后进行综合考量，拟定初步的写作任务分配方案。二是创造性地提出各章的写作体例，包括学习目标、本章导读、本章知识结构图、核心议题、正文、思考与应用、推荐阅读七个部分，正文必须按照知识性与学术性兼顾、理论性与实践性结合的原则进行写作。这样的写作架构和写作原则，在一定程度上提升了本教材的质量和水平。这两点一经提出，就得到了教师教育课程标准配套教材、全国教师资格证书考试通用教材编写委员会的肯定和采纳。

　　需要强调的是，本教材从规划、编写到出版，得到了北京师范大学出版社的大力支持，在此表示衷心的感谢。

由于我们的水平有限，在教材编写中难免存在这样或那样的瑕疵或不足，欢迎教材使用者和教育界同人提出中肯意见，以便我们在将来教材修订时关注或改正，不胜感激。

唐德海　李枭鹰

2025 年 2 月 6 日